JN207595

\ 執行現場から学ぶ！ /

明渡・子の引渡 等 執行の実務

西岡清一郎 〔監修〕
櫻 井 俊 之 〔著〕

民事法研究会

監修にあたって

元広島高等裁判所長官・弁護士　　西岡　清一郎

　執行官は地方裁判所に置かれた単独制の司法機関であり、民事執行手続において、自らが執行機関として、または執行裁判所の補助機関としての業務などを担当している。執行官がこれらの業務を適正かつ迅速に行うためには、高度な法律知識と実際の執行現場での適切な対応が必要不可欠である。

　本書は、執行官としての法律知識が豊富で、しかも長年執行官としての経験を積んだ著者が、不動産の明渡執行、動産執行、子の引渡執行などの実際の執行現場で培われた経験を元に、現実の紛争解決に役立つ原理や原則を中心に著述することを試みたものである。法律実務の観点はもちろんのこと、現場の生きた感覚が伝わるよう配慮されている。

　たとえば、本書の第7章で、著者は、子の引渡し現場での経験から、子は親の愛情を受け入れることができる環境にあることが重要で、子は等しく両親の愛情を受け、それに包まれる権利があるとの考えを述べている。そのうえで、子の引渡実施事件の特徴、事前の情報収集の具体例、申立てから実施までの手続と実施に向けた想定についてふれ、実際の実施場所における手続と引渡実施における実務上の問題点を紹介し、子の取り合いにならないための予防策についてまで言及している。

　本書で述べられている著者の執行官としての経験に基づく論述は、監修者の裁判官としての経験に照らしても、「なるほど、そうなのか」と肯かされ、また、「自分もそう思う」と共感を覚える大変示唆に富む部分が多かった。従来の書物等ではあまり紹介されていない執行官としての経験に基づく本音の率直な意見・考え方の紹介であり、実際の執行実務におけるエッセンスがぎっしり詰まった労作である。本書は、不動産の明渡（引渡）・動産執行・子の引渡実施手続を実際に担当する方々、民事執行実務を担当する実務家の方々にとって、さらには民事執行法の研究者の方々にとっても、民事執行実務の実際を知り理解するうえで、得難い一冊であると思う。

　令和6年8月吉日

はしがき

　本書は、不動産の引渡（明渡）・動産執行（以下、両者をあわせて「明渡等執行」という）などについて、執行現場における管理会社担当者および債務者への説明、弁護士等からの相談、弁護士会での講演、司法修習生・新任執行官への研修講義などを基にして著したものである。主に執行官の立場から、大阪地裁本庁における執行現場での取扱いを基本に、紛争解決を念頭において、執行官が担当する執行手続の基礎と基本原理について解説した。机上の理論だけではなく現場で培われた事実を基に、実務上紛争解決に役立つ原理や原則を中心に著述し、紛争解決に直接結びつかないと思われる考え方やレアな仮定事例には触れていない。紹介した事例等も実際に起こったものを「手続の利用者のための紛争解決」をキーワードとして紹介した。とりわけ引渡実施手続（子の引渡し）や当事者対応の技法においてそれが色濃く出ていると思われる。

　本書の読者は裁判官、弁護士、裁判所書記官、司法書士、民事執行手続を利用または関与する方、執行官を志望する方などを想定している。法律初心者にも理解しやすいよう、必要な法律の条文はできる限り本文中に示して、本書だけで読み進められるように記しているので、気軽にお読みいただければと思う。特に、当事者対応の技法では、どのようにしてその想いを言葉に託すことができるかの参考にしていただきたい。

　平成11年、民事訴訟法の改正を機に始まった司法制度改革の一環として民事執行制度の強化が掲げられ、平成15年以降担保法改正、明渡催告、動産競売、引渡実施など執行官の担当する執行事件について重要な改正が行われた。しかし文献の豊富な不動産執行、債権執行、保全執行と異なり、引渡執行や動産執行については執行現場でどのように手続が進行するのかについての情報提供が十分でなかったように思われる。特に執行官が担当する事件については利用者の立場から解説した文献が少なく、申立てや現場の問題に対処しづらいとの声をしばしば耳にした。ことに執行事件受付窓口や執行現場でも当

事者や管理会社の担当者から従来の書物で触れられていない疑問が多く寄せられた。そこで本書では、各章の冒頭のアウトラインで手続の流れを概観した後、執行手続ではどういう準備をすればよいか、どのように手続が進行するのか、その取扱いの意味は何かなど基本から考え、手続のイメージが伝えられるように工夫した。現場での執行方法だけでなく、基本原則や現場で必要とされる価値観を説明することで、将来起こりうる問題にも基本原理から応用して考えることができ、現場での対応が容易になるよう心がけたつもりである。基本的な事項や実務上大切な事項については掘り下げた記述を行っているが、『執行官提要』など市販の他著に詳しく解説している箇所は同書等に譲るか、記述を割愛している部分があるのであらかじめご了解いただきたい。

また地域の特徴（管轄区域の面積、執行官数、執行業者の有無）によっては本書と取扱いが異なることがあると思われる。しかし実務における原理原則は地域が異なっても普遍的なものであるから、基本原理から考察すれば各地域の問題ひいては未知の問題にも対処できると思われる。

さらに上記の講義や説明の合間に触れた事項を「One Point Lesson」、「Column」で手続の周辺の知識や、備えておくべき情報や価値観に触れている。執行手続等で悩みや問題が生じた際、息抜きとともにそれぞれの現場で活用していただけると幸いである。

本書ができ上がるにあたり、西岡清一郎氏には監修の労をおとりいただいた。裁判所書記官・執行官時代から裁判官として浅学非才の身である私へのご指導およびフォローを続けていただき、感謝の思いでいっぱいである。

カイロス総合法律事務所では快適な執筆環境を提供していただいたうえ、同事務所の日向稜弁護士には実務家の観点から貴重なアドバイスをいただいた。あわせて御礼を申し上げる。さらに民事法研究会の松下寿美子氏には本書の校正等多大なご苦労をおかけした。心から感謝を表したい。

本書が執行手続を利用する方の一助になれば幸いである。

令和6年8月

櫻　井　俊　之

●凡　例●

1　法　令

法	**民事執行法**
規	**民事執行規則**
民	民法
会社	会社法
一般法人	一般社団法人及び一般財団法人に関する法律
家事	家事事件手続法
執行官	執行官法
執行官規	執行官規則
実施	国際的な子の奪取の民事上の側面に関する条約の実施に関する法律〔ハーグ条約実施法〕
人保	人身保護法
人保規	人身保護規則
手数料規則	執行官の手数料及び費用に関する規則
廃棄物処理	廃棄物の処理及び清掃に関する法律
不登	不動産登記法
不登規	不動産登記規則
不登準	不動産登記事務取扱手続準則
民訴	民事訴訟法　※令和4年法律第48号の改正のうち令和8年施行については、現在の条番号の後ろに〔　〕で示した。
民訴規	民事訴訟規則
民保	民事保全法
民保規	民事保全規則

2　文　献

民集	『大審院民事裁判例集』／『最高裁判所民事判例集』
提要	『執行官提要〔第6版〕』最高裁判所事務総局編（法曹会、

	2022）
基礎から民訴	『基礎からわかる民事訴訟法〔第2版〕』和田吉弘著（商事法務、2022）
基本法コンメ	『新基本法コンメンタール　民事執行法（第2版）』山本和彦ほか編（日本評論社、2023）
講義案	『執行文講義案（改訂再訂版）』裁判所職員総合研修所監修（司法協会、2015）
執行実務(上)(下)	『民事執行の実務（不動産執行編）上・下』中村さとみ＝劔持純子編（きんざい、2022）
執行文研究(上)	『執行文に関する書記官事務の研究―上巻―』裁判所書記官研修所編（司法協会、1992）
実践	『実践民事執行法・民事保全法〔第3版補訂版〕』平野哲郎著（日本評論社、2022）
執務資料	『執行官のための引渡実施・解放実施事務に関する執務資料』（最高裁判所事務総局編、2014）
条解民訴	『条解民事訴訟法〔第2版〕』松浦馨ほか著（弘文堂、2011）
条解民執	『条解民事執行法〔第2版〕』伊藤眞ほか編（弘文堂、2022）
条解規則下	『条解民事執行規則〔第四版〕下（99条～193条・附則）』最高裁判所事務総局編（法曹会、2020）
新堂	『新民事訴訟法〔第6版〕』新堂幸司著（弘文堂、2019）
広辞苑	『広辞苑〔第七版〕』新村出編（岩波書店、2018）
新明解	『新明解国語辞典〔第8版〕』山田忠雄ほか編（三省堂、2020）
送達研究	『民事訴訟関係書類の送達実務の研究―新訂』裁判所職員総合研修所監修（司法協会、2006）
リーガル民法Ⅱ	『LEGAL QUEST 民法Ⅱ（物権）〔第4版〕』石川剛ほか著（有斐閣、2022）
新民事	「新民事執行実務」日本執行官連盟編（民事法研究会）
市民と法	「市民と法」民事法研究会
起案の手引	『10訂民事判決起案の手引〔補訂版〕』司法研修所編（法曹会、2020）

『執行現場から学ぶ！　明渡・子の引渡等執行の実務』

目　　次

第3章　送　達

第4章　明渡執行

第5章　動産執行

第6章　自動車に関する執行

第7章　引渡実施（子の引渡し）

第8章　当事者対応の技法

第9章 書式集

第1章

民事執行とは

1 民事訴訟および民事執行の目的

　民事訴訟の目的は紛争解決であり[1]、民事執行の目的は紛争解決の実現である。紛争解決とは債権者の立場からは権利の獲得であり、債務者の立場からは義務の履行である。義務の履行を言い換えると約束の履行といえる。それは私的自治の原則の実現といってよい。私的自治の原則とは、個人の権利および義務は個人の自由な意思のみによって形成されるとする建前である。現代では当たり前ではないかと思われるかもしれないが、一部を除き国家からの干渉なく契約ができるようになったのは18世紀になってからである。人が自由に自分の意思に従って行動できるということは、実に近代市民革命を経て勝ち取られた歴史的に意味のある権利なのである（14頁「One Point Lesson」参照）。

　約束（または法律）に基づく権利は、その内容が金銭債権であれば債務者からの金銭の回収を目的とし、引渡請求権であれば債務者から債権者への占有移転を目的とする。これらの権利は給付請求権と呼ばれ、相手方の履行を求めることができるものである。この債務者の履行行為を「給付」という。個人の自由な意思で約束（契約）をするとその約束は守らなければならない。それが近代市民法が到達した私的自治の原則の内容であり、債務者が任意に履行しない場合に、国家機関が強制的に履行をさせることができる制度が強制執行と呼ばれるものである。

　所有権確認であれば、対象となる権利である所有権は「物に対する直接的排他的支配権」である物権であるから、相手方の履行行為に関係なく権利の帰趨が確定する。そこに執行による強制履行という考え方は存在しない。また離婚であれば、婚姻関係という法律関係から、婚姻関係が終了するという関係に変動することを宣言するため、これも相手方の行為を要しないで法律関係が確定する。このような訴訟を形成訴訟といい、執行によらずに権利関

1　**民事訴訟の目的論**　民事訴訟の目的は紛争解決とするのが通説とされるが、権利保護、私法秩序維持、制度の効率的運用および手続保障もあわせて目的とする多元説もある（新堂9頁）。

係が変動することにより、権利が実現するものである。

　そこで、強制執行における給付、その内容となる権利の確定という意味、執行するためにはどういう書類が必要か、その書類の記載内容としてどういう事柄が必要なのかを順を追って述べていきたいと思う。

２　観念（権利）の現実化

　給付訴訟において確定した権利は、経済的利益を獲得しない限りは観念的なものにとどまる。所有権を見たことのある者はいない（はずである）。権利それ自体は形のないものであり、特に請求権は債務者の履行行為（給付）により観念である権利が現実化する。このことから「本案は観念であり、執行は現実である」ともいわれる。中野貞一郎教授はその著書で「訴訟は、争っている当事者の間でどっちに権利があると判断されるかという『観念』の世界であるのに対して、強制執行はもっている財産とか権利があちらからこちらに動くという、社会生活の中の『現実』の世界なのです」と述べている。言い換えれば強制執行とは観念である権利を現実化することである。

　そこで、債務者が給付を行わない場合、観念である権利（債務者にとっては義務）を債務者の財産に対して強制的に給付（履行）をさせる必要が出てくる。観念である権利を確定する手続が本案と呼ばれる民事訴訟手続で、強制的に給付を行わせる手続が民事執行手続である。

　しかし金銭の支払いや、不動産の明渡しなどの給付の内容が不明確であれば、判決等で認められた権利は画餅になり、紛争解決は実現されない可能性がある。目に見えないもの（権利）は目に見える形（財産）にしなければ権利が実現せず、紛争が終局的に解決したとはいえないのである。

　さらに観念である権利と現実（債務者が現実に履行すべき行為の範囲）が一

2　中野貞一郎（青木哲補訂）『民事執行・保全入門〔補訂第 2 版〕』（有斐閣、2022）4 頁。
3　平野哲郎教授は、民事保全を紛争の暫定的解決、民事訴訟を紛争の観念的解決、民事執行を紛争の現実的解決と述べている（実践 4 頁）。
4　**本案**　訴訟物たる権利関係の存否について実質的に判断した判決を本案判決という。このことから実質審理を行う訴訟手続のことを「本案」と呼ぶことが多い。

致しなければ、相手方は納得せず、新たな紛争を惹起する可能性がある。権利と義務は表裏の関係であるから一致する必要があり、一致するからこそ債務者は強制履行に納得する。そこで、観念と現実の擦り合わせ作業が必要となる。それが後述する物件の特定の話につながる（91頁(2)）。

③ 適正手続

(1) 公正と迅速（民訴 2 条）

民事訴訟法 2 条は「裁判所は、民事訴訟が公正かつ迅速に行われるように努め、当事者は、信義に従い誠実に民事訴訟を追行しなければならない。」と定める。「公正」とは偏りがなく正しく扱うことであり、公平適正を意味すると考えられ、手続の進行においては公平のみならず適正も必要だと解される。判例（最二小決平成23・4・13民集65巻 3 号1290号）では「民事訴訟における手続的正義の要求」が求められるとされ、手続的正義という意味での適正手続が要請されるといえよう。民事執行手続においても民事訴訟法が準用（法20条）され、同様に手続の適正が求められよう。

適正かどうかの基準は、執行官が債権者と債務者の利益を衡量（規100条）し、現場や債権者と債務者の意見を参考にして個別に判断する。執行官は、手続後の当事者の生活に思いを馳せることが多く、あらたなトラブルが発生しないよう心配りをしているはずであるが、事案に即した適正な判断ができるよう常に心がけておく必要がある。

(2) 立会人

執行場所は、トラブルが多い。怒鳴り合いやもみ合いになることもよくある。そういうときに債務者から「プライバシーの侵害」であるとか、「住居に勝手に入られた」（執行官は相手方の承諾なく不動産内に立ち入ることが認められている（法57条 2・3 項・123条 2 項・168条 4 項））などと言われることもある。そのため執行場所が「住居」の場合、住居の平穏を保護して職務執行の適正を保障するため、債務者等に出会わないときは証人として相当と認められる者の立会いを必要としている（法 7 条）。立会人は当事者および包括

承継人（相続人）以外の第三者で、当事者と利害関係がないことが求められるが、執行現場はトラブルが多く、そのストレスに耐えられることも必要である。加えて守秘義務は遵守しなければならない。

　立会人が必要な場所は「住居」であり、店舗、事務所、工場などは住居としての性質（居住スペースが併設されているなど）を有しない限り立会人は不要である。ちなみに立会人が執行場所に立ち会うときは立会人に対する日当等が必要である（手数料規則38条）。

(3)　休日夜間執行許可

　夜間とは、午後7時から午前7時までをいう（法8条）。住居においては休日や平日の午後7時から午前7時までは、就寝中であるなど、住居の平穏を害する程度が高く、プライバシーを保護する必要性の強い時間帯である。そこで「住居」において休日または夜間に執行する場合には裁判所の許可を要するとしている（基本法コンメ25頁）。

　注意すべきは休日夜間執行許可の対象は、立会人と同様「住居」であることである。したがって深夜営業の店舗や事務所などは住居としての性質を有しない限り、休日夜間執行許可は不要である。

④　紛争解決と紛争処理

(1)　紛争解決機関としての裁判所

　解決とは「問題やもつれた事件などを、うまく処理すること」である。処理とは「物事をさばいて始末をつけること」であり、始末とは「事の次第。事情。特によくない結果」である（広辞苑より）。

　処理の対象が「物事」であることから、事務処理、事件処理、紛争処理などの用語は人口に膾炙（かいしゃ）され日常用語例となっている。ただ私たちの日常生活で処理の対象となっているものは何かと考えると、放射能、産業廃棄物など人にとって有害なものが思い浮かぶことが多いであろう。このように処理という言葉単独では何となくマイナスイメージが漂う感じが否めない。また処理の対象が物事であることから型にはめたほうが迅速な判断が可能になり、

事件管理が容易になる。そのためには紛争を定型化し、スケジュールをパターン化することになる。

　しかし紛争の主体は人であり、紛争が解決されるということは人と人との関係をうまく調整することである。人の存在を抜きにして紛争はあり得ない。自分たちの抱えている問題を処理してほしいか、解決してほしいかと問われると、処理してほしいと思う人は少数であろう。では処理と解決の違いは何であろうか。それは手続終了後を視野に入れるか否かであろうと思われる。

　原則として法律を適用して解決できることは過去の清算であり、生活支援や家賃補助など将来のことは地方自治体が支援しないと解決できない問題である。当事者の問題と真摯に向き合うことは紛争解決の第一歩であると思われ、このことは裁判外や手続終了後でも変わらない。自治体が当事者に関与する姿勢があれば、債権者の方でも積極的に働きかける姿勢が求められる。

(2) 公平の観点と手続相談

(ア) 相手方の利益も視野に入れる

　民事訴訟法2条は「民事訴訟が公正かつ迅速に行われるように努め」と規定している。公正とは特定の人だけの利益を守るのではなく、誰に対しても「公平」に扱うことである（新明解より）。公平とは偏らず依怙贔屓のないこと（広辞苑より）であり、債権者の利益と債務者の利益を等しく扱うことである。動産執行（動産の差押え）においても民事執行規則100条は、「執行官は、差し押さえるべき動産の選択にあたっては、債権者の利益を害しない限り、債務者の利益を考慮しなければならない」と定めている。このように執行手続においても当事者の公平は看過できない要素である。

　明渡執行においても、債務者から債権者への占有移転の過程で、執行の目的でない債務者の動産（目的外動産）については、目的外動産を取り除いたうえ、債務者に引き渡さなければならない（法168条5項前段）としている。債権者が自分の物にしたり、勝手に処分したりしてはいけないのである。このことも債権者と債務者の利益を衡量した取扱いといえよう。

(イ)　執行手続における手続相談

　執行手続では当事者の言い分を述べる機会（裁判における弁論）、すなわち権利の確定手続（本案）は終了しているため、本案以後の裁判所の関与は考えられない（終わった事件を蒸し返したりしない）。そこでその後の執行手続は当事者の申立てのみにより進行（処分権主義）し、申立ての審査は書面審査等、形式審査が原則とされ、実質的な債務名義の当否の判断は行わない。

　しかし、慣れない当事者や代理人にとって執行手続は敷居が高く感じられることが多い。そのような利用者の便宜のため執行申立て段階では、申立書の記載およびそれに関連する事項の手続教示は必要とされるであろう。大阪地裁本庁では、債務名義に表示された物件の特定等の相談については当事者の攻撃防御方法[5]の対象を明確にすることができるから、公平の観点から問題ないと考えている。債権者（原告）だけでなく債務者（被告）の反論すべき対象（防御方法という）が明確になるからである。物件の特定等については積極的に相談に応じており、事件継続中の裁判部から執行官室宛に物件特定の有無について問合せもある。紛争解決のためには裁判部と執行官室の情報共有は欠かせないと思われる。巻末に大阪地裁の執行官室の連絡先を掲載しているので、気軽にご利用いただければ幸いである。

(3)　手続関与の機会の確保と執行手続

(ア)　手続関与の機会の確保

　手続保障が与えられることにより判決は効力を生じることとされている[6]。ここにいう手続保障とは手続関与の機会が確保されることである。テニスの試合を例に考えてみよう。いつ、どのコートで、誰と試合が行われるかについて事前に知らされていないと試合に参加できず、不戦敗とされてしまう。誰もそんな試合の勝敗には納得できないであろう。フェアな試合は事前に試合の情報が提供されて初めて成り立つものである。

5　民事訴訟法156条で規定される、訴訟で提出される主張や立証（証拠資料）の総称。原告側の主張・立証を攻撃方法、被告側のそれを防御方法という。

6　正当化根拠説（新堂687頁）。

　訴訟も同じである。いつ、誰が、誰にどういう裁判を起こしたか、裁判がどこで行われるかについて事前に情報提供を受けていないと、反論の機会を失い、当事者は納得しないし、裁判によって権利を確定するという当事者の利益が損なわれることになる。

　後述する送達は、裁判書類の了知を通じて訴訟手続に関与するための重要な手続である。しかし法律上送達の効力が生じたとしても、現実に書類の内容を了知する機会がなければ、手続関与の機会はなかったといえるから、判決確定後に送達書類の了知可能性がなかったと判明した場合には、再審申立てが可能となるとしているのである（56頁⑩）。

　民事執行は、昭和54年の民事執行法の制定前は民事訴訟法の強制執行編に規定があり、民事訴訟手続の続編として捉えられていた。そのため、民事執行手続においても、民事訴訟法の考え方が引き継がれることになった（法20条）。民事執行は民事訴訟法の基本的な原理・価値観は共有していると考えられることから、民事訴訟と同様に、債権者・債務者が執行手続に関与する機会が確保されなければならないと考えられる。

　(ｲ)　手続関与の機会の確保

　執行手続においても手続利用者に対する手続関与の機会の確保は図られている。民事執行の申立てがあったときは速やかに期日を定め、申立人が通知を要しないと申し出た場合を除き、申立人に通知する（規11条1項）。債務者に予告しないのは、予告して臨場すると執行妨害の可能性があるからである。ただし執行官は執行実施時に調書を作成する（規13条）が、その調書を債務者に送ることで差押えの通知を行う（規103条1項）。不動産引渡執行においても同様である（規153条・154条）。

　このように手続関与の機会の確保という価値観は、裁判手続を支える基盤となるものである。新堂幸司教授も「民事訴訟理論は手続の利用者のためにある」という視点から、手続の利用者の利益を考えることの大切さを説かれている[7]。現場で問題が生じたときは「手続関与の機会の確保」に戻って考

7　新堂幸司『民事訴訟制度の役割（民事訴訟法研究第一巻）』42頁。

えてほしい。

⑷　執行官とは

　執行官は、2024年4月現在全国の各地方裁判所に245名置かれている。各職場で男女の比率が注目されているが、執行官の場合は執行現場におけるリスクのためか男性執行官で占められ、2024年4月現在、女性執行官は1名である。近時テレビ朝日のドラマ「シッコウ‼～犬と私と執行官～」が放映され、少しでも執行官が世間的に知られる存在となったことは執行官OBとして嬉しいことである（13頁「Column」参照）。

　　㋐　執行官の身分

　動産執行、引渡執行、保全執行の手続を主宰する執行官は各地方裁判所に設置された国家公務員である（裁判所法62条）。ただし一般公務員と異なり、税金からの俸給ではなく、執行官に支払われる手数料（執行官の手数料及び費用に関する規則）を受け、納税は源泉徴収でなく確定申告で行う。そのため当事者等から「われわれの税金で養われているくせに」という批判は受けないですむ。

　勤務時間帯は決められているが、超過勤務手当は支給されない。また一般公務員のように共済組合員ではないので、国民健康保険に加入しなければならず、退職金もない。したがって一般公務員より独立性が高く、執務内容についても現場でさまざまなことが起こるためその対処に柔軟性が求められる。

　本書では、そのような執行官の執務からみた執行手続を中心に解説していきたい。

　　㋑　執行官の職務

　執行官が行う主な事務は裁判所法62条3項、執行官法1条1号2号に規定がある（詳しくは提要12頁～16頁）が、主なものは次のとおりである。

　①　動産執行（法122条～142条）

　②　引渡（明渡）執行（法168条）

　③　引渡実施（子の引渡し）（法174条～176条）

④　保全執行（民保43条）

⑤　送達（民訴99条1項）

⑥　現況調査（法57条）

⑦　担保不動産収益執行における管理人の事務（法180条2項参照）

⑧　競売における売却の実施（法64条3項・65条）

　(ウ)　**本書の射程**

　上記職務のうち、本書では①～⑤についての主要な部分を射程とした。その中で④の保全手続については文献も豊富なことから、執行手続上重要な基本事項のみを記述している。⑤の送達は執行手続ではないが、手続関与の機会を確保するための重要な手続であり、執行手続において執行開始要件とされている（法29条）ことから、その基本事項についても知っていただきたいと思い、概略を説明することとした。

　(エ)　**執行官の役割**

　執行官は裁判所職員（裁判所法62条）ではあるが、執務場所はオフィスだけではなく、執行場所（現場）に赴くという特徴がある。オフィスと現場の違いは、事実が目の前に存在するか否かということである。執行現場には当事者の陳述をはじめ、裁判所や代理人の評価を経ていない生の事実が横たわっている。その事実に直接触れて、調書に記録するのが執行官である。

　訴訟事件の処理が終わったと思っている本案裁判所が作成した債務名義を基に現場に臨場しても、債務名義に記載された権利の実現だけでは実質的な紛争解決が図れないのではないかと執行場所で悩む執行官は少なからず存在すると思われる。

　たとえば、景気の変動や諸事情により、約束を果たせなかった債務者が、財産を差押えまたは引き渡されることにより、執行後どのような生活を送るのだろうかと思い悩むことがある。炎天下の外より暑い部屋で生活している高齢夫婦の動産執行、末期がん患者に対する明渡執行、子どもたちが心から信頼している病弱の同居親に対する引渡実施のときなど、債務者のケアという視点を抜きにして手続の進行ひいては紛争解決は図れない。

逆に、オートロックやセキュリティ機能付きエレベーターのため立入りが困難な高層マンションの居室の動産執行では、手続進行が困難なことが多く、解錠もできないことから執行不能とされることが多く、債権者の立場を慮ると忸怩たる思いを禁じ得ない。

執行とは紛争解決のゴールであるから執行手続で債務名義をめぐる権利関係のトラブルは終了するべきである。その思いで今日も執行官は執行場所に臨場する。手続利用者は実質的な紛争解決のために奮闘努力する執行官に、適切な情報を提供してほしいと願っている。

執行とは何であるのかという悩みは執行官だけでなく、裁判手続関係者共通の思いであってほしい。

　㈱　独立した機関である執行官

執行官は裁判所職員であるから、地方裁判所から指名された裁判官（執行官監督官）の監督下におかれる（執行官規4条）が、現場においては執行官がそれぞれの判断に基づいて、執行事件の解決にあたる。手続はそれぞれの個別事件の事案に対応して進行されるため、執行事件の受付から完了まで執行官が個別に判断し、紛争の現実的解決を実現するのである。

執行事件は当事者の性格や物件の状況によって異なり、同じ案件は存在しない。後述する目的外動産の保管の基準にしても、残置状況は現場ごとに異なり、執行官ごとに判断は個々に分かれる。ゆえに「前は○○のようにしてもらった」とか、「他の執行官は△△という判断をした」という言葉は意味がないことになる。同じケースがない以上前例もないのである。したがって現場における執行官の判断には従わざるを得ないことが多いと思われる。

しかし、前例がなくとも類似のケースは認められるであろうから、ケースごとの最大公約数的な事実を帰納して、共通原理を導き出すことは不可能ではない。本書ではそういう共通原理を条文に基づいて説明し、具体的な事実にあてはめ、結論を導いて説明している。執行官はそれぞれの基本原理を活用して現場での判断を行い、紛争の現実的解決ができるよう努力していることを理解していただけると幸いである。

(カ) 執行補助者

　最後に、ドラマにも登場した執行補助者（74頁(エ)）について述べておこう。放映された番組では、犬の苦手な執行官の補助者という役どころであったことから、犬が原因で不動産に立ち入ることのできない場合を前提としており、ドラマの補助者は、施錠されている鍵を解錠する場合の解錠技術者と同様の役割を果たしているといえる。裁判所によっては、一日執行官と行動を共にする執行補助者もいる。

　執行官は武闘派でも万能の知恵者でもないから、執行手続の進行のためには、チームとして執行場所に臨むことも必要な場合がある。補助者は執行官が自由に使用できるが、収去の現場などで執行官がその場にいないときは、補助者の証明書を発行することもある。なお、後述する目的外動産を搬出・保管・売却する業者も補助者ではあるが、大阪地裁では「業務補助者」として執行補助者とは区別している。

　ちなみに筆者が犬のために立入りができなかったのは、目的不動産の敷地内（約100坪）でドーベルマンを3匹飼育し、近づくと威嚇するように吠えて飛びかかろうとしてきた事案が1件のみである。なお現況調査の事案であるが、後足立ちをすると2メートルを超えるセントバーナード犬が2頭飼育されている目的不動産で、同犬が評価人にじゃれついたときに勢い余って頭突きをしてしまい、評価人が口を切り、背広が犬の涎と庭の泥に塗れたことがある。犬対応の補助者も必要かもしれない。

Column ドラマ「シッコウ!!〜犬と私と執行官〜」と女性執行官

2023年7月から9月にかけてTVドラマ「シッコウ!!〜犬と私と執行官〜」が放映されました。実際の執行手続では、犬専門の補助者はかなり少数派でしょうし、執行現場に第三者が立ち入って発言することは認めていない等、現実と乖離する部分があったことは否めません。ドラマとしてはよくできているという評価があった一方で、不完全だという評価もあったようです。まわりの現職執行官や執行官OBに確認したときも、評価は分かれているように感じました。

ただ織田裕二氏扮する執行官のキャラクターは、執行官の業界では一般的なものですし、先輩執行官の関与や解錠技術者、運搬業者、立会証人、児童心理の専門家など役割がよく検討され、台詞や会話内容など執行現場での代表的な会話例も上手く取り上げられていました。その意味で執行官の仕事のイメージが視聴者に伝わったのではないかと思います。またドラマは主演の女性補助者が執行官に任官すべく、その実現をめざしていくストーリーでしたので、女性の男性業界への挑戦も隠れたテーマだったのかもしれません。

近時女性執行官の登用は議論になっていました。ただ遺体との対面、各種圧力団体との対峙、臭気や昆虫類との格闘に女性が耐えられるかと考えると、消極的意見が多かったのも事実です。しかし女性警察官や自衛官が職務を全うしているように、執行官も男女にかかわりなくその特質を活かした執務が求められている時代になっています。その代表例が子の引渡しです。見知らぬ男性たちに囲まれた子がどれほど不安な気持になるか、想像にかたくありません。その意味で女性執行官が誕生したことは子にとっても福音になると思います。

ドラマの最終回、子の引渡しの現場で子どもが「どうして、どちらかを選ばないといけないの?」と言う場面で、その子に寄り添ったのは主人公の女性補助者でした。女性は子どもに寄り添うことが男性より得意だと思います。児童心理の専門家も女性のさらなる登用が求められています。男性に比べて柔らかな対応のできる女性の明るさ、しなやかさ、そして凛とした佇まいがこれからの執行手続を彩ってくれるであろうことを楽しみにしています。

One Point Lesson

私的自治の原則と歴史

学生：先生、私的自治の原則って、要は自分のした約束は守りなさいということですよね。これが歴史とどう関係するのでしょうか。

教授：約束するには約束を理解できる能力があることが必要なのだけれど、約束できる人とは合理的理性人である「市民」という人とされている。この市民が約束を理解できる能力があるとされているんだが、この人は具体的な人間ではなく、抽象的な存在として捉えられているんだ。

学生：どうして具体的な存在である人を抽象的に考えないといけないのでしょうか。

教授：市民革命当時、現実に存在した具体的な人にはそこまでの能力がなかったから、人とはこうあるべきだという理念型として、自然状態で対等平等で合理的な理性を有する存在を考え出したんだね。本来なら契約もできない存在だけど、理念としての人なら能力があるから、契約のする能力があると考えようとしたんだね。

学生：能力がなければそのままでも良かったのではないですか。無理に能力を与えられてもハードルが上がるだけではないでしょうか。

教授：産業革命によって資本主義を発展させるためには、民法の世界では契約の存在は不可欠だった。また刑法の世界では、是非弁別能力があればいいことと悪いことの区別が付くはずで、悪いとわかっているのにあえて罪を犯すことに刑罰を科すという、刑罰の正当化の理由にもなった。無茶だと思うかもしれないけど、近代国家が成立するまでの絶対主義王朝では、契約の自由も、刑罰なければ犯罪なしという罪刑法定主義の考え方はなかったからね。

学生：つまり、自分のことは自分でしなさいという意味は、みんな能力者だからそれくらいできるはず、という考え方が根底にあるのですね。

教授：本人訴訟を原則とする裁判手続も同じ発想だね。でもまだ裁判手続の敷居は高いから、ドイツのように弁護士強制主義もありかなと思うね。

学生：利用しやすい手続のためには、もっと手続の情報公開と情報の共有が必要かも、ですね。

第2章

債務名義

1 債務名義

(1) 債務名義とは（法22条）

債務名義とは債権者の「給付」請求権が表示された文書である。「給付」とは、支払う、明け渡すなどの債務者の履行行為を意味し、それが表示された判決は給付判決、和解調書の和解条項は給付条項と呼ばれる。債務者が金銭の支払いや不動産の明渡しという本来行うべき行為を行わないので、国家機関が強制的に実現させるわけである。私的自治（契約自由）の原則から考えると、債務者にその約束内容を履行させることは、債務者に約束を果たさせるという意味で、私的自治の実現といってよい。

(2) 債務名義が唯一の根拠

執行官は債務名義を唯一の根拠として執行に臨むため、債務名義以外の資料は公的な資料を除き執行の根拠とすることができない。そのため債務名義には執行場所の情報が記載されていることが必要となる。したがって債務名義に記載されていない情報を執行申立て時に付加できないことに注意しなければならない。さらに主文についても「主文は、判決書の記載自体によってその内容を明確にすべきであり、訴訟記録中の書類（たとえば、検証調書添付図面、準備書面添付目録など）を引用することは許されないと解すべきである」（起案の手引18頁）とされている。この点は、特に不動産の引渡執行において問題となることが多いので後に項を改めて解説する（61頁「第4章」参照）。

2 種　類

どのような文書が債務名義になるかは、民事執行法22条各号に規定されている。そのうち主なものの特徴および検討すべき事項を説明する。

(1) 判決（民訴252条）

(ア) 給付判決の主文

給付判決の主文は「支払え」「明け渡せ」と表示され、給付すなわち債務

8　執行文研究㊤7頁以下、講義案10頁以下参照。

者の履行行為の内容がシンプルに表示されなければならない。債務名義となるべき判決には確定判決と仮執行宣言付判決がある。いずれも被告が応訴し、裁判所が当事者双方の主張に対して判断されていることがほとんどである。被告（通常は債務者）は本案（裁判手続）で主張したことを執行現場で主張することがしばしばあることから、債務者の言い分がある程度想定できる。なお法改正により電子判決書が作成されることとなった（民訴252条）。

㈡　確定判決と仮執行宣言付き判決

裁判所が言い渡した判決について不服申立てのできない状態を確定という。判決は確定すると訴訟物である実体法上の権利関係（給付請求権）が実質的に確定（これを既判力という）し、執行力が生じる。

(2)　判決書に代わる調書〔調書判決〕（民訴254条）

判決書の作成に代えて調書が作成されることから、いわゆる「調書判決」と呼ばれるものである。明渡執行の債務名義の約9割はこの調書判決である。被告が請求を争わないまたは争うことを明らかにしないときに言い渡されるため、請求内容は原告の提出した訴状および資料で特定する。原告の訴状等に不備があっても、裁判所がそれを看過して言い渡されると、執行ができない可能性が出てくる。

(3)　和解調書（民訴267条）

㈠　給付条項

和解とは、当事者が互いに譲歩してその間に存する争いをやめることである（民695条）。原告にとっては権利のすべてを満足するものではないが、被告の履行の容易性が前提となるので、任意の履行が期待できるメリットがある。ただし、任意の履行が得られない場合に備えて和解条項には債務者の履行行為（給付）が示されていなければならない。この給付が示された和解条項を給付条項という。

給付条項においては「被告は原告に対し金100万円を支払う」「被告は原告に対し別紙物件目録記載の建物を明け渡す」など債務者の行為（給付）すなわち給付文言が示されている表現であることが必要である。「支払うものと

する」「明け渡すものとする」では支払うことや明け渡すことを確認したにすぎず、給付条項とはいえないとされ、執行文が付与されない。「支払う」のは債務者であるが、「支払うものとする」とは債務者に命じている文言であり、その文言の主語は債権者または裁判所だからである。

大阪地裁の実務慣行として「別紙物件目録記載の建物を明け渡し、金○○○万円を支払う」のように、一文の中に二つの給付が記載されている記載もみられる。ただ給付行為の内容が異なるものであるときは、当事者の理解の容易さから一給付一文章であることが望ましいと思われるが、各庁のスタイルの問題であり、一朝一夕に統一できるものではないであろう。

(イ) 請求における訴状引用

和解条項において、請求の表示を「訴状のとおりであるからこれを引用する」という記載にとどめ、和解調書に訴状を添付しないものがある。これでは紛争の内容を知ることができず、執行現場において債務者に適切な対応ができなくなるおそれがある。「内容も知らんのに来てるんか」は債務者の抵抗文言の一つである。全く内容を知らない、では相手を説得できず、執行はスムーズに進行できず、新たな紛争を惹起する可能性も出てくる。

そのため請求を訴状で引用するのであれば、訴状またはその内容である「請求の趣旨および原因」部分の写しを添付していただきたい。これはいわゆる調書判決でも同様である。このことは執行官と裁判所の情報の共有化に関するものではあるが、最終的には現場での軋轢を避け、もって当事者の紛争解決に資するものであることをご理解いただければと思う。

(4) 引渡命令（法83条）

(ア) 特 徴

不動産競売において買受人の引渡しに応じない占有者がいるときに執行裁判所が発令するものである。通常の不動産の明渡判決と異なり、以下の特徴がある。

① 代金納付から6カ月以内に申立てが必要（法83条2項）

② 賃貸借契約が存在しないので契約上の賃料債権は発生しない。した

がって、命令には引渡請求権のみ表示される。

③　占有者が第三者の場合、引渡しの対象が土地建物であっても引渡命令の対象は建物のみとする執行裁判所も存在する。この場合建物敷地上の残置動産の処分が困難になる可能性がある。

　(イ)　留意点

　債務者の任意退去がなされないときは、不動産の明渡執行と同様の手続が進められる。前述のとおり引渡命令では差押債権が存在せず、残置動産の差押え、すなわち動産執行ができないため、原則として残置動産は搬出することを要する（105頁(3)(イ)）。残置動産が廃棄できない場合は、債権者において買い受けることを求められることが多いと思われる。

(5)　執行証書（法22条5号）

　裁判上の手続を必要とせず、公証人が作成する金銭給付を目的とする請求について、債務者の執行受諾の陳述が記載された公正証書を執行証書という。給付の内容は後述の支払督促と同様、金銭債権に限られる。ただし支払督促は債務者の言い分を聞かずに発付されるが、公正証書は債権者債務者が同席のうえ、債務者の執行受諾の意思を確認する。債務者の不動産明渡執行の受諾を内容とするものは明渡義務の確認にとどまり、債務名義とはなり得ない（執行することはできない）。

(6)　執行文が不要な債務名義

　(ア)　支払督促（民訴383条）

　簡易裁判所の書記官が、債務者を審尋せずに、主として金銭請求について発付するものである（民訴386条）。簡易・迅速な手続進行を予定しているため、執行文の付与を不要としている。

　債務者の言い分を聞くことが予定されていない（審尋しない）ということは、基本的に当事者間に成立した契約関係に争いがない事案が想定されているということでもある。民法548条の2ないし548条の4に規定されている定型約款に基づく法律関係が前提とされていると思われる。言い換えると貸金（業者の貸付け）、信販、電話料金などの約款に基づく単純な法律関係に適し

た手続といえる。裁判所のウェブサイトでも貸金、立替金、売買代金などと案内されている（オンライン申立てではさらに求償金、リース料が加わる）。

相手方に主張させないようにするために支払督促を選択すると、言い分があるのに言えなかった債務者が感情的になり、紛争が拡大することが多い。その意味で支払督促は応訴可能性のある事案には適していないと思われる。当事者に手続選択権があるというのはそのとおりであるが、選択を誤ると解決に時間がかかるのは、どこの世界でも同様であろう。

　(ｲ)　少額訴訟判決（民訴368条）

少額訴訟手続は60万円以下の金銭請求について簡易裁判所で審理判決されるものである。代理人を依頼することが困難な事案について平成10年の民事訴訟法改正で創設されたものである（創設時は30万円以下であった）。改正法制定以前、少額の案件は弁護士が受任しないことが多かったので、裁判所において両当事者に手続教示（民訴規222条1項）を行うことにより、利用しやすい裁判手続を目指したものである。双方に手続教示を行う以上、被告の応訴可能性がある事案が少額訴訟に向いているといえる。手続教示を行うには当事者双方に公平に行う必要があるところ、応訴しない案件であれば被告に手続教示できない可能性があり、原告のみの手続教示となり、公平性を欠く結果になるからである。応訴可能性の高い事案は賃金、敷金、交通事故による損害賠償などがあげられよう。

審理は一段高い法壇を使用する通常訴訟と異なり、ラウンド法廷と呼ばれる円卓（ラウンドテーブル）で、1時間ないし1時間半程度の時間枠で行われる。そのため審理に時間を要する複雑な案件には不向きである。

民事訴訟法は少額訴訟に上記のような申立制限を設けているわけではないが、弁護士に手続教示をする必要があるとは思われないし、応訴可能性のない事案で、弁論に1時間ないし1時間半程度かけるのは非効率である。また弁護士が受任すると通常訴訟移行する可能性が高いので、一般人の利用の支障になる可能性がある。この手続を選択しても紛争が拡大することはないが、事務効率を推進する裁判所としては、少額訴訟の本来あるべき姿を考え

るべきでないかと思われる。

㈻ 家庭裁判所の調停調書、審判書

金銭の支払い、物の引渡し等給付を命ずる審判、調停は執行力のある債務名義と同一の効力を有する（家事75条・268条1項）ため、執行文は不要である（執行文研究㊤124頁）。

③ 当事者

⑴ 当事者本人

㈠ 自然人

自然人はその名の通り自然界に事実上存在するものであり、存在の証明は不要であるから、専属管轄等の問題がない限り申立書に住民票の添付は不要である。しかし執行場所において債務者の居住確認（占有認定）が困難なときは、占有認定資料として住民票の添付を求められることがある。氏名（特に姓）が変更されているときは、申立債務者と債務名義上の債務者が同一人であるかどうかを確認する必要があるため、疎明資料として住民票または戸籍謄本が必要になる。

㈡ 法人

法人は法律によって存在が認められ利害関係を有する第三者の範囲も広がることからその存在を公示しなければならず、その成立に登記が必要とされている（会社49条、一般法人22条・163条）。したがって債権者、債務者が法人の場合は資格証明（登記事項証明書）が必要である。申立て時に債務名義成立時の登記事項と変更がなければ、代表者事項証明書のみで足りる。

債務名義成立後に商号、本店所在地など登記事項が変更されている場合は、債務名義上の商号（旧商号）または本店所在地（旧所在地）が記載され、現在の商号等とつながりが証明できる履歴事項全部証明書が必要である。つながりが登記上明らかでない場合は、法人番号の一致などで対応できよう。ちなみに代表者は法人の代理人（民訴37条）であるから、代表者が変更した旨の記載で足り、新代表者の記載のある証明書で足りるが、旧代表者の抹消

が記載された履歴事項全部証明書の提出を求める裁判所もある。

　（ウ）　**債務名義上の氏名・住所等の変更**

　債務名義上の氏名または住所もしくは商号または本店所在地が変更されている場合は、（債務名義上の商号・住所）などとタイトルを付けたうえ、次のように改行して旧商号を記載する（上下が逆でも構わない）。

　新旧住所の記載例は次のとおりである。

〔記載例１〕　債務名義上の商号・住所等の変更

> 　　商号　　　　　西天満商事株式会社
> 　　住所（本店）　大阪市北区西天満２丁目１番10号
> 　　（債務名義上の商号・住所（所在地））
> 　　　商号　　　　若松商事株式会社
> 　　　本店　　　　大阪市北区若松町８番１号

⑵　代理人

　（ア）　**執行法上の代理人**

　執行裁判所が担当する民事執行手続については、執行裁判所の許可を受けて代理人となることができる（法13条）。執行官が行う動産執行、引渡執行、保全執行手続に関しては、裁判所の許可を要せず自由に代理人を選任することができるとされている（基本法コンメ38頁）。そのため執行業者や士業の事務員が代理人となって執行手続を行うことも多い。

　（イ）　**司法書士**

　司法書士については司法書士法３条１項６号ただし書で、強制執行に関する事項（少額訴訟債権執行を除く）については、代理することができないと定められているため、簡易裁判所における本案手続の訴訟代理人であっても、その本案に続く執行手続の代理行為はできない。しかし書類受領者として、司法書士事務所を送達場所とすることは認められる（送達研究94頁）。理由は送達場所届出の制度および法文上、届出ができる場所について日本国内であ

ること以外は制限がなく、届出の実質的内容の審査に関する規定が存在しないからである（ほかにも理由を考えうるが、詳しくは送達研究94頁を参照されたい）。そのため弁護士法の潜脱などを理由に司法書士事務所を送達場所として認めないという取扱いはできないと思われる。

なお、司法書士が、司法書士の肩書きを記載しないで、個人の資格で代理人となることは、司法書士としての業務を続けている限り、司法書士法上認めることは困難であると思われる。

(ウ) 特別代理人

特別代理人とは法定代理人（会社代表者を含む）がいない場合に、債権者の申立てによる裁判所が選任する代理人である（民訴35条、法20条（基本法コンメ48頁））。民事訴訟における特別代理人は執行手続における特別代理人ではないから、執行申立て後に特別代理人の選任申立てが必要である。給付判決において執行手続は想定されているが、連続した手続とはいえず、特別の授権を要すると解されるからである。

そのため本案で特別代理人が選任されている場合でも、債務者の個別財産について執行申立てをする際にはあらためて特別代理人の選任が必要である。特別代理人の選任申立ては、執行官室に対する執行申立て後に、あらためて地方裁判所の執行部に宛てて行う。

後記「第9章　書式集」に大阪地裁第14民事部の「強制執行手続における特別代理人の選任について」（235頁）の案内と書式があるので参考にしていただきたい。

④ 執行文

(1) 執行文の付与

執行文とは、債務名義に記載された権利（給付請求権）を裁判所書記官が

9　個別財産　判例は「代表者なき相続財産に対し訴訟行為を為さんとする者は受訴裁判所の特別代理人の選任を申請することを得るものとす」として、相続人不明の相続財産について相続財産管理人がない場合に準用されるとしている（大決昭和5・6・28民集9巻640頁）。

公証した文書である。ただし後述するように、公証できることと執行できることは分けて考える必要がある。執行文は給付判決などの執行力ある債務名義の末尾に下記の文書 1 枚を合綴して契印[10] する。原則として債務名義には裁判所書記官または公証人の付与を受けなければならない（法25条・26条 1 項）。

【書式 1 】 執行文

債務名義の事件番号	令和　年（　）第　　　　号

執　　行　　文

債権者は、債務者に対し、この債務名義により強制執行をすることができる。

　　　令和　　年　　月　　日
　　　　　○○地方裁判所　第△民事部
　　　　　裁判所書記官

債権者〔　　　　　　　〕	
債務者〔　　　　　　　〕	

(2) 給付文言

(ア) 執行できない表示

判決では「被告は原告に対し、別紙物件目録記載の建物を明け渡せ」、和解では「被告は原告に対し、別紙物件目録記載の建物を明け渡す」と表示さ

10　**契印**　現在民事訴訟書類については IT 化の方向性で法改正が予定されている。執行文の関係では、単純執行文について付与を不要とする方向で調整が進められているが、どのように執行力の有無を判定するか等の手続の詳細は未定である。

れる。

　和解条項で「被告は原告に対し、別紙物件目録記載の建物を明け渡すこととする」とか「……を明け渡さなければならない」という条項は、明渡義務を表示しただけであり、給付（債務者の行為のこと）を端的に表示していないため、執行することができないことに注意が必要である。

　　(イ)　１文で二つの給付内容の表示

　調書判決の主文で「別紙物件目録記載の建物を明け渡し、金○○○万円を支払え」との記載がみられる。これは建物の承継等があった場合、承継執行文において条項を特定することが煩雑になるから、項を分けて「支払え」「明け渡せ」と分けて表示すべきであると思われるが、実務ではまとめて一つの執行文で付与されていることが多い。

(3)　種　類

　　(ア)　単純執行文

　債務名義上の債権者（原告）と債務者（被告）が変更することなく、「債権者○○○○が債務者××××に対して強制執行することができる」と記載した書類を添付（これを「付与」という）するものである。執行文は判決が確定（不服申立期間が経過して不服申立てできない状態）してから付与されるのが原則であるが、判決に仮執行宣言（民訴259条）[11]が付されていると、判決が確定しなくても執行文を付与することができる。

　なお執行手続開始後に債務者が死亡した場合でも強制執行は続行できる（法41条）。

　　(イ)　承継執行文

　訴訟上の権利義務の帰属主体である当事者が交替した場合、権利や義務を新たに承継した者に対して付与される執行文である（法27条２項、規22条１項）。承継には、特定の権利を承継（債権や訴訟目的物の譲渡など）する特定

11　**仮執行宣言**　判決が確定するより前に原告に強制執行を許す旨の裁判所の判断（基礎から民訴425頁）。仮執行宣言を付する要件は定められておらず、権利の種類、当事者の応訴の態様などによって裁判所が個別に判断する。

承継と、相続や合併などで承継する一般承継がある。この承継執行文が付されている場合は、新たに権利義務の帰属主体となった者は裁判手続等によって手続関与の機会が確保されていないから、手続の内容を了知してもらうため判決などの債務名義に執行文を付与した謄本（裁判所書記官が原本と同じものであると認証した写し）を承継人に送達しなければならない（法29条後段）。

　(ウ)　事実到来執行文（条件成就執行文）

　和解調書で、「2か月分以上の家賃を遅滞したときは、解除することができる」とのいわゆる解除条項（これは債務者の行為を要せず、債権者の一方的な意思表示で法律関係が変動する形成条項である）が記載されることが多い。この場合、「……解除することができる」に続いて「前項により解除したときは、被告は原告に対し本件建物を明け渡す」との条項があると、執行文は事実到来執行文となり（法27条1項）、執行文付与申請の際に解除通知をした事実の疎明が必要となる。

　それに対し、「2か月分以上の家賃を遅滞したときは、当然解除となり、被告は原告に対し本件建物を明け渡す」との条項であれば、解除通知は不要であり、単純執行文の申請で足りる。

⑤　送達証明

　債務名義は送達されなければならない（民訴255条1項・388条1項など）。裁判所の判断を知る機会がなければ、債務名義に記載された権利義務の内容について了知することができないからである。そのため強制執行を開始するためには債務者に対する債務名義の送達が必要とされる（法29条）。ただし裁判上の和解は双方が対席のうえ、口頭弁論等の期日において和解条項の定めを告知する方法で行う（民訴265条2項）ため、和解が成立する要件としての送達は必要とされていないが、強制執行のためには和解調書（民訴規163条3項）の送達が必要とされている（改正民訴267条2項（令和8年5月24日までに施行）で電子調書に記載された和解調書は送達を要するとしている）。ただし保全執行は、保全命令が相手方に送達される前であってもすることができる

（民保43条３項）ので、送達証明は不要である。前記の承継執行文（25頁(3)(イ)）が付されているときは、承継執行文謄本の送達証明が必要である（法29条後段）。送達については次章で詳しく説明する。

6　附帯請求

(1)　附帯請求とは

　訴訟の主たる目的（元本、明渡しなど）と同時に付随して申し立てられた果実、損害賠償、違約金、費用の請求を附帯請求という（民訴９条２項）。附帯ではあるが主たる請求とは発生原因の異なる権利であるから、主たる原因とは別の請求原因事実の主張が必要である。附帯請求は、訴訟の目的の価額（民訴８条１項）に参入しないので、印紙代は不要である。

　果実とは契約を前提とする「物の使用の対価」（民88条２項）であり、家賃（建物使用の対価）、利息（元本使用の対価）がこれにあたる。損害賠償は主たる請求の履行遅延によって生じた損害の賠償であり、賃料相当損害金や遅延損害金がその例である。違約金（民420条３項）とは債務不履行の場合に支払うべきものと約定される一種の制裁金（penalty）で、組合の懈怠金などがそれにあたる（我妻新訂債権総論135頁）。費用の代表例は督促手続費用である。弁護士費用などの受任費用は「費用」にあたらないと解され、交通事故に基づく損害賠償請求に弁護士等費用を含める場合は、損害賠償額に弁護士等費用を合算した額が訴額になる。

(2)　附帯請求の意味

　執行手続において附帯請求を求めておくメリットは三つある。

　一つめは、引渡執行において引渡しのみの主文である場合、執行が終了すると債務名義はその目的を達成するため返還されないが、附帯請求があれば執行申立ての際、返還申出をすると債権者に還付される。

　二つめは、附帯請求である金銭債権を請求債権として動産執行の申立てが可能である。この明渡執行と同時に申し立てられる動産執行は、債権回収目的の場合と、目的外動産の保管の場合がある。後者については後述する。

三つめは、引渡執行の目的外動産を売却することができ、その売却代金を供託した場合、附帯請求である金銭債権を請求債権として、供託金還付請求権を差し押さえることが可能である。

7 執行手続における債務名義の文言上の問題点

(1) 撤　去

(ア) 撤去とは

「被告は原告に対し別紙物件目録記載の物件を撤去せよ」。

このような主文を時折目にすることがある。不動産の明渡執行であれば上記物件は目的外動産となり、搬出、保管、廃棄の対象として取り扱うことができる。しかし、「撤去」は執行法上根拠がなく、撤去した動産の処分について定めがない。廃棄するのか、保管するのか、売却するのか未確定である。このような主文があるのは裁判所が紛争を統計的に「処理」し、債務名義確定後の訴訟当事者の利益を視野に入れて紛争「解決」まで想定していないからと思われる。撤去した後、物件の処分について主文に掲げなければ執行手続としては不十分であると思われる。

物件が不動産と固着されているなど撤去だけでは執行できない場合、固着されている対象動産の収去の申立てを不動産の明渡しとあわせて申し立てるのが原則である。撤去の対象となる物件は明渡執行の目的外動産として、保管、売却または廃棄することになる（107頁(4)以下）。

(イ) 「撤去」の記載の要否

自動車の撤去は駐車場として利用される不動産の明渡しに付随して行うため、目的とする自動車を特定しなくても、駐車区画（目的不動産）が特定されていると、不動産上の自動車は明渡執行の目的外動産として、売却または廃棄による処分が可能である。しかし、不動産上のどの部分にでも駐めることが可能な場合は駐車区画を特定できないので、自動車を特定しないと、不動産上から当該自動車を撤去できない可能性がある。

駐車場の明渡執行で駐車車両を特定するための記載を必要としないのは、

記載すると当該車両以外の車両が駐められていたときに移動することができなくなる可能性があるからである。しかし駐車区画が特定せず、駐車場内の任意の区画に駐車している場合は、当該自動車を撤去するために、駐車車両を特定する必要があると思われるから、自動車を目録に記載する。

この場合の請求の趣旨の記載例は、以下のとおりである。

〔記載例 2〕 自動車撤去の場合

〔駐車区画が定まっている場合〕
　被告は原告に対し、別紙物件目録記載の土地（建物）を明け渡せ。
〔駐車区画が定まっていないまたは明示されていない場合〕
　被告は原告に対し、別紙物件目録記載の自動車を撤去して、別紙不動産目録記載の土地（建物）を明け渡せ。

　(ウ)　動産の収去

明渡執行において収去とは、土地と固着された物を不動産から分離し、取り除くことである。それに対して撤去とは土地に固着していない動産を取り除くことである。たとえれば、クレーンで動産を持ち上げようとしたとき、持ち上がらない動産を不動産から分離するのが収去であり、持ち上げてそのまま移動できるのが撤去である。ブロック塀（一般に「工作物」という分類になる）や地面に固着した小屋等は収去の対象であり、自動車やブロックの上に置かれた物置は撤去の対象である。ブロック塀を撤去[12]するとか、自動車

12　**ブロック塀の撤去**　ブロック塀の撤去のみの執行については明渡執行における催告が予定されていない。そのため初回臨場でいきなりブロック塀の解体撤去をせざるを得ないことになり、債務者としては撤去に協力することもできないことになるであろう。そのため相隣関係がより悪化するなど新たな紛争が惹起する可能性がある。筆者の経験では事実上催告を行い、断行期日を告知するとともに、債権者代理人が相手方と話合いをして撤去の協力を求めたところ、断行日に妨害なく工事が完了したことがある。相隣関係が悪化することなく手続は完了したのである。要は法律がどうなっているかではなく、紛争解決のために法律をどう利用するかが大事であると思われる。

を収去¹³すると記載してはならない。ブロック塀の場合は「工作物収去土地明渡」であり、自動車の場合は原則として「建物明渡」または「土地明渡」のみで足りる（自動車を特定する必要がある場合は前記⑷参照）。

(2) 建物の一部の収去

稀ではあるが建物の一部の収去を命じる判決も目にすることがある。境界を越境したとされる部分（玄関など）を取り壊して土地の明渡しを求めるのである。これは本案が現実を想定しないことから生じるものであり、観念の産物といえるであろう。建物の一部の収去は家屋の切り取りであり、切り取るときは一応境界を基準にすると考えているようである。このような訴訟があるのは、越境された土地の所有権を守る（相手方に時効取得の主張をさせない）ことに意味があるからであろう。そのために一部の切り取りを求める気持には首肯できる部分もある。

しかし寸分の狂いなく境界に合わせて切り取ることができるかは疑問である。境界は平面上に存在するが、切り取りは立体的に行われる。境界線を垂直に延伸して、空間上で境界を確定する作業など現実にはまず不可能である。もし少しでも債務者に不利な切り取り方をすれば国家賠償の対象となる（国家賠償法1条1項、裁判所法62条）し、境界線より手前であれば債務名義を実現しないことになる。また筆者が確認した一部収去の案件はすべて境界確定の判断または筆界特定の手続がなされていなかった。切り取りの基準となるべき境界がどこかも確定せずに一部の収去ができると判断するのはイメージの欠如であるといわざるを得ない。そこでどうしても一部の収去を求めることにこだわるのであれば、以下の状況を満たす必要があると考える。

① 境界確定または筆界を特定し、測量士、土地家屋調査士が作成した図面を添付するとともに現実の土地上で地点を特定することが可能であること

---

13 **自動車の収去** 収去義務者は債務者（被告）であり、強制執行の準備として代替執行の申立てが必要であるが、自動車収去だと自動車を取り除くために代替執行の申立てが必要になってしまう。駐車場明渡しにおける自動車は、収去対象でなく目的外動産にすぎない。

② 一部切り取る際の測量図面を債務名義に添付し、図面を作成した土地家屋調査士等の専門家が執行に立ち会うこと
③ 裁判所が授権決定を発令する際に、執行部分が特定可能かを判断すること
④ 一部を切り取ることのできる専門業者を手配し、切り取る部分を間違えたときは、その業者が責任をもって相手方と交渉すること
⑤ 切り取った後の建物が接道義務を満たさないなど、建築基準法上の問題が生じないこと

観念の世界と現実の世界にはこのような乖離がみられるのであり、執行後の世界をイメージすることは当事者の紛争を解決するために重要である。相手方の現実の給付を履行させる執行の世界では、判決の内容を現実的に実現できるのかという視点は忘れてはならないと思われる。

文化とは何か

　「文化とは何かしら」　「人間を愛することよ」

　これは宮本輝氏の代表的長編小説の「ドナウの旅人」にある言葉です。本書はソビエト連邦が存在していた時代を背景にしていますが、現代でも通じる内容が多いと思われます。同書では冒頭の会話の後、「音楽だって科学だって政治だって文学だって、もともとは人間の幸福のために誕生したはずよ」と続きます。

　文化は芸術学問だけでなく、政治も文化の産物であるといわれます。私的自治を支える近代市民法原理や政治により制定される法律も文化といえるでしょう。だとすれば法律も人の幸福につながっていなければなりません。制度は物と異なり、時代の価値観や技術の進歩によって形が変化します。消極国家から福祉国家への変容や技術革新による社会の変化はその一例です。時代により法律の解釈も変わり、改正または廃止されることもあります。後述する残置動産の保管についての考え方もその一つです。

　しかし時代が変わっても、変えてはいけないものがあります。それは、制度は人間の幸福を守るためにあるという視点です。制度を支える価値観はイデオロギーと称されるものとなり、しばしば国民の生活に不自由を強いる道具になります。「おじいさんとお嫁さんとの問題を、〇〇主義はどうやって解決出来るの。そんなことも出来ないで、何が政治よ。何が革命よ。人間をいじめるものは、みんなきっと滅びるわ」。同書の終章で主人公の母が語る叫びともいうべき言葉が心に染み渡ります。

　文化は人の幸福のためにある、言い換えれば、人の幸福のために法律や訴訟手続があります。新堂幸司教授が「民事訴訟法理論はだれのためにあるか」（第3章 Column 参照）で述べられた"当事者の利益のための手続"という問題意識は今も生き続けています。民事訴訟、民事執行などの紛争解決手続は、紛争解決を願う利用者の利益のためにある、という視点を忘れてはならないと思うのです。

第3章

送　達

はじめに

　訴訟の目的は紛争解決であり、手続関与の機会の確保は判決が効力を生じる根拠であり、紛争解決のための手段である（7頁(3)(ｱ)）。送達は訴状および呼出状並びに判決の内容を了知するという手続関与の機会を確保するための重要な制度である。送達をしなければ判決の効力は生じないし、債務名義は送達されなければ執行することができない。執行現場ではしばしば債務者から、受け取っていないとか、内容がわからない等と反論されることがある。そのために送達とは何かを理解しておかなければならない。ここでは執行の前提となる送達手続のアウトラインと実務に必要な原理原則を述べていきたい。なお、送達に関する事務は裁判所書記官（民訴98条2項）が行うが、送達の瑕疵は再審事由になる（民訴338条1項3号）ため、送達の効力が生じたか、それにより手続関与の機会が与えられていたか否かは裁判所（裁判官）が判断することとされている。

　本章では送達の基本原理を中心に述べるのにとどめているので、送達実務についてより深く調べたい場合は送達研究を参照されたい。

☐1　送達の基本的な考え方

⑴　送　達

　送達とは、当事者その他の訴訟関係人に対し、法定の方式に従い、住所地等に宛てて、訴訟上の書類を交付してその内容を了知させ、またはこれを交付する機会を与える司法機関の訴訟行為である、とされている。

　送達は書類の「内容の了知」を前提としているから、民事訴訟法の送達の効力の発生と、民法の隔地者間の意思表示の効力の発生の構造は類似している。どちらも「了知」をキーワードとして、了知をめぐる事実関係が形成されていくからである。そして送達書類は法律効果の発生を意図した意思表示を内容とするものであるから、意思表示の効力発生のプロセスを確認する必要があると思われる。

(2) 送達制度

送達制度は、民事訴訟の手続進行、裁判の効力（既判力ともいう）の根拠と密接不可分にかかわっている。そもそも判決が当事者に対して効力を有するのは、手続関与の機会が確保されることが前提となっている。いつどこで裁判が行われるかがあらかじめ明らかになり、誰とどういう手続をするかがわかって初めて裁判を受ける権利を保障したといえるのである。当事者に手続関与の機会を確保するため（これを「手続保障」という）に送達制度は設けられており、フェアな手続を支えるものであるから、公正（民訴2条）という価値観をその根底に据えているといえよう。

(3) 意思表示の効力発生のプロセス

意思表示（民97条）は下記のプロセスをたどっている。

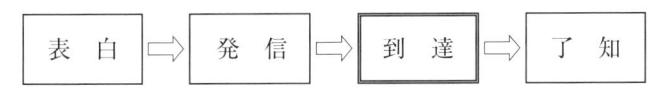

表白とは文字や言葉で表すことをいい、文章を認めたり、言葉を発したりすることなどである。意思表示は表白によって成立する。

次に成立した意思表示を到達させるために、意思表示を他の人やそのデバイスに送信する準備を行う。これが発信である。具体的にはレターパックを投函する、電話をかける、メールを送信するなどである。

到達とは意思表示を受領した状態のことである。発信元が特定できればよく、内容を了知することまで必要とされていない。相手方に了知可能性があれば足りるとされる。了知とは到達した意思表示の内容を了解し、知ることである（新明解では「ある事柄について十分な理解を示すこと」とされている）。つまり事の内容や事情がわかって納得し、意思表示の内容によりその意味内容等を把握して記憶することである。

問題はどの時点で意思表示の効力が発生するかである。表白時に効力の発生を認めると、表意者が発信を怠るのを助ける結果になる。了知を基準にすると、相手方が了知を拒む（届いていても、知らぬ存ぜぬを通す）と、送達の効力の発生を阻止できる結果になるであろう。執行現場でも判決を見たこと

がないといって知らないふりをする債務者はしばしば登場する。したがって考慮に値するのは発信と到達ということになる。

　民法上の原則は到達である（民97条1項）。理由は、到達するまでならば、撤回を許しても相手方が特に不利益を受けるわけではないからということ、発信だけで効力の発生を認めると、相手方は自らの努力では回避できない不利益をこうむるおそれがあるからである。ただし、相手方が正当な理由なく意思表示の通知が到達することを妨げたときは、その通知は通常到達すべきであった時に到達したものとみなされる（民97条2項）。このような相手方の利益を守る必要はないからである。

　到達とは、意思表示が相手方の支配圏内に入ることだとされている。相手方の支配圏内に入れば、相手方は意思表示を了知でき、了知する可能性を与えられた以上、知らなかったということは許されないからである。了知可能性があれば、意思表示が到達したということができるのである。

　民事訴訟における送達も、到達を原則とする。到達によって了知可能性が生じ、書類内容の了知を経て手続が進行していくのである。この了知可能性が送達手続の根幹を貫く価値観であることを忘れないでいただきたい。送達の効力（奏功）は条文の要件のあてはめで考えるのではなく、了知可能性の有無を基準に考えるとブレがない。了知可能性が手続関与の機会の確保の前提だからである。そのためには相手方に了知できる状態におくこと（これを「交付」という）が必要である。そこで特別送達や執行官送達によって相手方の支配圏内におくことが要求される。相手方の支配圏内とは相手方が居住しているところが原則となり、送達は住所または居所（37頁②(2)参照）に行われることになる。

　しかし、その一方で迅速（民訴2条）な訴訟手続の実現も図らなくてはな

14　**特別送達**　民事訴訟法上、郵便による送達は原則として特別送達である（郵便法49条）。特別送達とは郵便物の裏面に送達報告書（受送達書類、受送達者および受領資格者、送達場所等を記載した書面で、ケント紙様の紙質の用紙で作成される。郵便配達担当者が受送達者に交付する際に氏名を記載する）が添付されているものである。イメージとしては、封筒の裏面に細長い葉書がぶら下がっている感じである。

らない。何度も不送達になって、同じ送達を繰返すのは適法ではあっても、フェアといえるであろうか。単にコストがかさむだけであると思う。そこで原則である住所地に対する特別送達から、勤務先送達、書留郵便に付する送達に要件を緩和していくことになる。詳しくは後述する。

(4) 了知可能性を前提とした場合

了知可能性を前提にすれば、送達は受送達者の生活範囲内でなされることが必要である。とすると受送達者に交付されていないと了知可能性がないことになるので、書類が裁判所にあれば、送達は効力を生じないのが原則といえる。

たとえば、いったん送達されたとして郵便送達報告書が裁判所に送られた後、受送達者の家族から本人行方不明を理由に郵便物が裁判所に返送されたとしよう。この場合郵便物は裁判所にあるため、交付送達の原則からすると、送達は効力を生じないはずである。したがって送達が効力を生じる（これを送達が「奏功」するという）とするには民法97条２項のような特別の事情が必要となる。同項の「相手方が正当な理由なく意思表示の通知が到達することを妨げたとき」は債権者にその旨書面で報告してもらうのが原則である。

ただし了知可能性が認められ、送達の効力が生じる（奏功）ということと、奏功により手続関与の機会が確保されたということはイコールでないことに注意が必要である。詳しくは後述する（57頁(2)参照）。

② 概念の整理

まず、送達手続でよく使用される用語の意味を確認してみよう。

(1) 住 所

人の起臥寝食のために継続的に利用している場所（これを生活の本拠地（民22条）という）である。必ずしも住民票所在地とは限らない。住所を転々としても、住民票を異動させない人もいるからである。

(2) 居 所

住所と異なり、生活の本拠とまではいえず、住所と受送達者の結びつきが

強くない場所で（家財道具などは置いていない場合がある）、一定期間継続して生活している所をいう。住所に準じて考えるため、受送達者の生活する空間であることが必要で、了知可能性や補充送達ということを考えれば、就業場所等と区別される必要がある。その意味で職場に寝泊まりしている場合は、寮でもない限り、居所にはあたらないと思われる。居所にあたる場合として、身寄りのない人が入院している病院があげられる。

(3)　届出場所

受送達者が書類を受け取りたいとして、届け出た場所である。「届出」とは「原則許容、例外禁止」であり、日本国内であれば原則として届け出た場所どおりに効力が生じるのである。ちなみに「許可」は「原則禁止、例外許容」である。執行手続では弁護士以外の代理人許可（法13条）の制度があり、弁護士以外の代理人となるのは原則として禁止されている。弁護士以外の者が裁判所の執行手続で代理人となるためには代理人許可申請を経て裁判所の許可を受ける必要があることは前述した（22頁(2)）。

問題があるのは、相手方の住所地を届け出た場合で、この場合は訴訟における二当事者対立の原則から、被告に対する書類を原告が受領する可能性があり、その場合被告に対する了知可能性が減少するので、かような届出は認められないと解される。

司法書士は執行手続の代理権は有しない（司法書士法3条1項6号本文）。しかし送達は執行手続ではなく、送達場所は「届出」であり（民訴104条1項）、許可を受ける必要はないので、執行手続においても司法書士事務所を送達場所とすることは認められる（22頁(2)(イ)）。送達受取人を司法書士と届け出ることも当然認められ、届出であるため裁判所の許可の問題は生じない。

(4)　事務所・営業所

事務所とは非営利法人が業務を行う場所で、営業所とは営利法人が業務を行う場所をいう。受送達者が経営主体なので、受送達者の使用人その他の従業者（受送達者が雇っている者）も受送達者本人の書類の受領資格が認められている。

⑸ 就業場所

受送達者が使用人その他の従業者として勤務している場所である。就業場所では受送達者以外に就業する他人（使用者）の使用人または従業者（受送達者の勤めている会社の従業員）に受領資格を認めている（民訴106条2項）。本人以外が受領したときは、受送達者に通知する必要がある（民訴規43条）。受送達者の就業場所は、受送達者が雇用されている場所であるから、同僚等から情報提供を受ける可能性は、受送達者が経営者である場合に比して低いと考えられるからである。

③ 交付送達の原則

⑴ 送達の要件

送達は次の三つの要件から成り立つ。すなわち、

① **受送達者本人** が

② **住所地** において

③ **交付** を受ける

ことが必要とされている。これを交付送達の原則（民訴101条〔102条の2〕）という。この送達を実施する機関は日本郵便株式会社と執行官である。そして実務上は郵便による送達がほとんどで、執行官送達は郵便による送達が困難な事案を中心に利用されているのが現状である。特別送達については前述した（36頁脚注14）。

⑵ 送達要件の例外

①の本人受領の例外が、同居者、使用人その他の従業者が受領する場合である。これを補充送達といい、受領資格の問題である（41頁⑤⑴）。補充送達が認められるのは　本人と一定の関係にあるため、利害が対立しない限り、送達における了知可能性が高いと考えられているためである。したがって債務者の住所に送ったところ管理人が受領した場合、会社の寮に送ったところ従業員が受け取った場合は、それらの者に受領権限がないので、郵便や債権者の調査が必要になる。

　②の住所地送達の例外が就業場所送達である。これは本人の住所等が知れないときや、長期の不在など住所地において送達をするのに支障があるとき（民訴103条2項）に、本人の勤務先に宛てて送達する場合である。ただし、督促手続では住所等が知れないときに、勤務先送達をすることはできない。住所が不明のままでは管轄（民訴383条1項）が確定しないからである。

　また後述する出会送達も住所地送達の例外になる。出会送達における受領資格も同様に考えることができる。

　③の交付とは、受送達者本人に送達書類を手交することである。交付の例外は差置送達、書留郵便に付する（付郵便）送達、公示送達である。付郵便送達は交付でなく、発送のときに送達があったと取り扱う（民訴107条3項）点に特徴がある。ただし、付郵便送達はあくまで例外なので、例外を認めるための要件として住所地に再送達（休日指定送達が多いと思われる）かつ就業場所に送達を試みて、不奏功になったことが必要である。

④　送達場所の届出制度

(1)　送達の原則パターン

　民事訴訟法は、送達について「送達場所の届出制度」を設けている。下記が送達の原則パターンである。

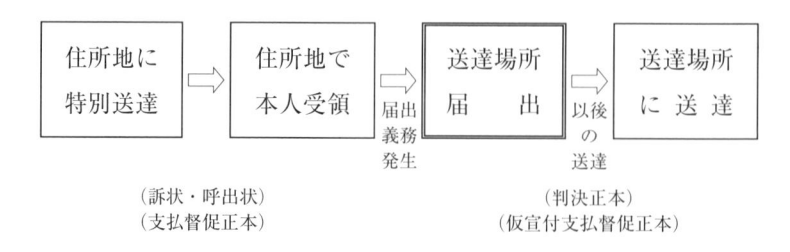

このパターンでは、送達はすべて送達届出場所を基準にする。ちなみに債権者（原告）が訴状等で書いた債務者（被告）の送達場所は、送達先の意味しかなく、民事訴訟法上被告の届出を前提とする送達場所ではない。

　通常被告の送達場所の届け出は、答弁書または支払督促異議申立書に付随

して書かれることが多いと思われる。たとえば、債務者に支払督促正本を送達後、債務者が異議申立てと同時に送達場所を届ける場合である。この場合は異議審で訴状が送達不奏功になっても、すぐに民事訴訟法107条1項3号の付郵便が可能となる。そのため支払督促異議事件において、その後の不送達のまま終わる事件はないといえる。

(2) 送達場所の届出がないパターン

次のパターンは送達場所の届出がない場合である。

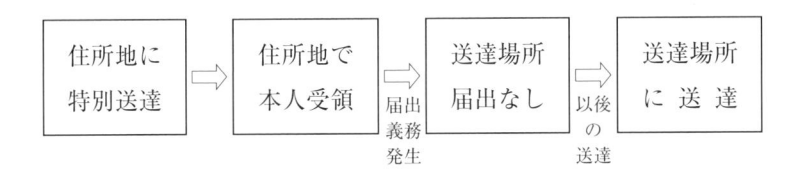

このようにいったん送達した場所が、以後送達場所として取り扱われることを、送達場所が固定する、言い換えると固定的効力（固定効）が生じるという。ちなみに債務名義成立（判決確定）後は本案における固定的効力は消滅し、執行手続では最初の送達（住所地に特別送達）からスタートしなければならない。

5 交付送達以外の送達方法

(1) 受領資格（補充送達）

送達場所において名宛人（受送達者）に出会わないときは、書類の受領について相当のわきまえのある同居者、本人の使用人（本人が使用している者。本人を使用している者は使用者という）または従業者、就業場所においては本人の使用者、その使用者の使用人または従業者も書類の受領ができる。この送達を補充送達という。送達は了知可能性を前提にしているので、受送達者本人の生活領域内に届けば本人が書類の内容を確認できると思われるからである。民事訴訟法は同居者、使用人、従業者に限定して書類を交付することができる（民訴106条1項）。

　民事訴訟法は送達の実施を円滑に行うため、名宛人のために事務を処理する者または同居者に受領義務を課している（民訴106条3項。条解民訴484頁）。そのため、たまたま送達場所に居合わせた人は受領義務がないので受け取ることはできないと解される。

　また原告と被告が同居している場合の原告の被告に対する書類の受領権限は否定されるべきであるし、主債務者と連帯保証人が同居している場合、原則として連帯保証人への送達について主債務者の受領権限を認めるべきではない（最判平成19・3・20民集61巻2号586頁）。

　後述する就業場所送達の場合は、使用者、（使用者の）使用人その他の従業者には受領義務は課されない。就業場所は本人の生活領域内ではないからである。

(2)　出会送達（民訴105条）

　出会送達とは、送達をすべき場所以外で受送達者と出会い、受送達者に交付される送達方法である。郵便局の窓口や、転送先がこれにあたる。専属管轄（支払督促、債権執行など）の場合は転送先が管轄内であるかどうかが重要である。管轄外であれば、申立て時を基準として申立て前に転居したかどうかを確認し、申立後の転居に限り手続を進行できる。

(3)　差置送達（民訴106条3項）

　差置送達とは、送達すべき場所において受領権限のある者が、正当な理由なく受領を拒んだ場合に送達書類を差し置いてする方法である。これが認められるのは受送達者に受領義務があるからである。正当な理由とは本人が行方不明であるとき、送達をすべき場所と認められない（住居表示が異なるなど）ときなどである。

　就業場所において受送達者に出会えないときは、受領義務のない使用者の従業員に対しては差置送達ができないことに注意しよう。

(4)　就業場所送達（民訴106条2項）

　就業場所（勤務先）への送達は通常、最初の送達が「不奏功」になったときに債権者から上申させて行う（45頁［図2］パターン3）。

　訴訟では、就業場所送達を最初からしてはいけないという規定がないので、管轄に問題がなく、他の資料（他事件で送達できないことが明らかなど）があれば最初から就業場所送達をすることも稀にはある。その場合は送達不能に準じる程度の事情が必要になってくると思われる。ただし督促手続では、債務者の住所地が管轄の基準となるため、最初から就業場所に宛てて送達をすることはできない。

　就業場所で送達が奏功になれば受取人を確認する。受送達者本人が受け取っていないときは通知が必要となる（民訴規43条）。それは住所地における補充送達と異なり、受送達者に対する了知可能性の確率が低いからである。そこで原則として、住所地に宛てて、通知書を普通郵便で発送する（民訴規43条）。

　就業場所は住所ではないので、就業場所に宛てて書留郵便に付する送達はできない。その意味で固定効が生じることと、固定効が生じた場所に付郵便ができることとは分けて考える必要がある。

　住居所送達と就業場所送達の補充送達（受領資格者）の関係をイメージ化したので参考にしていただきたい。

［図1］　住居所送達と就業場所送達の補充送達（受領資格者）の関係

※居所（勤務先）で寝泊まりしている場合

⑸　書留郵便に付する送達（付郵便送達）

　送達は原則として前述した特別送達（36頁脚注14）の方式で行うため、書留郵便で発送する方式は例外である。

　付郵便送達は原則として、送達が補充送達、就業場所送達によっても不奏功になった場合以降の送達方法である（民訴107条1項）。到達でなく、発送で送達の効力が生じるところに特徴がある（民訴107条3項）。

　付郵便送達のパターンは二つあり、

① 　最初の送達が不送達になった場合（「1号付郵便」民訴107条1項1号）

　　　この場合は上申書に加えて住民票、報告書（内容は後述）の提出が必要である。住民票記載地に居住していないときは、送達場所における受送達者の居住状況についての報告書の作成が求められることが多い。

② 　最初の送達が奏功し、二度目が不奏功になった場合（「3号付郵便」民訴107条1項1号）

　　　一度送達が奏功している実績があるので、その実績が居住を認定し、付郵便で足りるとされている。

　ただし前述のように就業場所には付郵便できないことに注意が必要である。これは住所地であれば発送した時点に送達の効力を認めても、受送達者本人が受領する可能性が高いので、その意味で了知可能性が高いといえる。しかし就業場所送達は受送達者の支配領域ではないので住所地と同様の了知可能性は見込めず、あくまで二次的な送達場所にすぎないので、発送するだけで了知可能性があるとは考えられないからである。

　そこで就業場所に宛てて送達された場合、その場所に固定効が生じ、その結果送達場所の届出義務が生じる。判決等を送達して不奏功の場合、就業場所には付郵便できないが、記録上表れた住所地等に付郵便送達を行うことになる（民訴107条1項3号カッコ書）。ただし債務者が、就業場所を送達場所として届け出ていた場合（民訴103条1項）は付郵便できることはいうまでもない。

　以上の送達手順を表にしてまとめたものに、三宅省三ほか編『注解民事訴

訟法Ⅱ』（311頁）、法務省民事局参事官室著『一問一答新民事訴訟法』（113頁・114頁）があるので、参考にしていただければと思う。

[図2]　送達のフローチャート

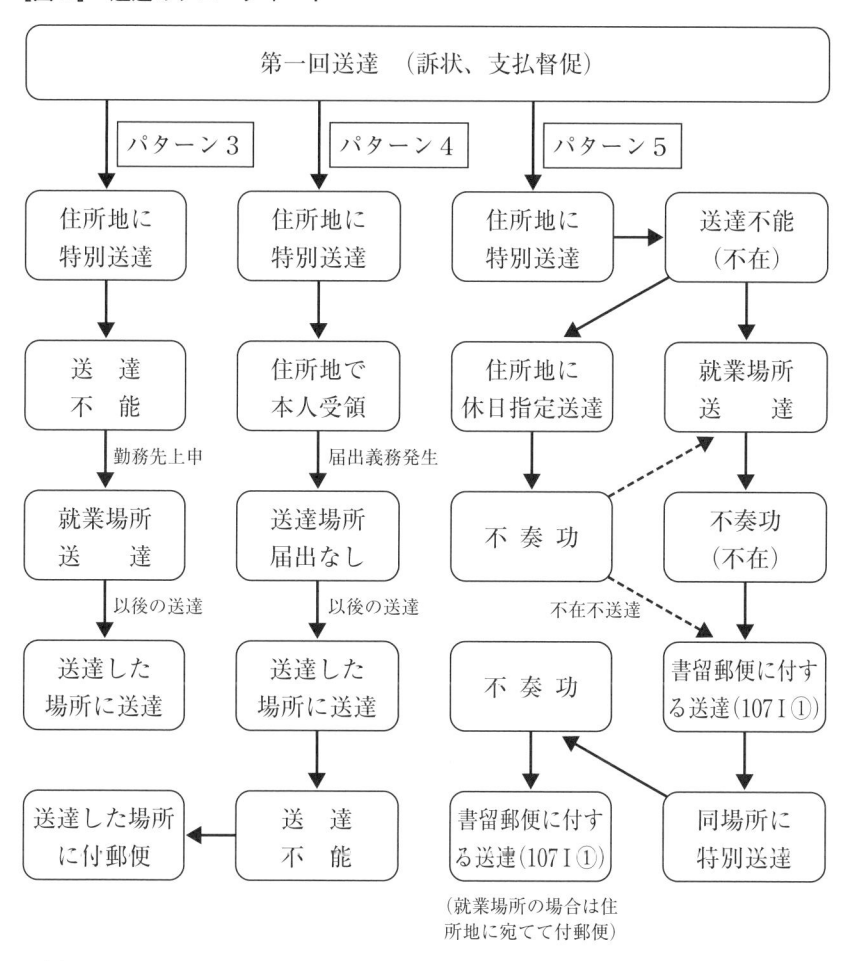

(6)　公示送達

(ア)　掲示場所

公示送達とは、裁判所の掲示板（大阪地裁は本館1階東入口奥にある）に掲示することによって送達の効力を生じさせるものである（民訴112条1項）。

掲示[15]による送達であるから了知可能性はほとんど期待されていない。ちなみに支払督促申立段階では、管轄の問題があるため、公示による送達は認められていないことに注意する必要がある（民訴382条ただし書）。ただし仮執行宣言後は公示送達による進行が考えられる。

　(イ)　添付資料

　公示送達をするためにはいわゆる行方不明の状態にあることが必要である。そこでその申立ての添付資料としては住民票、居住調査報告書が必要とされる。1号付郵便の場合も同様であるが、報告内容は対照的である。公示送達は居住していないことが前提であり、付郵便の場合は居住していることが前提であるからである。

　主な調査事項を表にすると以下のようになる。なお、居住確認は執行ではないので郵便ポストを開けて内部を確認することができない。また信書の秘密を害するおそれがあるため郵便物の宛名、差出人も確認できないので、郵便ポスト投函口から内部を垣間見て、債務者の宛名が確認できるにとどまる。

調査事項	公示送達	付郵便
①表　札	なし	あり
②郵便受け	郵便物等滞留	郵便物等滞留なし
③電気メーター	回転なし（無計量）	回っている（計量）
④水道	閉栓	開栓
⑤ガス	閉栓	開栓
⑥窓	カーテンなし	居住用カーテンあり
⑦洗濯物	干していない	干している
⑧夜間の照明	なし	あり
⑨室内の様子	人気（ひとけ）がない	人の気配がある
⑩近隣の証言	最近見たことがない	時々見かける

15　筆者の経験上、掲示板を見て法廷に出頭した当事者も存在した。

6 再送達

説明の順序が先後するが、最初の送達ができなかった（送達が功を奏しなかったことから「不奏功」という）場合の取扱いについて説明する。

⑴ 不送達事由

㈠ 不在（留置期間経過）

債務者が住所地に現住しているが、郵便配達員が配達した時には不在のため、期間内に郵便局に取りにくるようにはがきを入れ、留め置き期間内に債務者が郵便物を取りにいかなかったので、期間経過として裁判所に返還された場合である。不在であることは付郵便の前提となる。ちなみに不在とはそこに住所が存在することを前提とし、住所とは継続的に人の起臥寝食の場となって、家財道具等を置いていることが必要とされることから、不在とは居住していることを意味する。

㈡ 宛所不明（宛て所尋ねあたらず）

申立住所地に居住していたかどうかもわからないため、居住不明のため返還された場合である。新住所地を探すのは戸籍をたどることになるが、煩雑で困難な作業である。通常は公示送達のパターンが多いが、支払督促では支払督促正本を公示送達できないので、これ以上の手続進行はできないこととなる。

不送達の通知を受けた日から2カ月以内に、その申立住所地以外に送達上申をしないと、支払督促を取り下げたものとみなされるのは、転居先不明と同じである。

㈢ 転居先不明

転居先不明とは、以前は申立住所に居住していたことは明らかであるが、配達時にはどこにいるか不明のため、裁判所に返還された場合をいう。手がかりが少ないので住所調査は難しいことが多い。現実的には住民票が異動していなければ追跡調査はお手上げであろう。支払督促は公示送達によることができない（民訴382条ただし書）ので、この段階で手続が進められないこと

することが多いと思われる。この場合、不送達の通知を受けた日から2カ月以内に、その申立住所地以外の管轄内住所地に送達上申をしないと、支払督促を取り下げたものとみなされる（民訴388条3項）。

　現在個人情報の関係で、この理由で不送達にはしない取扱いのようで、宛所不明の取扱いになっている。

　　　(エ)　転送先不在

　転送届の提出等のため、申立書記載の住所地から他の所在地に転送され、他の所在地で留置期間経過となる不送達事由である。申立て前に住所が変更されていると、管轄が異なっている場合があるので注意が必要である。その際は、債権者がその転送先にいつから住んでいるかどうかを住民票等で確認し、調査のうえ、報告書を提出することが求められる。個人情報の関係から、この不送達事由も現在は不送達事由としては取り扱われていない。

(2)　不送達事由が不在（留置期間経過）の場合の次の手続

　就業場所送達をするのが原則である（民訴103条2項）。専属管轄の場合、住所が管轄内であれば就業場所は管轄外でもよいが、住所地における不送達事由が留置期間経過（不在）に限定される。就業場所が不明のときは就業場所送達を行った場合の送達回数の均衡を保つため、就業場所送達に代えて休日指定送達の上申を必要とするのが実務となっている。

7　法人に対する送達

(1)　宛　先

　法人は代表者を通じて行動するため、代表者に宛てて送達するのが原則である。法人の代表者は訴訟法上法定代理人（民訴37条）になるので、法人に対する送達は、代表者の住所地に宛てて行うことになる。

　しかし、法人は登記など公示方法によって成立し、その所在地は第三者に公示されるため、代表者である法定代理人の事務所または営業所（民訴103条1項ただし書）として住所地より了知可能性が高いと考えられる。そこで書類の送達については、法人の本店所在地に宛てて送達することとされてい

る（民訴4条）。

⑵　本店所在地宛て送達が不奏功の場合

　本店所在地における送達が不奏功となった場合は原則に戻り、代表者個人の住所地に宛てて再送達を行う。この場合登記されている所在地が管轄内であれば、管轄は認められる。したがって代表者個人住所地が管轄外にあってもそのまま送達を行ってよい。

⑶　代表者個人住所地に送達が奏功した場合

　代表者個人住所地に送達が奏功した場合は、以後の送達はその住所に宛てて行うことになる。不在不送達の場合は取扱いが分かれる。債権者の調査にしたがい、登記記録上の本店所在地に書留郵便で発送するときと、代表者個人住所地に付郵便送達することがある。債権者の調査報告に基づいて、了知可能性を考え、送達奏功率が高いほうを選択する。登記記録上所在地における送達が宛所不明となった場合は、債権者の調査報告に基づき、代表者個人住所地に付郵便送達を行う。

⑧　送達場所と受領者との関係

　送達場所と受領者の関係を表にまとめると以下のとおりである。なお、受領者は送達受取人になっていない者である（○：受領可　×：受領不可）。

受領者 ＼ 送達場所	住所・居所	事務所・営業所	就業場所	窓口（出会）	届出場所
受送達者本人	○	○	○	○	○
同　居　者	○	○	×	○	届出場所の住所、居所就業場所等に準じる
使用人・従業者	○	○	○	×	
使　用　者　等	×	×	○	×	
管　理　人　等	×	×	×	×	

⑴　受送達者本人

　まず、受送達者本人（当事者・名宛人）は、すべての場所で受領できる。

これは送達が当事者に対する了知可能性を前提とし、本人が受け取る以上了知可能性があるからである。また送達場所においては届出場所は送達受取人であればすべての者が受領できる。当事者が書類の受取窓口を指定している以上、了知可能性を問題にしなくてもよいからである。

(2) 同居者

同居者とは、受送達者と同一家屋内に居住する者で、かつ生計を一にする者をいう。下宿人は、生計を同一にするわけでなく、書類の受領義務も認められないので同居人にあたらないと解される。さらに同居人であって書類の受領について相当のわきまえのある者であれば、受送達者本人の代わりに書類の受領ができる。受領資格については満13歳程度の未成年者でもよいとした判例がある（大判大正14・11・11民集4巻552頁）。就業場所では同居できないので受領することはできない。

(3) 使用人・従業者

使用人またはその他の従業者とは、受送達者に使用されている者をいう。使用人または従業者が受け取っている場合は、まずその送達場所が住所、居所または就業場所であるかで送達の効力が変わってこよう。

支払督促は債務者の就業場所を基準に申立てができないので、最初から就業場所に送達された場合は、再度住所地を調査し住所地の所在についての報告が必要になる。

寮などの住所地の場合は、本人が受け取ったかどうかの調査が必要となる場合もある。

(4) 管理人等

マンション等の管理人は原則として受領することができない。それは受領資格がなく、送達した日時に受送達者に渡すことができなければ、各種法定期間や書類提出期間が遵守されないことによる不利益等を管理人が負うのは管理人の職務上過重であり、相当でないと考えられるからである。

⑨ 執行官による送達

⑴ はじめに

　送達は、郵便または執行官によって行う（民訴101条）ことは前述した。執行官送達は裁判所の手続内で行われることが多いが、内容証明等の私文書も送達の対象となる（執行官附則9条1項、執行官規4条1項）。したがって執行官送達を適正に行うためには、送達書類がどの手続で用いられるのかという、送達を求める手続の理解が必要であり、訴状については民事訴訟法の第一審訴訟手続の理解が不可欠である。

　以下では、執行官が担当する送達手続の概略および受送達場所における対応例を紹介していく。送達場所における執行官の苦労をご理解いただければ幸いである。

　執行官送達は手数料が1800円（夜間は2400円加算されるため4200円）であるが、曜日や時刻の指定については執行官の手数料及び費用に関する規則に規定が設けられていない。ただし証拠保全命令の送達は事案の性質上日時指定が行われている。夜間送達（午後7時から午前7時まで）についても時刻は執行官に任され、原則として執行官のスケジュールに合わない時刻の指定は受け付けていない運用である（郵便においても日は指定できるが、時刻の指定はできない）。

⑵ 証拠保全

㋐ 証拠保全とは

　裁判（起訴）前に証拠の消滅、毀棄がなされないように、事前に証拠調べ（検証）をする手続である（民訴234条）。検証といっても、執行官が担当する証拠保全は文書のコピー、データ移行作業がほとんどだと思われる。

　送達時刻の約1時間から2時間後に検証（裁判所が送達場所に出向いて証拠調べをすること）をするため、時間に遅れたり、場所を間違えたりすることはできない。必ず相手に交付する必要があるため、前もって住宅地図やGoogle Maps などで送達場所を確認したり、送達場所が同一住所地に複数

存在する場合[16]は、あらかじめ申立人から情報提供を受けておいたりする必要がある。

　(イ)　手続上の留意点

　証拠保全手続には留意点が二つある。

　一つめは、証拠保全決定には不服申立てができないということである（民訴238条）。したがって異議申立てをするので、検証を待ってほしいという主張はできないことに注意が必要である。

　二つめは、検証に協力しないときの制裁がないということである。そのため、その時間帯は不在であるといわれたら検証することが困難になる。そこで執行官はできるだけ検証に協力してもらえるように相手方（担当者）を説得することになる（ただし、これは送達事務の範囲外であるので、説得するかどうかは担当執行官の価値観によるところが大きい）。

(3)　**受送達場所における対応例**

　次に、執行官による送達手続時の対応手順を紹介する（個々の執行官によって異なる場合がある）。

---

(1)　**相手方所在地に入室したら**

　できるだけ目立たず、笑顔でそっと身分証明書を示したうえで、小声で受付担当者に「裁判所から書類をお届けにあがったのですが、責任者の方をお願いしていいでしょうか」とささやく。

　周囲に聞こえるような声で「裁判所です」と言うと、受送達者の顧客が不安になり、営業に支障が出る場合があるからである。用務や書類内容を尋ねられたら、「証拠保全という手続に関するものです。説明させていただきますので、わかる方をお願いできますか」と告げる。

　状況に応じてこの段階で名刺を渡して引き継いでもらうこともある。

(2)　**相手方の担当者が応対に出たとき**

16　送達場所が同一住所地に複数存在する場合　中央卸売市場など店舗が多数存在する場所や、同一フロアに多数の事務所がある貸しオフィスビルなどがある。

まず役職と氏名を確認する。その際に、名刺をもらっておくとよいが、相手は名刺を持ち合わせていない場合は役職、氏名を必ず確認しておく。受領資格者であるかどうか判断する必要があるからである。

(3) 証拠保全の相手方が一番関心をもっていること

証拠保全の相手方が一番関心をもっているのは、証拠を提出すると不利にならないかということだと思われる。その点については、本案訴訟において証拠は当事者の有利にも不利にも扱われるという証拠共通の原則を説明しつつ、納得してもらうとよい。

裁判所においても「証拠保全手続について」と題する書面が添付されていることが多いので、その書類の一読を勧めてもよい。

(4) 臨場人数

相手方から臨場人数を尋ねられるので、送達前に書記官に人数を確認しておくとよい。その時相手方には検証場所（会議室など）の提供を依頼したり、相手方等が協力的な雰囲気である場合には複写機の借用（ただし用紙および電気代は申立人負担である）をお願いしたりすることもあると思われる。

(5) 差置送達

相手方の担当者が本社に相談すると言ってなかなか受け取ってもらえないときがある。その場合は差置送達を視野に入れ、前記(2)で確認した人に差し置きする旨伝える。もし氏名の確認ができていないときは性別、髪型、年齢、身長など個人を特定できる事実を確認しておこう。ただし、差置送達の場合、証拠保全の協力が得られない可能性があるので、できるだけ差し置きは避け、奏功の最後の手段と考えるほうがよいであろう。

(6) 送達完了後

送達ができたら担当書記官に送達時間、受送達者、肩書き、入室可能人数、対応等を連絡し、やりとりや雰囲気を伝える。

(7) 送達報告書の作成

> 送達報告書を作成する。補充送達の場合、肩書きの記載が必要であるため、名刺等で確認しておくとよい。

　これだけの内容を手数料1800円（交通費は別途）で行うため、執行官によって対応に差が出ることがある。しかし証拠保全という事案の特質上、届けるだけでは終わらないこともあるので、当事者にとってはコスパに優れた手続であるといえる。一方で執行官にとっては負担が多く、説得に時間がかかる場合もある（筆者の経験では2時間半かかったことがある）。

　執行官送達における相手方との間とのやりとりは後述する（217頁⑥参照）とおりである。いつもこのようにスムーズにいくわけではないが、送達場所のイメージと雰囲気を掴んでいただければと思う。

(4)　民事訴訟関係書類（訴状・期日呼出状）

(ア)　期日の確認

　まず呼出状に記載された期日を確認する。特別の事情のない限り、送達日から弁論期日まで1カ月程度の期間はほしいところである。送達日から答弁書などの書類提出期限が短期間であると、手続関与の機会が確保されない可能性があるからである。よって送達日から口頭弁論期日までの期間が短い場合（2週間以内）は、期日の延期も視野に入れ、書記官と相談すべきであろう。

(イ)　訴訟物の確認

　訴状の内容に目を通して、訴訟物（原告の権利）を確認する。受送達者（被告）から内容について問われることもあるので、相手方に請求内容（当事者と訴訟物）についての説明ができるようにしておかなければならない。

(ウ)　受送達者（被告）の主張

　受送達者（被告）から言われるのは、原告への不満、自らの窮状がほとんどである。そこで受送達者（被告）の主張は同封（されているはず）の答弁書書式に書くように提案しよう。その際、気持や感情（あいつが悪い、けしからんなど）、評価（わざと、当たり前など）を書かずに、受送達者（被告）の経

験した、評価の前提となった出来事を中心に書くように説明すればよいと思われる。

⑸ 債権執行手続

債権執行手続とは債権者が債務者に対する金銭給付請求権を請求債権として、債務者の第三債務者に対する債権を差し押さえる手続である。

㈠ 債務者

注意点は民事訴訟手続と同じである。不服申立ては執行抗告（法145条5項）で、期間は1週間（法10条2項）である。債務名義は成立しているので、差押命令や請求債権の内容については執行部の債権執行係に問い合わせるように伝えよう。

時々、債務名義の送達手続に疑義があるという主張（見たことがない、受け取ってない）をされることがあるが、再審手続（民訴338条1項3号）については触れずに、法テラス（日本司法支援センター）などの法律相談に行くように伝えるにとどめよう。

㈡ 第三債務者

第三債務者は債務名義取得についての手続に関与していないので、本案手続についての説明が必要になるときがある。また、就業場所など同僚や上司に知られたくないことも多いため、目立たないように受領権限のある方への案内を依頼することになろう。その際、個人情報保護の観点から債務者の名前はできるだけ言わないで案内をしてもらったほうがよいと思われる。

⑹ 内容証明（私文書）

私文書も執行官送達の対象となり（執行官附則9条1項）、送達による交付（執行官規附則4条1項）をすることができる。

なお、送達書には送達した文書を添付し、契印することが必要である。裁判所の手続のように事件の記録が存在しないからである。

㈠ 債権譲渡通知書

債務者が不満を言うことは少ないと思われる。債権者名と民法467条の説明をすれば足りるであろう。

　　(イ)　遺留分侵害額請求通知書

　最初に、被相続人の死亡年月日を確認する。遺留分侵害額請求は、相続の開始および遺贈等のあった時から１年以内に行使しなければならないからである（民1048条）。そのため、期間内に送達する必要があり、差置送達も積極的に活用する。１回不送達になっても、再度送達に赴くことが必要になると思われる。なお、受送達者にとって遺留分侵害額請求通知書は受け取りたくない書面であるので、交付する際には相手の感情を逆撫でしないなどの配慮が求められる。受送達者の立場（相続分が減少するかもしれない相続人）から主張されることも多々あると思われ、場合によっては一定時間話をうかがうこともあろう。申立人は期間に余裕をもって申し立ててほしい。

　　(ウ)　差置送達の可否

　差し置きしても書類内容に対する了知可能性があると判断できれば（受送達者に補充送達の受領資格がある）、差置送達も可能である（執行官規則附則４条３項、民訴106条（差置送達）が附則４条１項に準用されている）。その際は、受領を拒んだ人と受送達者との関係（同居者等）、氏名を確認しておく必要がある。

10　送達の効力と再審手続

(1)　再審事由（民訴338条）

　再審とは、既判力をもって判断がされた判決に、維持することが正当化できない重大な事由（再審事由）があった場合に、その判決を取り消して新たに判決をするというものである（基礎から民訴625頁）。

　民事訴訟法338条１項はその３号において「法定代理権、訴訟代理権又は代理人が訴訟行為をするのに必要な授権を欠いたこと」を再審事由としているが、送達されないままに裁判が確定したときは、同号に準じて再審事由にあたるとされている（条解民訴1728頁）。授権を欠き、本人が知らない間に裁判手続が進行し判決が確定すると、本案で確定した権利関係については本人が手続に関与した可能性がないので、手続関与の機会が確保されていないと

いえる。本人の知らない間になされたということと、送達を受けていないこととが同様と考えられ、共に手続保障に欠けたことになるから、裁判の効力を及ぼすことができないことになるのであろう。

⑵　送達の効力と手続保障

そうすると送達の効力が生じる（奏功する）ということと、手続関与の機会が確保されるということはイコールではないということになる。送達の効力が生じるためには了知可能性が必要であることは繰り返し述べた。たとえ本人（受送達者）が送達書類に目を通さなくても、読もうと思えば読める状態にすればそれでよいのである。

しかし、同居者が受け取ったまま、本人に渡さなかったときはどうであろうか。特に書類受領者と本人の利害が対立しているときは、書類受領者はわざと本人に書類を渡さないことが考えられる。そのような場合には補充送達として送達の効力は生じているが、本人が了知できなかったことについて本人の責任は認められないと解するべきであろう。

主債務者と同居していた抗告人（主債務者の義父）が、本人の知らない間に本人の印鑑を無断で使用して金銭消費貸借契約書の連帯保証人欄に本人の印章を押印したため、抗告人の訴状は主債務者が受け取り、本人に訴状等を本人に交付せず、判決は書留郵便に付する送達がなされた事案で、判例（最三小判平成19・3・20民集61巻2号586頁）は「民訴法338条1項3号の再審事由の存否は、当事者に保障されるべき手続関与の機会が与えられていたか否かの観点から改めて判断されなければならない」とし、次のように判示した。

「1　受送達者あての訴訟関係書類の交付を受けた民訴法106条1項所定の同居者等と受送達者との間に、その訴訟に関して事実上の利害関係の対立があるにすぎない場合には、当該同居者等に対して上記書類を交付することによって、受送達者に対する補充送達の効力が生じる。

2　受送達者あての訴訟関係書類の交付を受けた民訴法106条1項所定の同居者等と受送達者との間に、その訴訟に関して事実上の利害関係の対

立があるため、同居者等から受送達者に対して上記書類が速やかに交付されることを期待することができない場合において、当該同居者等から受送達者に対して上記書類が実際に交付されず、そのため、受送達者が訴訟が提起されていることを知らないまま判決がされたときには、民訴法338条３号の再審事由がある」。

この判例によると、送達の奏功と再審事由とはリンクしていないということが読み取れる。送達の効力が生じていても、それは了知可能性があるということにすぎず、現実に了知していなければ、手続関与の機会を確保されなかったということになるのである。したがって、判決を受け取っていないという主張をされた場合も、送達の効力はさておき、再審の可能性が残されていることを心の片隅に置いて対応すべきであろう。「手続関与の機会の確保」は民事訴訟の根底の価値観であることを忘れてはならないのである。

【書式２】 執行官の送達報告書

送　達　書

令和　年　第　　号

送達すべき書類の表示

裁　判　所	地 方 裁 判 所
記　録　号	令和　年（モ）第　　　　　号
送達すべき書類の表示	1　証拠保全決定謄本 2　期日呼出状（令和　年　月　日午後１時００分） 3　証拠保全申立書副本 4　証拠保全申立書訂正申立書（令和　年　月　日付け） 5　甲第　号証ないし第　号証副本 6　「証拠保全について」と題する書面
受 送 達 者	殿
書類受領者の署名又は押印	印
送達年月日時	令和　年　月　日　午前　午後　　　時　　　分
送 達 場 所	
送 達 方 法	受送達者不在につき事理を弁識する右の者に渡した。 右の者正当な理由なくして受領を拒んだからその場に差し置いた。

　□　上記の通り送達した。
　□　別紙のとおり送達できなかった。

　　令和　年　月　日
　　　大阪地方裁判所
　　　　執 行 官　　○　○　○　○

 Column　　民事訴訟法理論は誰のためにあるか

　今より半世紀以上前（1967年）、新堂幸司教授は、最高裁判所書記官研修所における「民事訴訟法理論はだれのためにあるか」と題する講演で、「利用者の立場を不当に無視するような取扱いは極力避けねばならないことです。そのような不当な取扱いを繰り返しているならば、国民の不信を買うことになるのは当然の成りゆきです。そして裁判に対する国民の信頼のないところに、裁判の権威はありえません」と述べておられます。

　このことは民事訴訟のゴールである紛争解決の実現をめざす執行手続にもあてはまると思われます。執行手続は裁判所や業者の利便のためだけにあるのではなく、執行手続を利用する者のためにあります。裁判所の事件処理の効率化や一部の業者の利益確保のために手続利用者の利便性が損なわれることがあってはなりません。執行手続の利用者の手続が公正かつ迅速に進行し、その結果として紛争解決が実現してこそ、手続利用者の利益は確保されるといえるのです。そのためには送達をはじめとする、手続に関与する機会が確保されることが重要となります。

　また、裁判所の手続は企業だけでなく、手続に精通しない一般市民も利用します。そのためわかりやすく、丁寧な手続進行を心がけなければなりません。手続に透明性、簡便性、容易性を求める声は日に日に高くなりつつあると思います。インターネットによって書式や手続の内容についての情報提供がなされても、裁判所の標榜する迅速や効率化の名の下に、この国の主人公である市民の利益が損なわれることがあってはなりません。

　一般市民が裁判所や代理人を利用するときに、法曹関係者は、難しい用語で語るのではなく、高校生でもわかる言葉で語っているでしょうか。手続のプロセスとやるべき事を説明できているでしょうか。結論のみ伝えて理由の説明を省略されたりしていないでしょうか。権利義務の帰属主体たる当事者の信頼なしには裁判は成り立ちません。大切なことは、高邁な議論で利用者の立場を無視してしまうことではなく、限られた時間の中で真摯に当事者の思いを理解しようと努力することではないでしょうか。

第4章

明渡執行

はじめに

　明渡執行の債権者の最大関心事は、残置動産の処分であると思われる。相談を受けた案件の約 7 割は、残置動産をどうするかで困っていることが多く、特に自動車の処分で頭を悩ませていることがうかがえる。自分で残置動産の処分ができるくらいなら、強制執行手続を踏まなくてもよいわけであるが、勝手に処分すると相手方との関係で新たなトラブルが発生することが予想される。そのような当事者の疑問にどう答えればいいのか、具体的な会話例を「One Point Lesson」（66頁）で紹介する。物件の特定や執行方法に関する相談も多く寄せられていたので、本章ではその点についても基本的な説明を加え、明渡執行の理論および実務について少し踏み込んだ考察を試みた。

1　手続の特徴

(1)　明渡執行とは

　民事執行法168条 1 項は「不動産等……の引渡し又は明渡しの強制執行は、執行官が債務者の不動産等に対する占有を解いて債権者にその占有を取得させる方法により行う」と規定する。言い換えると債務者から債権者への不動産の占有移転が行われる。この不動産の占有移転が明渡執行と呼ばれるものである。

(2)　債務者の「占有」

　債務者の占有を解いて債権者が占有を取得するとされる「占有」とはいかなる意味であろうか。占有とは「自己のためにする意思をもって物を所持すること」（民法180条）をいうが、明渡執行における占有は二つの意味がある。占有権は民法上の権利の分類では物権であり、物権とは物に対する直接的排他的支配権といわれている。直接的支配とは自由に使えるという意味であり、排他的支配とは邪魔されずに使えるという意味である。

　まず、債務者の占有していた部屋に荷物が残されていると自由に使うことができないから、荷物を取り除いて搬出しなければならない。また断行終了後、部屋でくつろいでいるときに、債務者が開錠して部屋に戻ってくると安

心できないから、債務者が侵入しないように鍵を交換するかダイヤルキーなどで施錠措置をとる必要がある。

したがって債権者が「占有を取得」するためには原則として荷物の搬出と鍵の交換または施錠措置が必要になると思われる。ただし、これは地域の実情によって異なる方法になる場合がある。特に執行業者が手配できない地域であれば、搬出、保管、廃棄作業は債権者が時間をかけて、自ら行うこともあると思われる。具体的な進行は、後記〔参考資料〕をご覧いただきたい。

(3) 債権者の協力義務

民事執行規則154条の2第5項は、「執行官は、不動産等の引渡し又は明渡しの強制執行の申立てをした債権者に対し、明渡しの催告の実施又は強制執行の開始の前後を問わず、債務者の占有の状況、引渡し又は明渡しの実現の見込み等についての情報の提供その他の手続の円滑な進行のために必要な協力を求めることができる」と規定している。

執行官は明渡執行の現場で力業を振るうわけではない。執行手続における執行現場を統率する者であって、自らの体を使って作業するわけではない。債権者と連携し、執行業者を執行業務補助者とするなどして執行手続を遂行することになる。喩えると執行官は自らプレイするのではなく、選手の動きを見つめるサッカーの監督のように試合（現場）の進行は選手に委ねている。そのため試合におけるプレイ（搬出作業等）をするためには選手（作業員等）の存在が必要になってくるのである。

作業員が確保できない地域では目的外動産の搬出が困難な場合があるため、現場でさまざまな工夫が行われている。催告と断行の間に訪問して任意の退去を促したり、本来取り除くべき目的外動産を事実上現場で一箇所にまとめて保管して、債務者の引取りに備える等である。

(4) 申立てにあたり準備しておくこと（費用）

ここに述べる費用は裁判所によっては予納金に含まれている場合もあるので各執行官室に確認されたい。

　(ア) 解錠費用

　目的不動産の合鍵がない場合は解錠技術者による解錠費用を予定する必要がある。大阪地裁では解錠費用は予納金に含まれず、債権者と解錠技術者との個別契約により解錠費用が支払われる。解錠費用は裁判所によっては予納金に含まれるところもあるが（71頁(ウ)）実費のところもある。実費の場合はそれぞれの執行官に問い合わせていただきたい。

　　(イ)　搬出・保管費用

　搬出・保管に要する費用も別途必要となる。これらの費用は目的外動産の量、内容（主観的価値があるもの）および品質（換価価値のあるもの）、目的不動産の構造および場所（トラックの待機場所からの距離）、作業員の数によって費用が変動する。保管についても、保管物件の種類、量、質、期間、保管方法（冷蔵など）によって費用が増減するであろう。

　　(ウ)　廃棄（分別）費用

　目的外動産を廃棄する場合には、執行補助者の中間処分場への持込みができるかどうかの確認が必要である。近時、目的外動産を不法投棄される懸念が出ており、その問題に対処するためである。目的外動産が自動車の場合は、自動車の解錠、運搬、売却または廃棄費用が必要となる。

　　(エ)　建物解体に関する費用

　建物収去土地明渡しの場合、解体費用が必要になる。さらに棟割り家屋の場合は隣家の壁面が利用できるように養生し、かつ解体についての同意が必要であり、執行官室に対し隣家の同意を証する書面の提出が必要である。

　　(オ)　査定費用

　自動車を売却または廃棄するときは、一般財団法人日本自動車査定協会（以下、「査定協会」という）の査定が必要である。査定協会の査定が必要なのは、債権者は低く見積もりたい（廃棄したい）、債務者は高く見積もって少しでも返済にあてたいと考えることが多いからである。このように債権者債務者の利害が対立すると考えられるときは、公平な第三者機関の判断が必要で、原則としてどちらの立場にも偏しない査定協会の査定が求められることが多い（144頁(2)参照）。

〔参考資料〕 明渡執行の手順書

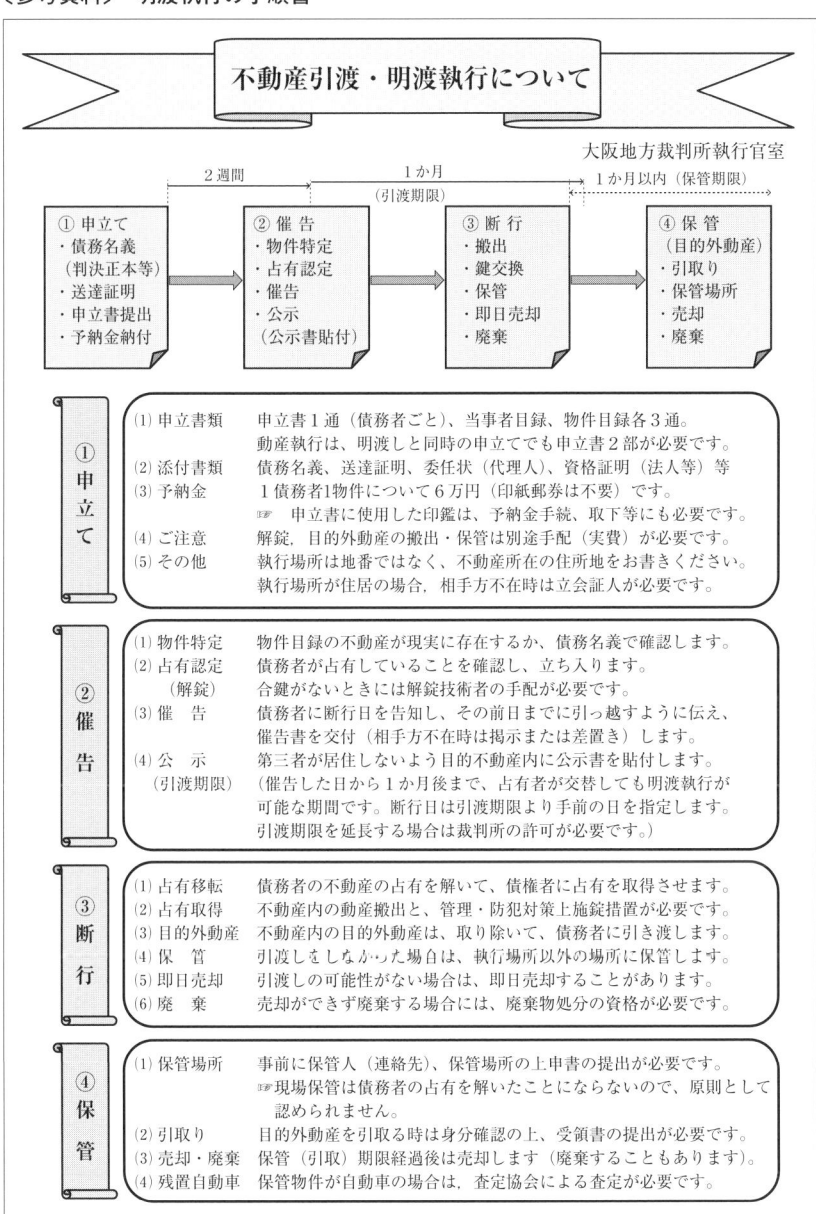

┌─ *One Point Lesson* ─

目的外動産（残置動産）の処分に関する会話例

　これは賃借人が亡くなり、滞納家賃と残置物の処分について賃貸人が弁護士に相談した場合を想定した会話例である。話の糸口レベルで参考にしていただきたい。

　　〔L：弁護士　X：賃借人　Y：賃借人（被相続人）　Z：Y相続人〕

X：先生、今日は賃貸した物件について相談があるのですが、物件内の残置動産の処分について悩んでいるんです。処分方法について裁判所に聞くと、法律相談になるから弁護士に相談するように言われたのです。

L：裁判所はいつもそう言いますよね。ちなみにどういう物件でしょうか。

X：木造瓦葺き2階建ての独立した家屋で、債務者のYさんがお亡くなりになっている物件です。

L：未払家賃はありますか。

X：6カ月滞納しています。

L：居室内の残置動産はどういう状況でしょうか。

X：貴重品などはないように思いますが、家財道具や電化製品はそこそこ残ってますね。仏壇はありますが、位牌や遺骨はありません。

L：内部をどのように確認したのでしょうか。

X：Yさんの相続人のZさんに立ち会ってもらいました。

L：残置動産は価値があるものでしょうか。言い換えると道具屋さんなどが買い取ってくれる可能性がありますか。

X：見た限り、人に使ってもらいたいような物は見当たらなかったので、おそらく誰も買ってくれないのではないでしょうか。

L：Zさんは残置動産についてどう言われていますか。

X：勝手に処分してほしいと言っています。ただ残置動産は生活ゴミでないので、処分費用がかかるのです。

L：Zさんは残置動産を引き取るお気持はないのでしょうか。

X：必要な物は引き揚げたように思いますね。

L：Zさん以外に引き取ってくれる相続人とか、親戚の方はおられますか。

X：今のところいないと思います。

L：戸籍を確認する必要がありますね。部屋の鍵はどうなっていますか。

X：すべてZさんが持っていますが、全部返却したいそうです。

L：なるほど。処分していいということでしたら、処分意思、言い換えると引き取る気持がないことを明らかにするために残置動産の放棄書は書いてもらったほうがいいでしょうね。

X：残置動産を処分できないときはどうしたらいいですか。

L：20年間残置動産を保管しないと動産の所有権を時効取得（民法162条）できないと考えられています。公営住宅ではそのような部屋がかなりあり、空き部屋に保管しているそうです。賃貸人が処分できるための法整備が必要だといわれていますね。

X：そうするとどのような点に注意して進めていけばいいのでしょうか。

L：債権者の処分についてクレームが持ち込まれるかどうかの判断を事前にすることが必要になってくるでしょう。Yさんの相続人や、利害関係人の存在および賃貸借契約の背景や居住状況などを確認してください。TVの報道にもありましたが、相続人が高齢の場合、時間的、経済的、体力的な問題で引き取ることができないことも多いようです。

X：わかりました。今回の場合、建物明渡請求訴訟の必要はないでしょうか。

L：不動産の明渡とは、「債務者の占有を解いて債権者にその占有を取得させる」ことです。したがって、債務者から債権者に占有が移転しており、残置動産の引取可能性がないと認められる場合は、裁判所に明渡しの裁判を求めるまでの必要性は少ないと思います。具体的に債権者が占有を取得しているといえるためには、相手方等から鍵の交付を受けること、相手方等が残置動産の引取りの意思がない（残置動産の放棄書を提出する）こと、相手方が死亡しているときは、相手方の相続人の意思を確認できることなどが必要でしょう。

X：反対に建物明渡請求訴訟の必要な場合とはどういうときでしょうか。

L：まず①残置動産を引き取る可能性が認められないこと、次に②残置動産の換価価値が認められること、さらに③債務者およびその包括承継人（相続人）の意思や存在が不明であること、くらいでしょうか。動産差押え等を視野に入れて、未払家賃は明渡しと同時に請求してください。

X：わかりました。裁判を視野に入れて、これから検討してみます。

2 申立て

　以下では、申立手続について下記の書式に基づいて解説する。

【書式3】 執行申立書

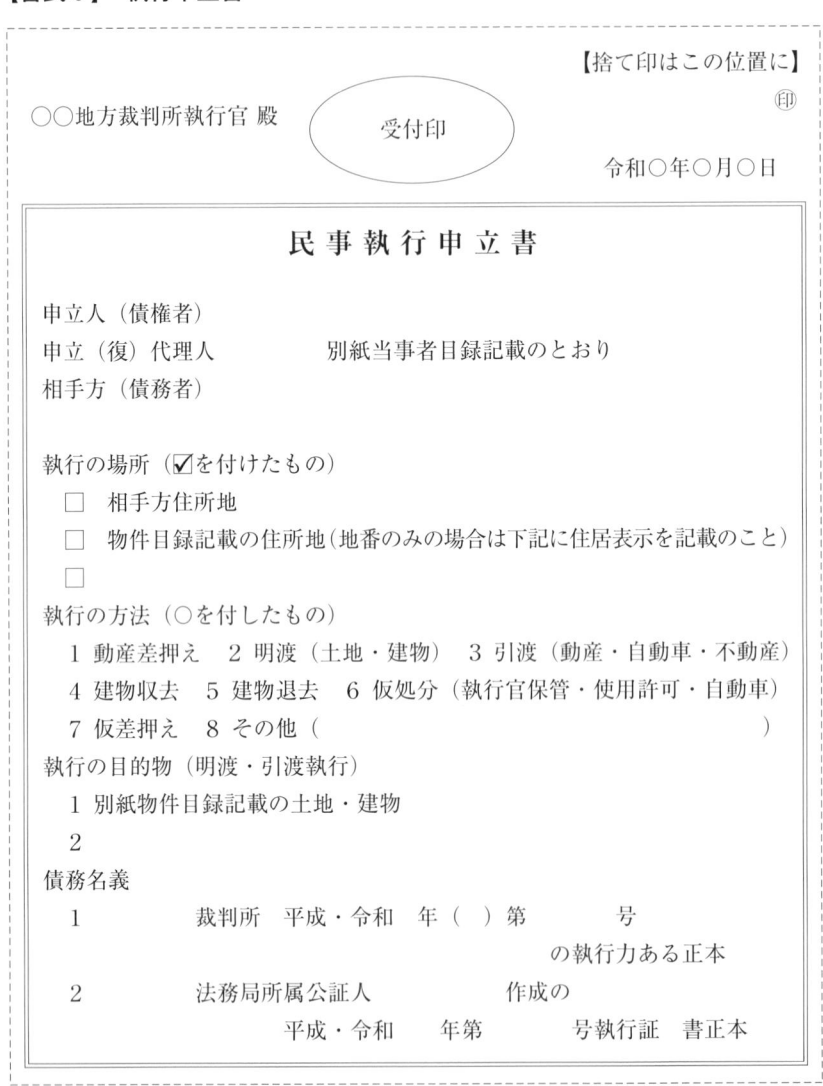

【捨て印はこの位置に】

㊞

○○地方裁判所執行官 殿　　　（受付印）

令和○年○月○日

民 事 執 行 申 立 書

申立人（債権者）
申立（復）代理人　　　　　別紙当事者目録記載のとおり
相手方（債務者）

執行の場所（☑を付けたもの）
　□　相手方住所地
　□　物件目録記載の住所地（地番のみの場合は下記に住居表示を記載のこと）
　□
執行の方法（○を付したもの）
　1 動産差押え　2 明渡（土地・建物）　3 引渡（動産・自動車・不動産）
　4 建物収去　5 建物退去　6 仮処分（執行官保管・使用許可・自動車）
　7 仮差押え　8 その他（　　　　　　　　　　　　　　　　　）
執行の目的物（明渡・引渡執行）
　1 別紙物件目録記載の土地・建物
　2
債務名義
　1　　　　　裁判所　平成・令和　年（　）第　　　号
　　　　　　　　　　　　　　　　　　　の執行力ある正本
　2　　　　　法務局所属公証人　　　　作成の
　　　　　　　平成・令和　年第　　　号執行証　書正本

添付書類	執行力ある債務名義の正本	通
	送達証明書	通
	確定証明書	通
	代表者事項証明書	通
	委任状	通
	執行場所住宅地図（写）	通
付随申立て （○を付した もの）	1　同時送達の申立て	有・夢
	2　執行の立会い	有・無
	3　執行日時の通知	有・無
	4　解錠技術者による解錠	要・否
	5　執行不能時の結果通知	要・否
	6　執行調書謄本の関係人送付	要・否
	7　事件終了時の債務名義の正本還付	要・否
照会事項 （☑を付した もの）	1　建物の合鍵の有無	□有　□無
	2　在宅状況	□居住中　□空き家　□不明
	3　居住者	□高齢者　□病者　□
	4　執行妨害の可能性	□有(具体的に　　　　　　　)
		□無
	5　目的外動産の状況	□大量　□動物　□不要物　□
	6　執行業者	□手配済み（　　　　　）□未定
		□執行官に一任
	7　目的外動産の保管	□保管場所あり
		□保管者(　　　　　　　　　)
		□保管場所(　　　　　　　　)
		□保管場所なし(□執行官に一任)
	8　廃棄処分時の中間 　　処分場への持込資格	□処分場持込資格有
		□資格なし
執行予納金		円

(1) 執行申立書

申立書は前記のほか東京地裁のホームページでも公開されている。申立書以外に当事者目録 3 通、物件目録 3 通が必要である。申立書の上部中央の余白欄は受付印を押印するためのスペースである。

当事者目録および物件目録については調書に添付するためのもののため、割り印、捨て印は不要である（ちなみに判決等に利用する目録も同様である）。またステープラーで目録を綴じることも不要である。裁判所で利用する際にステープラーを外す手間がかかり用紙も傷むためである。

なお、大阪地裁では債務者が複数の場合は債務者ごとに申立書を別途作成する（個別に事件番号が付される）取扱いである。

(2) 申立書記載時の留意事項

申立書に添付している当事者目録および物件目録以外に裁判所への申立て時に別に提出を求められるが、申立書と別に提出する目録には捨て印を押さない。これらは裁判書や調書などに利用するためのもので、申立人等の印鑑が押印されていると利用できなくなるためである。

捨て印は申立書上部左右の位置に押印する。申立書上部真ん中に捨て印があると、受付印のサイズによっては受付印が申立書上部に押すスペースがなくなる場合があるからである。裁判所の申立書類の上部空きスペースは受付印のためのものであって、捨て印のためのものではない。

(3) 執行官手数料と執行費用（予納金）

(ア) 執行官手数料

執行官室への申立てに際し、郵便切手、収入印紙は不要である（現金を出納課に納付する)。[17]

執行官室に納められる予納金は執行官手数料を中心に定められる。執行官手数料は、執行官の手数料および費用に関する規則に規定されている。申立予納金は同規則により、各庁の実情に基づいて算出されたものである。明渡

17　**納付**　執行官室で受付と同時に交付された納付書に基づいて納付する直接納付と、あらかじめ登録した口座からオンラインで納付する電子納付の方法がある。

催告手数料は1万1000円、断行手数料は1万7000円（いずれも執行時間が1時間以内の場合）である。

大阪地裁の明渡執行予納金は「一不動産＆一債務者」につき6万円である。不動産が1筆増えると4万円加算、債務者が1名増えると6万円加算される。たとえば目的不動産は一つであっても、債務者が複数の場合は債務者の数だけ予納金が加算される。ただ2筆以上の土地であっても一体として利用されているときは一つの土地と扱っている。また建物は共通の入口で出入りでき、内部で行き来が可能であれば、階層が異なっても一つの建物と考える。空間のつながりで計算するのである。

　(イ)　その他の費用

明渡執行は、目的不動産内の動産を取り除いてそれを債務者に引き渡したうえ、目的不動産の債務者の占有を解き、債権者が占有を取得する手続である。債務者の占有を解くためには、執行官手数料のほかに、目的不動産の解錠目的外動産の搬出、保管、売却、廃棄について費用が必要である。目的外動産については、執行官は相手方に引渡しをしなかったものがあるときは保管しなければならない（法168条6項）と規定されているが、保管等の費用は無償ではないことに注意が必要である。

また(ア)で示した搬出、保管、廃棄については執行官手数料は発生しないから、執行官の催告、断行手数料の合計2万8000円で搬出、保管、廃棄費用を賄うことは不可能である。したがって手数料以外に上記の費用が発生することは、想定しておく必要がある。

　(ウ)　予納金から支出される費用

執行官は手数料を受ける（裁判所法62条3項）ことになっているため、受付時に手数料および執行事務に必要な費用の予納が必要である。予納金の額は執行官室の実情によって異なる。内容についてはおおむね下記のように分類されるであろう（大阪地裁の予納金は①の執行官手数料のみである）。明渡執行申立ての際は、申立予納金にどこまでの費用が含まれているかを確認しておく必要があろう。

① 執行官手数料（催告、断行、売却手数料）のみ

② 執行官手数料＋解錠費用

③ 執行官手数料＋保管（売却）費用

④ 執行官手数料＋保管（売却）＋廃棄費用

(エ) 「適正」な執行補助者費用

執行業者の費用については適正かどうか判断が必要だとされている。確か
に執行業者は前述（12頁(カ)）のとおり執行補助者とされ、執行現場における
執行官の解錠処分、搬出、廃棄等の作業を補助する。それらの作業にかかる
費用は最終的に債務者が負担する可能性のある執行費用であるから、執行官
は費用が適正かどうかを判断する必要があるとされている。

しかし、執行現場は一つとして同じものはなく、債務者の目的外動産の引
取可能性、目的建物の所在地、建物の階数および位置、エレベーターの有
無、残置動産の量および質などによって執行費用は変化する。これらをすべ
て適切に判断できる基準や原則は存在しないし、廉価であれば適正であると
もいえない。廉価であっても粗略では意味がない。安かろう悪かろうは適正
と相容れない。適正かどうかは債務者の対応（困難当事者）、目的不動産の所
在（道路からの距離）、種類（工場）構造（戸建て、階段のない上層階の部屋）、
床面積（100㎡超）などによって決まり、事案を適正に解決しようと思うと
費用は廉価で収まらないことが多い。当事者や裁判所が納得するには手数、
時間、費用がかかるものなのであり、安ければ適正とはいえないのである。

(4) 債権者との事前打合せ事項

(ア) 立会い

不動産の引渡執行（断行）では債務者から債権者に不動産等に対する占有
を移転する必要があるので、目的不動産を受け取る債権者の立会いが必要で
ある。断行以外は債権者の立会いは義務づけられていないが、催告時も搬
出・保管・廃棄費用の見積りのため催告時に臨場することが多い。

債務者が在宅したときに、引越しや残置動産の処分の話もあると思われる
ので、執行業務を担当する業者も見積りのため催告時には必ず立ち会ってい

る。催告時の不動産の状況を確認し、搬出・運搬の手配、目的外動産の保管、廃棄等について執行官と情報共有する必要があるからである。稀に催告時に立ち会わない執行業者があるが、そのような業者は執行手続を理解しようとする姿勢がないと思われるため、執行補助者としては不適格である。不適格と判断した場合、執行官は搬出・保管費用等を債権者に予納させ、新たに業者を選定して手続を進行することもあると思われる。執行補助者については後述する（74頁㈘）。

前記費用を予納できない場合は搬出等の作業を行うことができず、債務者の占有を解くことができないから、断行時において債権者に占有を取得させることができない。したがって明渡執行は執行不能とされる。

　㈣　解錠および立会人

債権者が目的不動産等の合鍵を保有していないときは、解錠する必要があるので、解錠業者の手配が必要である。債権者が手配できない場合、裁判所において解錠技術者の情報は提供できるので、確認していただきたい。執行業者に依頼するときは通常解錠業者の手配は執行業者を通じて行う（解錠業者の手配ができなければ、執行業者とはいえないであろう）。

債務者不在時に、住居において強制執行を行うときは立会人が必要であることは前述した（4頁⑵）。立会人を債権者が自ら手配しようとするときは、債権者と利害関係がないことが必要になる。

　㈥　目的外動産の搬出・保管・廃棄

不動産に残置された動産（目的外動産）を相手方に引渡しをしなかったときは保管しなければならず（法168条6項）、引き渡すことができないときは売却することができる（法168条5項）。目的外動産の処分は、断行時を基準に債務者の目的外動産の引取可能性の有無を基本に判断する。換価価値がないから廃棄するのではなく、換価価値がない目的外動産は引取可能性が認められない可能性が高いという理由で廃棄処分に付するのである。

したがって不動産等の引渡執行手続においては保管・売却を前提に手続進行を考える必要がある。目的外動産については①搬出、②保管、③債務者の

引取りの対応、④売却、⑤廃棄を事前に検討しておくべきである（104頁⑤）。

　搬出・保管・廃棄費用は執行官手数料に含まれず実費であることは前述したが、それは催告と断行を合わせた執行官手数料が2万8000円であることを考えると理解できると思われる。2024年現在、3万円足らずの費用で引越しをすることは困難であろう。したがって搬出等の費用は申立て時に実費を予納するか、債権者側で手配した業者に直接支払うことになる。これらの費用は執行費用となり、債務者に請求できるとされる。しかし、賃料不払いによって明渡しをせざるを得なくなり、生活の本拠を失った債務者に資力があるかどうかは疑問である。最終的には取り立てることはできず、債権者の負担に期することが多いと思われる。

　ちなみに断行時より前に債務者から残置動産の放棄書の交付を受けたり、和解契約等で放棄する旨の条項があっても、それらの書面に基づいて目的外動産を廃棄する取扱いは行っていない。目的外動産の引取可能性の判断は放棄時でなく断行時に行うからである。したがって明渡執行手続で目的外動産を処分するためには、新たに債務者が断行時に目的外動産の放棄の意思[18]を明らかにすることを要する。そもそも催告の段階で債務者の占有がなければ、執行の必要は乏しいであろう。

　㈡　執行補助者

　執行補助者とは、執行現場等において執行官の職務を補助する者をいい、搬出・保管・廃棄の補助者については「執行業者」とも呼ばれている。

　執行業者を依頼するのは執行官だけでは搬出作業が難しいことに加えて、裁判所には目的外動産を保管する倉庫は用意されていないため、裁判所以外で屋根があり、施錠できる保管場所を用意しなければならないからである。屋根付き鍵付きの保管場所が必要とされるのは雨水などにより目的外動産が傷むことおよび盗難を防止するためである。

18　放棄の意思　債務者から放棄書が提出された場合、催告等の署名と対照して債務者の筆跡であるかどうかの確認は必要とされよう。ただ断行時まで時間的制約のある中、印鑑証明書の提出まで求めることは債務者に負担になると思われる。

執行補助者はおおむね次の4種があると思われる。

① 搬出・保管・廃棄に係る業者

② 建物収去における解体に係る業者

③ 解錠（不動産、金庫）技術者

④ 引渡実施の児童心理の専門家

上記①②③の執行補助者は裁判所に登録されている庁もあるが、大阪地裁では業者の登録制度はとっていない。ただ利用者の便宜のためにホームページなどで執行に関する適切な情報を提供している業者について、業者名簿を作成し、利用者の要望があれば閲覧の用に供しているのみである。執行業者の登録制度を採用すると、登録の要件を定めて未登録業者の参入に高いハードルを設けることになったり、登録を求めて日参する業者が現れたり、さらに費用を負担する債権者にとって、債権者の意に添わない登録業者を押しつけられることになる。そのことは業者と執行官との癒着を疑われる温床になりかねない。清廉は執行官の基本姿勢である。重要なことは、登録にせよ名簿登載にせよ、手続利用者の機会の確保が容易になり利益が守られることである。ちなみに、執行業者は執行現場の手続進行について、執行官を補助できるレベルであることは必要である。④については引渡実施の項で述べる。

(ｵ)　債務者の特性・占有態様

債務者がどういう人物（年齢、家族構成、健康状態）か、目的外動産をどのように使用しているか（居住・営業、空き家、目的外動産の量、抵抗する可能性）の情報が必要である。大阪地裁本庁では事前に前記(ｳ)(ｴ)の事項について照会しており、必要な事項について回答をお願いしている（237頁参照）。

抵抗可能性がある場合は警察の援助（法6条1項前段）を検討し、また生活支援が必要なときは、民事執行規則154条の2第5項に基づき、債権者に自治体の福祉窓口への相談を指示することがある。債権者だけでは自治体が動かないときは、執行官が債権者に自治体への連絡を指示することになる（法18条1項）。そのため、債権者は債務者に関する情報（性別、年齢、占有または非占有、占有の場合の独居または同居、抵抗可能性（債務名義に記載されて

いない場合))を提供する必要がある。

　　㈎　執行日打合せ

　大阪地裁本庁では、引渡執行事件の催告手続と動産執行(債権者立会)について、担当執行官ごとに週 1 回、特定の曜日を設定し、催告期日を案内して債権者にスケジュール調整をお願いしている。早期に期日を決定し、特定日に執行補助者(執行業者ではなく執行官の助手)の帯同を予定し、現場における事件進行を円滑に進めるためである。補助者費用は執行官室が負担し、占有認定における占有認定資料の捜索(施錠された郵便受内の捜索)、困難当事者との対応補助、U字ロックやチェーンの解錠など執行官単独では困難な作業を補助させ、手続が適正かつ迅速に進行できるようにしている。

　大阪地裁では週 1 回補助者が帯同する日を準備し、上記のような事案に備えている。この週 1 回の日を大阪地裁本庁では「一般日」と呼んでいる。裁判部における開廷日のようなものであるが、弁論期日との違いは、期日は同じ法廷に行けばよいのに対して、一般日は事件により臨場する現場が異なることである。一般日によっては 1 日あたりの件数が10件以上になることもあり、近接する現場ごとに効率よく臨場しなければ 1 日で終了しない。そのため、約 1 週間前に期日の受付を終了した後、執行日の約 2 、 3 日前までに各事件の臨場時刻を確定させ、債権者に時刻の連絡を行う取扱いである。

　時刻が申立て時に確定しないのは裁判所の法廷と違って執行場所が事件ごとに異なり、どの場所の事件が申し立てられるかを確定できないためである。利用者には不便な部分もあるが、前日や当日に執行時間を告知する方式に比べ、日取りが速やかに決まることになる。なお「裁判所所在地の近郊」であれば午前または午後の希望が通る可能性がある(おおむね午前 9 時台か、午後 3 時以降と思われる)ので、執行申立て時にその旨の申出をされたい。

　　㈏　断行日の設定

　催告時に債務者に対して断行日の告知を行うため、催告臨場時までに断行日を設定する必要がある。催告日から断行日までの間隔は引渡期限である 1 カ月以内で決められ、おおむね 3 週間から 4 週間後で設定されることが多

い。大阪地裁では催告日の時刻連絡時に断行日の打合せをすることが多い。業務補助者の搬出の手配等が容易になるからである。ただし占有状況が空き家で長期不在であることが確定している場合などは、債務者の搬出の準備が不要であり、引取可能性も少ないと思われるため、現地で空き家かどうか確認し、催告日から2週間程度先に断行日を指定することもあるようである。

(5) 物件目録の記載（物件所在地の確認）

目的不動産の所在は住宅地図等で事前に確認することが必要である。登記記録上の地番しかわからない場合は、市役所で住居表示を確認できるほか、管轄法務局のブルーマップ（住宅地図上に青字で地番が表示されたもので、目的土地の管轄法務局に備え付けられている。また大阪弁護士会の図書室にも所蔵されている）で確認することが可能である。一戸建てで住所地が複数存在する場合は、目的不動産を特定できる資料が必要となるため申立て前に所在地に出向いて占有認定資料（表札、郵便受け表示等）の存在を確認しておく必要があろう。執行場所に行かずに訴状を作成することは避けるべきである。集合住宅で建物名（○○ハイツなど）があり、住宅地図上で表示されている場合は建物名と部屋番号を表示すれば足りる。

(ア) 土 地

物件目録の記載については、おおむね登記事項に沿った記載がなされることが多いと思われる。土地の特定は公示方法である登記に従うのが社会通念である。それは現場において、各登記事項に従って同一性を確認することで、目的不動産の特定が容易かつ適正に行われるからである。土地の表示に関する登記事項は不動産登記法34条に定められているが、物件を表示する場合には、その要素で十分かどうか考えなければならない。特に1筆の土地の一部、連棟建物の一部が対象となる場合は、図面などを併用して初めて特定されるのが普通である（起案の手引18頁）とされる。

土地の特定要素は次のとおりである。

(A) 特定要素

① 所在（不登法34条1項1号、不登規97条）

② 地番（不登法34条1項2号、不登規98条、不登準67条）

③ 地目（不登法34条1項3号、不登規99条、不登準68条・69条）

④ 地積（不登法34条1項4号、不登規100条、不登準70条）

ただし上記①ないし④の登記事項だけでは土地の形状（大きさおよび起伏）はわからないため、後述のように見取図が必要となる（表示登記手続をするわけではないので、測量に基づいて作成される図面ではなく、検尺（メジャー等による計測）に基づく見取図（規29条2項）のレベルでよい）。ただし、法務局に同一不動産の地積測量図、建物図面があり、そのデータが目的不動産と一致すれば物件目録に見取図が添付されていなくても目的不動産の特定は可能であるといえる。なお、株式会社ゼンリンの住宅地図は著作物であり、債務名義添付図面として利用することは著作権法との関係で問題が生じる可能性があることは否定できない。

(B) 登記と現況が異なる場合

最初に登記事項を記載し、その後に現況を記載する。

〔記載例3〕 登記と現況が異なる場合

所　　在	大阪市北区若松町
地　　番	8番
地　　目	宅地
地　　積	50.25㎡
（現況）	
地　　積	約70㎡

Ⓒ 図面の引用

ⅰ 見取図の添付

土地は自然界に存在する地表面を人為的に区画したものにすぎないため、地表面には地番が刻印されていない。建物と建物のように他の土地と識別できるような可視的表章がないのである。したがって文字情報だけでは土地の形状等で目的土地を特定することは困難であるといえるから、登記情報にリンクした法務局の地積測量図、建物図面がないときは、必ず見取図の作成が必要である。図面が添付[19]されていないため目的土地が特定できず（山林の一部の土地の事案）、明白な誤り（民訴257条1項）ともいえないことから更正決定が発令されず、再訴を余儀なくされた例がある。

ⅱ イロハニ図面では土地は特定しない

（イロハニ図面の例）

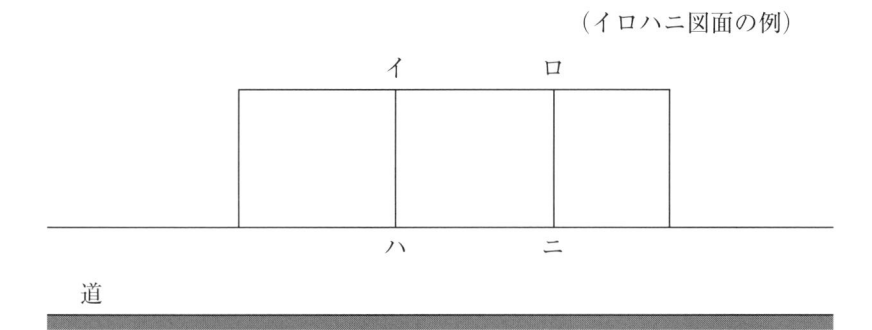

土地の範囲を画定するために「イロハニイの各点を結んだ線で囲まれた土地」と記載されている物件目録添付図面がみられる。この図面の問題点は現実の土地上にはイロハニの表示がないことである。訴訟は観念である権利を中心に審理が行われるから、観念上のイロハニで特定した気分になるのであるが、現実をイメージすればイロハニ図面の問題点には気が付くと思われ

19 　**図面の引用**　提要159頁には「債務名義に図面の引用がないときは、執行官は執行機関として、引き渡すべき土地の位置及び範囲について一応の判断をしてその範囲を引き渡すべきである」としているが、「一応の判断」の何が一応なのか、その内容が不明である。

る。私は書記官時代、裁判官が法廷で原告代理人に対し繰り返し次のように説明するのをよく聞いたものである。

「イロハニの各点は図面に書いただけで特定した気分になるものです。しかし現場にはイロハニなんて書いていないから、現場に行ったらどこがイロハニなのかわからないのです。それでは目的土地を特定したことにならないのです」。

司法研修所編『10訂民事判決起案の手引〔補訂版〕』19頁には「図面等は、(中略)基点を明確にした上、それから各地点への方角、距離等を示すようにすべきである」とされ、同書21頁で記載例を引用している。21頁の別紙図面には確かにイ、ロ、ハ、ニ、とは記載されているが、よく見るとイロハニ各点上には区金属標(プレート)、コンクリート杭、鉄鋲の存在する点にイロハニの各符号が記載されている。これは現実の土地上にも標識が埋設されていることを前提として明示しているものである。このようにイロハニで表示するためにはイロハニの各点に現場で埋設されている標示・標識が備わっていることが必要である。標識等が存在しないときは図面の角にイロハニに付するだけでは特定したとはいえないため、不動物(マンホール、電柱など)から検尺した数値を見取図上に記載することになる。

物件を特定するためには執行申立て時だけではなく、本案申立前後に現場を目で確認し、その結果を物件目録に反映することが重要である(参考図参照)。なお住宅密集地や相手方隣接地などの理由で四辺すべて検尺できない場合、土地の形状(大きさおよび起伏)をおおむね特定できるレベルで足りると思われる。

〔参考図〕　　　　　　　　　　　　　　　　　　　　　　　　（単位m）

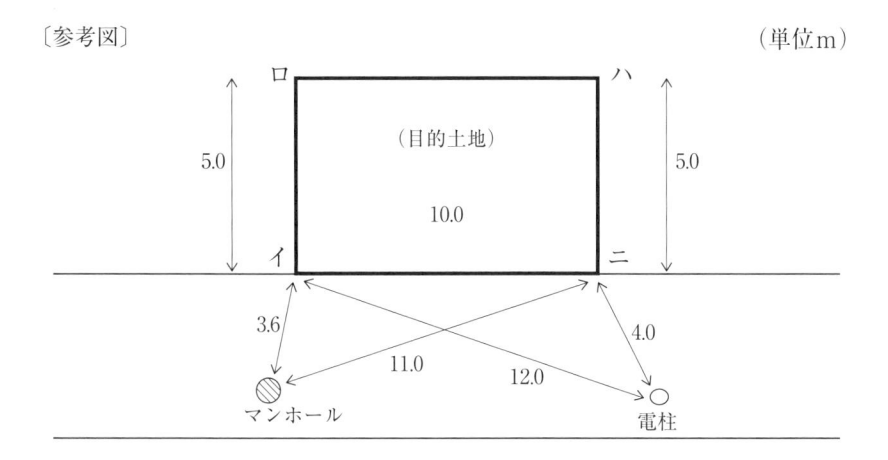

(D)　住所地の確認

　執行場所は地番のみでなく、隣接した建物の住所地を確認して、「○○市△△町×丁目□番☆号の東隣」などと記載して、住所地を明確にしなければならない。土地の地番は権利の対象としての不動産を確定する要素であるが、都市部においては地番のみでは土地に臨場することはできない場合があることは前述したとおりである（77頁(5)）。住居表示が実施されている地域に赴く場合、カーナビは住所でしか目的地を検索できず、地番では目的地を検索できないため、地番のみでは現地に行くことができないからである。そのため土地の所在を確認するときは必ず住所地をあわせて確認し、執行申立書に記載することが必要である。

(イ)　建　　物

　建物の表示に関する登記事項は不動産登記法44条にそれぞれ定められている。区分所有建物において建物番号と部屋番号が異なる場合は、住居表示とともに部屋番号を記載する。登記が基準になるのは、不動産の特定のために、公示方法として定められたのが登記事項だからである。

　しかし、表示登記のための不動産の特定と執行のための目的不動産の特定は異なる。表示登記は権利の対象としての不動産の内容が求められるが、不

動産の引渡執行は相手方が占有している目的不動産の場所が特定できればよいからである。特定とは他の不動産と区別でき、目的不動産と債務名義上の物件とおおむね一致しているということである。したがって、下記(A)の特定要素をすべて記載する必要はなく、目的不動産の特定に必要なものでよい。たとえば区分所有建物における敷地権の表示は不要である。敷地権は観念的なものであり、明渡執行では現実に現れることがないからである。

(A) 特定要素

建物の特定要素は次のとおりである。

① 物の所在する市区村町および土地の地番（不登44条 1 号）

② 家屋番号（不登44条 1 項 2 号、不登規112条）

③ 種類（不登44条 1 項 3 号、不登規113条、不登準79条）

④ 構造（不登44条 1 項 3 号、不登規114条、不登準80条）

⑤ 床面積（不登44条 1 項 3 号、不登規115条、不登準81条）

⑥ 建物の名称（不登44条 1 項 4 号、不登準82条）

⑦ 附属建物（不登44条 1 項 5 号、不登規121条）

※附属建物は引渡しの対象となっているときに限り記載すればよい。

⑧ 住居表示（申立書の執行場所の記載が「別紙物件目録記載のとおり」として物件目録を引用するとき）

〔記載例4〕 土地および建物の物件目録

物 件 目 録

土　　地
　　所　　　在　　　大阪市北区若松町
　　地　　　番　　　8番
　　地　　　目　　　宅地
　　地　　　積　　　50.25㎡
建　　物
　　所　　　在　　　大阪市北区若松町8番地
　　家 屋 番 号　　　8番
　　種　　　類　　　居宅
　　構　　　造　　　木造瓦葺2階建
　　床 面 積　　　1階　約40㎡
　　　　　　　　　2階　約30㎡

〔記載例5〕 建物のみの物件目録

物 件 目 録

所　　　在　　　大阪市北区若松町8番地
建物の名称　　　Osaka Direct Court Ⅱ番館 **(注1)**
種　　　類　　　共同住宅
構　　　造　　　鉄筋コンクリート造陸屋根8階建て
床 面 積　　　1階　　　　　　　　100㎡
　　　　　　　2階ないし8階　　　各90㎡ **(注2)**
　　　　　　上記のうち　5階501号室　約20㎡

　　　　　　　　　　　　　　　　　　　(注3)
（住居表示　大阪市北区西天満2丁目1番10号
　　　　　　　Osaka Direct Court Ⅱ番館501号室）

（注1）　家屋番号はなくてもよく、建物の名称があれば記載する。
（注2）　床面積は同じであれば階をまとめて記載してよい。
（注3）　附属建物は明渡の対象になっている場合のみ記載する。

　　(B)　登記と現況が異なる場合

　登記事項に従って記載した後、登記と異なった事項の現況を記載する。登記と現況が異なる場合、登記事項の記載のみで現況を記載しないでおくと、現実の執行場所と一致しないため、物件の特定ができず、執行不能となることがある。筆者も、債務名義に記載された登記上の構造が「木造瓦葺平家建」だったのに、現地に行くと「木造鋼板葺2階建」だったことがある。

　目録記載の物件と現実の物件が一致することを前提にして、現地で登記上の物件から現状の物件に伸縮したり増減したりすることはあり得ない。執行場所で目録記載の物件と現実の物件がおおむね一致しているかどうかを確認するかを確認するのである。物件目録の建物と目の前の建物が同一でなければ、目的不動産は存在しないこととなり執行不能である。

　執行は登記を基準とするのではなく、執行場所の現実の状況（現況）を基準に行われることに留意されたい。したがって登記と現況が一致しないときは、以下のように物件目録を記載すればよい。現況を記載するためには事前に検尺が求められる。

〔記載例6〕　登記と現況が一致しない場合の物件目録

物　件　目　録

```
所　　在      大阪市北区若松町8番地
建物番号      未登記
構　　造      木造瓦葺平家建
種　　類      居宅
床 面 積      45.25㎡
（現況）
　　構造      木造陸屋根2階建
　　床面積    1階　約90㎡
　　　　　　　2階　約45㎡
```

　　㈦　図面の添付

　建物は、自治体の建築確認等の許認可を受けて人工的に築造され、住居表示などで現地で特定するのが容易であるから、原則として図面の添付は不要である。

　共同住宅の場合は、目的建物は部屋番号で特定することが多いので、目的建物の玄関入口に部屋番号の表示があれば図面等は不要である。ただし連棟建物で、目的建物と同一の住居表示が隣接して複数存在する場合で、表札や部屋番号の表示が認められない場合は、同一住所（フロア）の建物すべてと目的建物の位置、戸建ての場合は付近の道路状況を含めて作成した見取図（図面のように専門家が測量したものでなくてもよく、メジャー等で検尺したもので足りる。）が必要である。なお、ここにいう図面とは検尺（測量の未経験者がメジャーで計測する）して得られたデータに基づいて作成された見取図（参考：規29条２項）のレベルでよい。

　　㈵　建　　物

　共同住宅で建物名（○○マンションなど）が存在し、目的建物（居室）玄関に居室番号の表示が認められるときは、図面は不要である。

　建物の特定のために図面が必要な場合は次のとおりである。

　　㈎　同一住所に複数の住居が存在している場合（特に戸建て建物）

　都市部において住居表示が実施されている場合、同じ住居表示に複数の戸建て建物が存在することがある。大阪市内では同一住所で戸建てが隣接して４、５軒程度存在する地域が存在する（60軒を超える地域もある）。その場合は近隣の状況を反映した見取図を作成し、目的建物の位置を特定する必要がある。

　この特定には債務名義に記載または見取図が添付されている必要があり、執行時に見取図を追加しても間に合わないのである。執行官は債務名義を唯一の根拠として執行するため、債務名義以外の情報に基づいて執行できず、債務名義上で目的不動産が特定できないときは執行できないことになるからである。しかし表示登記をするわけではなく、物件を特定できればよいので

あるから、見取図は精緻なものでなくてもよい。

　具体的には道路の接面状況、方位、隣接建物と目的建物との位置関係が示されていればよく、境界線上の工作物を撤去するというような執行以外は、細かい縮尺や距離は必要ではない。数値も小数点下一桁までで足り、「約3.6 ｍ」程度で目的不動産は特定すると思われる。

　　(B)　連棟家屋で表札など占有が確認できる資料に乏しい場合

　この場合は連棟建物における目的建物を特定することで足りるから、接面道路と連棟建物を表示し、目的建物の部分を斜線等で示したうえで「上記建物の北側から2軒目」と表示すればよい。

〔記載例7〕　連棟建物における目的建物の特定

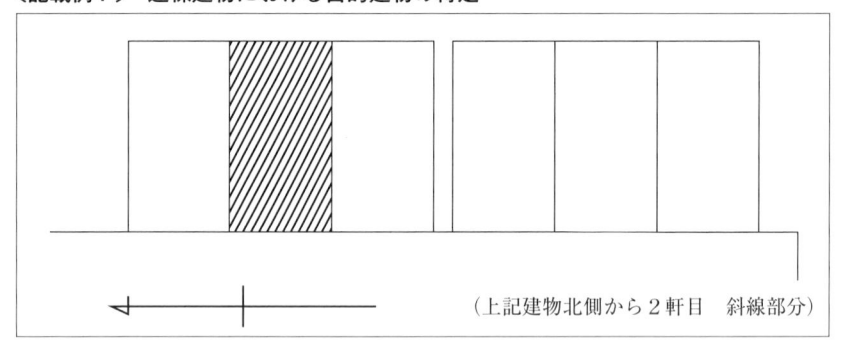

（上記建物北側から2軒目　斜線部分）

　　(C)　駐車場で区画番号が表示されていない場合

　管理会社等から駐車場の図面を手に入れ、その図面上で駐車位置を特定する。駐車場として登記された建物の場合は、上記図面の各階平面全体を表示したうえで、斜線や矢印で特定して目的の区画を表示する。

　　(D)　立体駐車場

　立体駐車場では、特定の決まったスペース（パレット）を債務者が排他的に使用していることは少なく、賃貸借契約時に債権者から貸与されたIDカードをカードリーダーに読み込ませ、空いているパレットを1階に移動させて利用する形式が増加していると思われる。

　このような場合の物件目録は次の記載例を参考にしていただきたい。なお

2層3段以上の自走式立体駐車場は不動産登記法上の「建物」として建物登記は可能と考えられている。駐車場が特定できないときは施工時の図面を利用して見取図を作成するとよい。

〔記載例8〕 立体駐車場の物件目録

物 件 目 録

（主たる建物の、所在、建物番号、種類、構造、床面積を記載）

《附属建物》

符号　　　　1

種類　　　　駐車場

構造　　　　鉄骨造陸屋根平家建（注）

　　　　　　床面積　　　1階　○○平方メートル

　　　このうち、立体駐車場の操作盤にカードをかざし、立体駐車場1階（地表面と等高）部分内に出現する駐車場部分△△平方メートル

（住居表示　大阪市北区若松町2丁目1－10

　　　　　　　　　　　　　オオサカディレクトコート 附属駐車場）

（注）高さがあっても階層がないので平家となる。

　(E)　物件目録上、建物の1階床面積が敷地の地積より広い場合

　建物収去土地明渡しの事案で見ることがある。そんなことはないだろうと思われるかもしれないが、筆者は2件経験している。[20]この場合は更正決定（民訴257条）で訂正することが求められるが、更正すべき数値が本案で情報提供（資料提出）されている必要がある。現場で土地の範囲が広がると説明した代理人がいたが、もちろんそのようなことはあり得ない。

　また物件目録の表示だけではなく、添付図面が異なっている場合がある。たとえば1階100㎡、2階70㎡の居宅の添付図面が、1階より2階が広く図

20　そのうち1件は更正決定がなされたが、1件は記録上現況の床面積が現れていないという理由で更正決定を拒否されている。不動産取引をしたことのない裁判所が物件目録を精査することは過重負担であるから、原告（代理人）側で注意して物件目録を作成する必要がある。

示されている場合である。必ず矛盾のないよう現状を確認し、その内容を記載する必要がある。

〔記載例9〕　1階の床面積が敷地の地積より広い物件目録の例

物 件 目 録

土　地
　所　　　在　　大阪市北区若松町
　地　　　番　　8番
　地　　　目　　宅地
　地　　　積　　50.25㎡
建　物
　所　　　在　　大阪市北区若松町8番地
　家 屋 番 号　　8番
　種　　　類　　居宅
　構　　　造　　木造瓦葺二階建
　床 面 積　　1階　約80.55㎡
　　　　　　　　2階　約40.45㎡

⑹　受付事務——まとめ

ここまでの解説をまとめたものが、〔参考資料〕の受付点検メモである。

受付点検メモを活用して、執行可能な申立書の作成の参考にしていただければ幸いである。

〔参考資料〕 受付点検メモ

受付点検メモ

事件	種類	内容	項　　　　目	備考
共通	管轄	執行場所	□住居表示（×地番表示）	
	執行文	（照合）	債権者　（□債務名義□申立書□　　　） 債務者　（□債務名義□申立書□　　　） 物件目録（□債務名義□申立書□　　　）	執行文不要（支払督促，少額訴訟，家事事件）
	当事者	法人	登記簿（□商号□所在地 → 変更（閉鎖登記簿要））	
	債務名義の表示	事件番号	□種類　　□符号　　□番号（□年度□事件番号）	
		執行文	□（□単純 □承継（□送達証明）□事実到来）	
		送達証明	□（□債務名義　□承継執行文　□更正決定）	
動産	請求債権	元金	□（□確定損害金含）	
		起算日	□（□始期　□終期（□申立日まで）	
	（債務名義）	利率	□照合	
		計算	□OK（□計算書　□　　　　　　） □違算	
明渡・引渡	債務名義	給付文言	□判決 □給付条項（□当然解除□意思表示不要）	
		物件目録	建物（□特定）土地（□図面□図面無→地積図等）	不特定→更正
	仮宣なし	執行文発付日	（□判決言渡しから15日以上経過後の発付）	確定証明不要
	物件目録 （債務名義に図面添付があれば，申立書にも図面要）	建物	□所在，建物番号，種類，構造，床面積，部屋番号 □床面積（□各階床面積（×合計床面積） □連棟（□住宅地図□不特定→特定資料）	
		土地	□所在，地番，地積，地目の記載 □添付見取図で特定（□基準点（電柱等）から検尺） □「イロハニで囲まれた土地」→執行不能？	
		収去	□授権決定（□送達証明（費用負担のみ）） □退去（□収去と同時申立て要） □建物床面積＜土地面積（地積）	
	自動車	執行時間	□（□夜間（所在確認報告書））	
		保管場所	□（□上申 □保管責任者立会 □屋根付き鍵付き）	
保全	決定		□決定日確認（決定日の翌日から2週間以内に臨場）	債権者の送達証明があれば延長可
			□使用許可（債務者）　□断行　□	
	保全申立書		□提出依頼済み	
	その他		□警察（　　　　警察　　　　係）　（□秘匿解除措置）	
その他	援助等		□自治体（　　市役所　　課　　係）□	
	要支援		□秘匿措置（□秘匿申出□記録表示□　　　　　）	
	秘匿			
【引継メモ】				

③ 催 告

⑴ 明渡催告とは

　明渡催告とは、執行官が債務者に対し任意に不動産の明渡しを求める処分である。明渡催告は強制執行を開始することができるときにすることができる（法168条の2第1項本文）。ここに「強制執行を開始することができるとき」とは次の3点である（条解1583頁）。

　①　不動産明渡しの強制執行の申立があったこと

　②　債務名義の送達、期限の到来等執行開始要件が認められること

　③　債務者が当該不動産等を占有していること

　以上の要件があれば明渡執行が可能になるのであるが、江戸時代と異なり、催告後、直ちに荷物を搬出するのは過酷執行の誹りを免れない。そこで平成15年の法改正により、それまで執行官の実務上の慣行であった催告を制度化したのが民事執行法168条の2の催告制度である。

　ところで催告は執行でない[21]との説がある。確かに断行日の告知という催告行為は執行行為ではないが、強制できないとすると、解錠もできず、相手の意に反する立入りもできないことになろう。しかし民事執行法168条の2は「強制執行を開始することができるとき」に催告ができると規定している。とすると催告の段階で強制執行できると考えることができるのであれば、同条に定める催告から強制執行は開始されていると思われる。

　実務では催告においても解錠による立入りを認めているが、これは債務者の占有を解く（法168条1項）ための第一歩として行われていると解される。催告と断行は、それぞれ別個独立の手続ではなく、手続として連続しているものであると思われる（法168の2第2項）。だからこそ催告時においても立入りや解錠は認められているのである。催告の「行為」の側面と「手続」の側面は分けて考えるべきであると思われる。

21　**催告は執行でない**　基本法コンメ441頁は「明渡しの催告は、明渡執行の着手ではなく、準備的なものである」としている。ただ、この議論が利用者のためのものであるかは不明である。

(2)　物件の特定

(ア)　物件の確認

執行場所では、物件目録記載の不動産と目的不動産がおおむね一致するかを確認する。土地の場合は、物件目録添付図面または地積測量図と目的土地を対照して同一かどうかを確認しておく必要がある。一戸建ての場合、住所地が複数存在する可能性があるので、事前にゼンリンの住宅地図等で執行場所を確認することが重要である。物件目録記載の事項が現況の物件と合わない場合は同一性が認められず、執行することができないため、執行不能となる。

物件目録を修正して更正決定申立てをしても、明白な誤り（民訴257条1項）と認められないと更正決定は発令されないから、裁判は一からやり直しになる可能性が高いのである。明白かどうかは、本案手続において現況のデータに関する資料が提出されているかがポイントであると思われる。

(イ)　登記と現況が異なる場合

(A)　土　地

i　所　在

所在とは土地が存在する場所であるから、物件目録と現地の所在が異なるときは、目的土地が異なるのであるから執行できない。「○丁目」が脱落しているときも同様である。

ii　地　番

地番は土地に付された符号であるから、駐車場の区画番号と同様現場で一致（地積測量図、建物図面、公図等で位置関係を確認）しなければ特定したとはいえない。ただし物件目録に付記された住居表示の誤記があったとしても、地番に誤りがない限り土地の特定に欠けるとはいえないから手続進行は可能であると思われる。もちろん現実の土地に地番は刻印されていない。

iii　地　目

地目とは土地の用途による分類である（不登準68条）。土地の用途は自然に決まっているものではなく、不動産登記事務取扱手続準則69条によると、地

目の認定について18項目の定めがあり、特に同条8号には「現況に応じてその地目を定める」と規定されている。したがって物件目録の地目と現場の地目が異なるように思われても、目的土地と物件目録上の土地はおおむね一致していると考えられ、目的土地として特定に欠けることはないと思われる。

iv 地 積

地積が異なると、目的土地の形状が異なるので原則として土地は特定しないと言える。しかし債務名義上他の土地と判別できるときは、ある程度の誤差は許容されるというべきである。特に執行現場において1%の誤差を見抜ける執行官は少ないであろう。表示登記手続をするのであればともかく、執行手続においては精緻な物件の一致は要求されないというべきであり、目的不動産と債務名義上の不動産がおおむね一致すれば特定すると考えられる。この場合の資料としては、債務名義だけではなく、固定資産評価証明書および同添付図面、契約書などがあるが、提訴前に現地確認は欠かせないであろう。

(B) 建 物

i 所 在

所在が異なるときは、違う場所に築造されている建物であるから目的建物とはいえない。ただし住所表示の記載に誤記があるときは、登記記録上の所在が目的建物と一致している限り、特定されていると思われる。

ii 建物番号

建物番号は一個の建物ごとに付されるものであるから、建物番号の付された建物と目的建物が一致しない場合は、特定しないというべきである。ただし、債務名義に「○○マンション」「△△ハイツ」などの建物の名称が記載されているときに、建物の名称が変更されていても、建物の特定要素に変更がないので特定に欠けることはないというべきである。

iii 種 類

種類とは建物の用途による分類である。種類が異なるように見えても不動産登記事務取扱手続準則80条は「建物の用途により適当に定める」ものとし

ているから、所在、構造、床面積がおおむね一致しているときは特定に欠けることはないというべきであろう。作業場と工場、物置と倉庫などは異なるように見えても問題ない。

　iv　構　造

　構造とは、建物の構成材料、屋根の種類および階数である。目的建物と現実の建物が相違するときは、増改築の可能性がある。これについては下記viiで述べる。

　v　床面積

　床面積が相違しているときは、増築または減築されている可能性がある。増築とは、建物を建て増しまたは増床し、元の建物（主たる建物）と不可分一体として利用され、附合²²している状態をいう。

　その意味で増築は主たる建物に従属して考えるべきであるから、物件目録には登記上の床面積とともに増床された現況床面積を記載すればよい。

　登記上の床面積と相違しているときは、登記上の床面積を先に記載し、後に増床後の床面積を記載する。または建物の登記事項のうち建物番号を記載せず、床面積は現況を記載する方法もある。引渡執行は登記請求権と異なり観念的な権利ではなく現実の建物を対象とするから、現実の建物と一致しないときは登記の記載事項にかかわらず現況を記載すればよい。〔記載例6〕（84頁）を参考にされたい。ただし、相違の程度によっては物件目録と現況の同一性が認められないこともある。

　vi　構造相違

　構造は、材質、屋根葺き、階数の3要素で構成される。階数が変わるときは床面積も変更される。材質・屋根葺きが変更されても同一といえる可能性があるか、階数が変わったときは同一性の判断が求められよう。〔記載例6〕（84頁）を参考にされたい。

　vii　債務名義添付の物件目録と現況の建物が異なっている場合

22　**附合**　所有者の異なる二つ以上の物が結合して一つの物になった場合である（リーガルⅡ146頁）。明渡執行では、増築を物件の特定の問題として考える以上、所有権の帰属は考えない。

　債権者が、増築後の変更登記を怠っている事案である。目的不動産が一致していないため、更正決定されない限り原則として執行不能となる。ただし、自治体の不動産評価証明書上増築であることが認められ（たとえば、建物台帳添付図面など登記建物から現況建物への連続性が推認できる資料があるなど）、債務者（占有者）が物件目録上の建物から現在の建物に増築されたことを知っており、催告時にその旨を陳述したときなど、推認できる資料が調えば、物件目録上の建物と現況の建物に同一性[23]が認められる可能性もあると考える。

　しかし、この判断は現地において執行官が行うものであるので、増築を示す資料が揃っていないと建物の同一性の判断は困難であろう。

(3)　占有認定

(ｱ)　占有認定資料

　不動産の引渡執行とは目的物に対する債務者の占有を解いて、債権者がこれを取得することである（法168条1項）。債務者の占有が認められないと、債務者から債権者に占有を移転できないため、目的不動産を債務者が占有し

23　**建物の同一性**　同一性があることは執行調書に具体的に記載する必要がある（規13条）。具体的には以下のように記載することも一方法であると思われる。かなり条件が厳しいことがご理解いただけると思う。なお本案裁判所から更正決定の発令は拒絶されている。

　「1　別紙物件目録の建物（以下「本件建物」という。）の構造は『木造瓦葺平家建』、床面積は『43.14平方メートル』と記載されている。当職が執行場所に臨場すると、同所には『木造瓦葺2階建』の建物（以下『目的建物』という。）が存在した。申立代理人の説明によると、本件建物は建築後増築され、現在では床面積が『1階約53.7㎡、2階約37.2㎡』であることが市税事務所の説明により判明したとのことであった。その旨を裁判確定後、○○裁判所に更正決定の可否について連絡したところ、同裁判所では構造および床面積の更正はできない、との返答を得たとのことであった。

　2　そこで当職が相手方に対し、登記上は平家建で床面積が43.14平方メートルであるが、その後増築して市税事務所の説明のように2階建に増築されたのかを問うと、相手方は、『本件建物は現在のように増築した。私が固定資産税も負担している。』と述べた。そこで、当職は同人の説明を参考にして、目的建物は概ね評価証明書の床面積のとおり増床および建増し部分があり、それらは本件建物と不可分一体として利用され、本件建物と附合していると認められたため、本件建物の増築部分であると判断した。

　3　よって目的建物は本件建物と符合しているものと認めた」。

ているかどうかを確認することが必要となる。これを占有認定という。

　民事執行法168条1項の「占有」とは、目的不動産を使用（居住）または利用することによりその空間を支配することである。また債務者の占有は表示または債務者がそこを占有していることの認識が必要である。したがって占有認定とは目的不動産について外観上目的不動産の空間内に債務者の支配が存在する可能性を調査することである。目的不動産を支配したといえるためには居住するまでは必要なく、債務者の動産を残置²⁴するだけでも債務者の占有が認められる。

　以上の点から執行場所における占有認定資料は、おおむね以下のものが考えられる。

　①　表札、郵便受け、集合表示
　②　郵便物、宅配便の宛名、不在時連絡票
　③　公共料金請求書、電気、ガス、水道使用量検針票
　④　住民票（マイナンバーの記載のないもの）または戸籍の附票
　⑤　管理人または近隣者の陳述
　⑥　債務者および出会人（同居者など）の陳述
　⑦　債権者の陳述、債権者の資料（賃貸借契約書など）

　これらの占有認定資料は「債務者に引き渡すことのできる見込み」、すなわち目的外動産の引取可能性を判断する基礎になるものである。催告時の債務者の占有状況は、断行時の目的不動産の状況とあわせて確認・対照することにより長期不在、居住などが判明し、居住していれば引き取ることが多く債務者の目的外動産の引取可能性の有無の判断が可能になるからである。

　　(イ)　立入権

　執行官は債務者の占有する不動産に立ち入ることができる（法168条4項前段）。執行場所に立ち入ることができるのは執行官、執行補助者および立会人である。明渡催告は強制執行が開始することができるときに行われる。こ

24　**債務者の動産の残置**　債務者が相続人の場合、目的不動産だけでなく被相続人が残置した動産類についても、占有の承継取得が認められる場合がある。

こにいう強制執行とは民事執行法168条 1 項の強制執行である。したがって、強制執行が開始できる段階では目的不動産の立入りが認められると解される。

(ウ) 解 錠

強制執行が開始できる段階では、催告時に解錠も認められる（法168条 4 項後段）。ただし、催告時の解錠については、債務者の占有を断行時までキープする必要があるから、解錠した後は債務者が利用できるように元通りに施錠しなければならない。解錠のために鍵や扉を破壊したり、鍵を交換したりすることは認められない。そのため解錠とともに元通りに施錠できる解錠技術者の手配が必要である。解錠技術者は執行補助者であるから、解錠技術者の手配ができない場合は執行官室に相談されたい。

(4) **目的不動産内における催告**

(ア) 立入後の当事者対応

債務者が占有する不動産において債務者等が触れる主な話題は第 8 章（219頁(2)）で紹介している。これ以外は対応の継続が困難な場合が多い。

(イ) 断行日告知（催告書交付）

断行日の告知は口頭でも可能であるが、実務では債務者不在の場合に備えて、催告書を作成することが多い。

債務者の立場から生活支援が必要になる場合、自分の意思で自治体の福祉担当部署への援助を申し出る必要がある。その際執行官から交付される催告書は公文書として緊急性を示す有力な資料になると思われる。文句を言っている間に時間は刻一刻と過ぎるので、速やかに相談されたい。その際、自治体は救済を求める者が主体的に保護等を求めない限り手を差し伸べてくれないから、債務者自らが自治体に援助を求める意思を明示することが大切である。

大阪地裁において交付（差し置き）している催告書は次のとおりである。催告のイメージをもっていただく参考にしていただきたい。

【書式４】 催告書（大阪地裁）

令和５年（執口）第××××号

催 告 書

　○○○○　様

　申立人 □□□□（代理人　△△△△）の申立てにより
公示書記載の不動産の引渡（明渡）しの強制執行のためお伺いしました。
□　ご不在でしたので、民事執行法に基づいて証人を立ち会わせ解錠のうえ室
　　内に立ち入り引渡（明渡）しの催告をします。
□　口頭に加えてこの書面を交付のうえ引渡（明渡）しの催告をします。

　　上記不動産の引渡（明渡）強制執行を
　　　令和○年５月８日午前７時以降に実施します。（注）

　この日までに任意に退去してこの不動産を引渡（明渡）してください。
　退去に際しては、貴重品・家財道具・自動車などの動産類は全部持ち出（撤
去）してください。
　土地・建物内に残置された家財道具などの動産類があれば、法律の手続にし
たがい、即日売却する場合や不用品として処分することがありますので、予め
お知らせします。
　なお、執行官が室内の残置動産を保管したときには、保管期間などを記載し
た文書を強制執行の実施終了後、この建物玄関扉に貼付して貴殿にお知らせす
ることになります。（この場合保管料は貴殿の負担になります。）
　室内に貼付しました公示書は、法律に基づいて貼付したものです。
公示書に記載の内容等を遵守してください。

　　　　　令和○年４月12日
　　　　　大阪地方裁判所
　　　　　　　執行官　　執行　太　郎
　　　　　　　Tel○○－○○○○－○○○○

　申立人（代理人）等の連絡先は、次のとおりです。
　　（復）代理人　△△△△　Tel○○－○○○○－○○○○

（注）　大阪地裁では午前７時以降の適宜の時間が決められ、午前７時から断行を開始する
　　ことはほとんどない。午前７時以降とするのは夜間執行にならないようにとの配慮で
　　ある。

⑸　公示（公示書）

　大阪地裁で使用していた公示書は下記のとおりである。まず、公示書のイメージを確認した後、公示の話に入って行きたい。

【書式５】　公示書（大阪地裁）

事件番号　令和○年（執ロ）第××××号

公　示　書

申立人（債権者）　□□□□
相手方（債務者）　○　○　○　○

　下記不動産に対する引渡（明渡）執行事件について、次のとおり公示する

1　本日、相手方　に対し、下記不動産の引渡（明渡）しの催告をした。
2　相手方　は、民事執行法第168条の２第５項の規定により、債権者以外の者に、下記不動産の占有を移転することが禁止されている。
3　令和○年５月12日（同法168条の２第２項の引渡し期限）が経過するまでの間に下記不動産の占有の移転があったときは、新たな占有者に対しても強制執行を実施する。
4　下記不動産に対する引渡（明渡）しの強制執行は、別に定める日に実施する。
5　強制執行実施日に民事執行法第168条５項の規定による引渡しをすることができなかった動産については、強制執行の場所において売却する場合がある。

注意事項
⑴　下記不動産に対する強制執行の実施日（上記４の「別に定める日」（催告書に記載した日）は、令和○年５月８日である。
⑵　下記不動産を損壊した者及びこの公示書を損壊した者は、刑罰に処せらる。
　　　　　　　令和○年４月１２日
　　　　　　　○○地方裁判所
　　　　　　　　執行官　　執　行　太　郎
　　　　　　　　Tel○○－○○○○－○○○○

記

不動産の表示
　　　　右記のとおり（通常右頁に物件目録が引用される）

　(ア)　公示の意味

　「公示」とは「公（おおやけ）に示す」ことである。公とは当事者以外の第三者を示す。公示書には催告書と異なり、名宛人が書かれていない。催告書は債務者を名宛人とするのであるが、【書式5】の公示書は債務者を名宛人としていない。これは公示書が債務者に対する警告書ではなく、「公」すなわち第三者が名宛人のためである。ここにいう「第三者」とは、明渡執行における明渡催告後に債務者から目的不動産の占有の移転を受けた者をいう（法168条の2第6項）。法は催告後に占有を取得した者に対して承継執行文を要しないで、強制執行できることとしたのである（下記(エ)当事者恒定効）。

　(イ)　引渡期限

　引渡期限とは目的不動産を債務者から引き継いで占有している第三者に対して、債務名義（承継執行文付）を必要とせず、明渡執行ができる期間である。公示が第三者に対して行われるものである以上、引渡期限も第三者に関するものである。少しでも長く占有したい債務者は引渡期限のほうが断行日より後になるので、引渡期限を断行日と主張することがある。このように引渡期限を債務者が占有できる期間だと思っている当事者（代理人）が多いので注意が必要である。

　このような当事者の勘違いを防ぐためには催告書の交付だけでなく、交付に加えて催告時に引渡期限の意味を説明するとか、公示書に断行日を明示するなどして誤解を招かないようにする必要があると思われる（【書式5】の公示書の注意事項(1)参照）。執行機関が催告書に記載してあるからそれで十分と思っても、当事者が納得しなければ十分とはいえないのである。

　なお、実務では債務者の断行期日は引渡期限の最終日ではなく、おおむね引渡期限内で引渡期限の日以前の日に指定されている（催告日から3～4週間後が多いと思われるが、各庁の実情と当事者のスケジュールによる）。

　(ウ)　公示書貼付

　公示書は建物の壁面や土地上にはがれないように貼付する。

　公示書は債務者が外すことがあるので、貼付したことを記録するために写

真を撮り、公示した事実を調書に添付する取扱いである。ただ公示とはいえ、訪問者等第三者に見られることには抵抗があろうから、債務者に掲示場所を指示してもらうこともある。貼付場所は目的不動産と付合している壁などが望ましい。固着されていない大型動産や、可動壁などは移動や取り外しが可能なため、公示場所としては不適当である。

(エ) 当事者恒定効[25]（法168条の 2 第 6 項、民保62条）

明渡催告があったときは、債務者は、債権者以外に不動産等の占有を移転してはならない（法168条の 2 第 5 項）。しかし催告後、占有者が交替すると債務名義に記載された者と異なるため、執行できないことが考えられる。そこで、占有が移転され引渡執行ができないことを明渡しの催告後に目的不動産の占有を取得した者に対しても強制執行ができるものとした。公示はこのような占有者が登場しないよう、予防のために行うものである。

(6) **目的外動産確認**

執行費用（搬出、保管、廃棄）の見積もりのため、執行業者が目的外動産の量、種類、残置状況、搬出時間などを確認することが多いと思われる。その場合は債務者に入室の許可を得て目的不動産内部を確認するため、執行業者が立ち会うことがある。催告時に立ち会おうとしない業者は、断行時の計画を立てることが困難であるから執行業者として不適格である。そのため業者に依頼するときは必ず催告日の連絡および立会い要請を行う必要がある。

(7) **催告から断行までの注意事項**

(ア) **執行場所の写真撮影の禁止**

断行時に債務者の占有を解いて債権者がこれを取得するため、断行時においても債務者の占有がなければならない。その占有は催告時に認定されたものであるから、催告から断行まで債務者の占有が継続することになる。そうすると目的不動産は断行までは債務者の占有する場所でありプライバシー空間ということになる。また執行手続は非公開手続であり、密行性があるから

---

25 **当事者恒定効** 債務名義に表示された被告が係争物の占有を移転しても、新たに占有を取得した第三者に対して強制執行ができること。

写真撮影や録画[26]は禁止されている。写真や録画情報を SNS に投稿し、インターネット上で拡散することは、債務者の個人情報保護の観点からも絶対に認められない。

　(イ)　目的不動産の門扉の鍵交換の禁止

　明渡執行においては催告時における債務者の占有が断行時まで継続し、断行時において債務者の占有から債権者の占有に移転する。そのため催告時および催告時までに目的不動産に立ち入るための鍵を債務者の承諾なく交換することは債務者の占有を奪うことになる。その結果、断行時において「債務者の占有」が認められなくなるから、占有のない債務者から債権者へは占有が移転できないことになるのである。したがって明渡催告時に債務者の占有が認められたら、明渡しの断行までは、目的不動産の門扉等の鍵交換を行ってしまうと債務者が占有がなくなることにより執行不能となることに注意しよう。競売による引渡執行も同様である。

　(ウ)　債務者からの継続居住の希望

　催告時に債務者から、「溜まった家賃を支払うので、このままここに住ませて欲しい」との希望が述べられることがある。これについては家賃保証会社が契約に関与しているか否かで結論が異なる。

　(A)　家賃保証会社が賃貸借契約で債務者と保証契約を締結している場合

　家賃保証契約で保証の対象となっている家賃は、居住者の退去時を終期としてその額が確定する。明渡執行においても一度明渡しをしないと家賃保証額が確定しないのである。そのため、継続居住のためには一度退去した後、あらためて入居することになると思われる。

　しかし、現実はそういうわけにはいかないようである。というのは不動産の管理を行う管理会社には原則として保証会社が決まっており、目的不動産についても従前の保証会社が賃貸借契約に関与すると思われる。当該保証会社と債務者の保証契約関係は今回の明渡執行において与信がなくなっている

26　**録画**　近時債権者や管理会社などにより、執行場所の執行状況を録画し、動画サイトにアップする事案が散見され、事件関係者のモラルが問われる事態となっている。

ことから、同一の保証会社で賃貸借契約をするのは困難である。また賃貸人としても家賃保証会社を変更してまで債務者と再契約したいとは思わないであろう。したがって、現在は家賃保証会社の関与している明渡執行の事案において継続居住の希望がかなえられることはほとんどないと思われる。

(B) 家賃保証会社が賃貸借契約に関与していない場合

これについては、公営住宅やUR（独立行政法人都市再生機構）の共同住宅が多いと思われる。この場合、家賃滞納額、滞納期間、執行手続の回数、信頼関係などを検討して、滞納家賃を支払うまたは支払う約束をすることで継続居住が認められることがある。しかし執行段階では債務者に賃借権は認められていないのであるから、「溜まった家賃を払えば当然居住できる」と考えないほうがよい。継続居住の可否を決めるのは債権者（賃貸人）であって、債務者（賃借人）ではないのである。

④ 断 行

(1) 占有認定

断行とは引渡しまたは明渡しの強制執行のことである（法168条1項）。ちなみに「断行」という用語は執行規則154条の2第3項に規定されている。この断行は「債務者の不動産等に対する占有を解いて」スタートするので、断行手続は債務者の占有を確認することから始まる。催告時から債務者が占有を継続し、断行時まで債務者が目的不動産を占有していなければ、債権者は債務者から占有を移転することができないからである。占有認定については催告手続に述べたとところと同様である。

断行時に債務者が退去しているときは占有認定資料が見当たらないこともある。その場合に債務者の占有がないとはいえないのである。占有とは客観的な状態だけで決まるものではない。断行時までに占有移転がない以上、債務者は債権者に占有を移転したとはいえないし、債権者が立入りをするまではまだ債務者の占有があると思っている以上、債務者の占有は残されている。

占有が移転したとは、債権者が目的不動産を自由に使用収益できることで

あるから、債務者から債権者に対して鍵を返却し、荷物を搬出した確認をしないと、債権者に占有移転したとはいえないと思われる。したがって、解錠後空き家であることが判明しても、債務者の占有がないとはいえない。執行官は、債権者に占有を移転する旨を告げたり、債務者が立ち入りできないよう目的不動産に施錠措置等を行いその鍵を交付するなどの方法で、債権者に占有を取得させる（条解民執1576頁）ことになる。

(2) **占有移転**

断行の手続は「債務者の占有を解いて……債権者がこれを取得する」ことに尽きる。債務者の占有の移転があったときは、催告から1カ月以内であれば債務者以外の催告後に登場した新たな占有者に対し明渡しの強制執行ができ、占有を移転することができる（法168条の2第6項）。

占有が移転したというためには、断行日以降目的不動産を自由に使用し、債務者等に邪魔されずに使用できなければならない。自由に使用するためには債務者等の動産が残置されていると邪魔になるから、動産は目的不動産（債権者の占有エリア）の外に搬出する必要がある。また債務者等が舞い戻って部屋を開扉できたりすると安心して目的不動産を使用できないから、目的不動産に立ち入りができないよう施錠措置を施す必要がある。荷物の搬出については下記⑤(1)以下に、解錠については(3)に述べる。

なお、目的不動産の占有を取得するためには債権者が執行場所で引渡しを受けることを要するから、断行手続の際は、債権者または債権者代理人は必ず執行場所で立ち会わなければならない。

(3) **鍵交換（施錠措置）**

断行において債権者が占有を取得したといえるためには、荷物の搬出のほかに鍵の交換が求められる。鍵が即時に交換できないときは、ダイヤルキーなどを設置して、施錠措置を講じる必要がある。

強制執行の終了（債権者への占有移転）後、債務者が再び占有しても、債権者はこの強制執行で使用した債務名義に基づいて引渡し等の執行を求めることはできない（条解民執1579頁）ことに注意を要する。だからこそ最後に

新たに債務者が占有を取得しないよう念には念を入れ、債務者が債務者に返却しなかった鍵を利用するなどして再び立ち入らないよう、施錠措置をしておく必要があるのである。

⑤ 目的外動産（残置動産）の取扱い

(1) 保管と売却の区別基準

目的外動産は、取り除いて、債務者に引き渡さなければならない（法168条5項前段）。この規定が目的外動産の取扱いの基本にある。

まず、目的外動産は取り除くことが必要である。目的外動産が目的不動産内に残置されたままだと、債権者は目的不動産を自由に使用できず、占有を取得したとはいえないからである。そのため残置動産を搬出せず（取り除かず）現場で保管する、いわゆる現場保管は原則として認められないことになる（106頁(ウ)）。

つぎに、取り除いた目的外動産は、債権者が自分のものにすることはできないので、債権者が債務者およびその近親者等に対して引き渡さなければならない。債務者等に対し目的外動産の引渡しをしなかったものがあるときは、それを保管しなければならない（法168条6項前段）。そこでどういう場合に保管しなければならないかを考えてみよう。

民事執行法168条5項では「引渡すことができない」と規定しているが、6項では「引渡しをしなかった」と規定している。ここでいう「引渡しをしなかった」とは、引渡しができる見込みがあるのに引渡しをしなかったことを意味する。それに対して「引渡すことができない」とは民事執行規則154条の2においては「引渡しをすることができなかったものが生じ、かつ、（目的外）動産を相当の期間内に（債務者等）に引き渡すことができる見込みがないときは、（目的外）動産を売却することができる」と規定されている。

この「引き渡すことのできる見込み」を債務者の立場から説明したものが引取可能性である。民事執行法は、目的外動産の引渡しをしなかったとき、すなわち債権者が債務者に引渡しをすることができたのに引渡しをしなかっ

たときは保管し、相当期間内に引渡しをすることができなかった、すなわち引渡しをすることができる見込みがないときは、売却することができるとしている。

したがって、目的外動産の取扱いについては、引取可能性があるかどうかが、保管と売却（廃棄）の分水嶺になるといえる。

(2) 引取可能性の判断

引取可能性の判断は、占有認定調査と並行して開始する。まずライフライン調査から始める。電気が無計量、水道・ガスが閉栓されていると居住可能性が低くなるので、おおむね引取可能性も低いと判断できるであろう。それに続いて郵便受や表札の表示の有無、室内の状況などで空き家か、居住しているかを判断しつつ、動産の売却可能性を判断する。

一般的に売却可能性の高いものは引取可能性も認められることが多い。また個人の思い出の品も同様である。部屋も整頓されているか、物が散乱しているかで残置動産への引取可能性も異なるであろう。最終的には執行官の判断に委ねられる。

(3) 目的外動産搬出

(ア) 債務者への引渡し

目的外動産は、債務者に引き渡さなければならない。民事執行法168条5項前段が債権者に債務者へ目的外動産の引渡しをしなければならないと規定したのは、執行現場で債権者が目的外動産を債務者に渡さずに、自分で使用することを禁じたためである。したがって目的不動産から分離できないものを除き債務者が部屋に備え付けたエアコンなども取り外して引き渡すことになる。

(イ) 搬　出

目的外動産は、明渡執行の対象外であり、債務者が退去（断行時を含む）の際に持っていかなければならないものである。保管をするのは債務者が持って行くことができず、引き取る可能性が認められる場合である。

ちなみに目的外動産は債務者の都合で債権者は保管せざるを得なくなった

のであるから、費用をかけて依頼した引越業者と同等の作業を期待することはできないと思われる。裁判所の明渡しの判断が出た後は、債務者は目的不動産を占有する権原がなく、目的不動産に動産類を置いておくことはできないから、自分で搬出しなければならないはずである。したがって壊れて困る物があれば、自分で搬出すべきであり、搬出に際し、債務者が注文やクレームを付けることは認めるべきではない。

執行業者も執行補助者である以上、執行現場において適切な搬出作業を行っているから、破損等のトラブルはそんなに生じてはいないが、執行官が債務者に、破損して困るような物は自分で搬出するよう伝えておくべきであろう。

(ウ) 現場保管

目的外動産は「取り除いて」債務者に引渡しをするから、目的不動産内にそのまま残すこと（いわゆる「居抜き執行」[27]）は想定されていないと解される。したがって原則として断行時に取り除くことのできる目的外動産について現場保管は認められないことになる。

しかし目的外動産を取り除いた後、目的外動産の保管場所をどこにするかについては規定がない。そのため目的外動産がすぐに取り除けないほど大きなものであったり、保管場所における保管が困難なもの（冷蔵保存、生物など）は現場で保管せざるを得ないことがある。これを現場保管という。

執行業者がいないところでは債権者の申出により目的不動産内の残置動産を梱包し、部屋のコーナーなどにまとめておいてそこで保管することが行われることがある。目的外動産の搬出に長時間を要するときなどに認められることが多い。なお債務者の申出による現場保管は債権者に対する占有移転が不完全なものになる可能性があるため消極に解すべきであろう。

搬出・保管費用を節約する理由で現場保管にすることは認められないこと

---

27 **居抜き** 目的不動産内の居住者と目的外動産のうち「居」住者のみを退去させ、動産はそのまま利用することをいう。「居」だけを抜くから居抜きといわれる。飲食店では居抜き物件として動産（什器備品）付きのまま貸借されることがある。

に注意が必要である。ただ目的不動産の所在するマンション等の他の空き部屋に目的外動産を移動させて保管することは認められる。

　なお、現場保管の場合は目的不動産（家屋）の鍵交換は必ず行うことを要する。債務者の物件を保管中の建物に新たに債務者の占有を開始させないためである。

(4)　保管（法168条6項前段）

(ア)　保管場所

　目的外動産の保管は執行場所以外の場所でなければならない。大阪地裁では現場で保管するのは目的外動産が一日で搬出できないなどの事情がある場合である。保管場所、保管人、保管期間は下記の通知書を債務者に交付するか、通知書を封緘のうえ、入口ドアに掲示に連絡する取扱いである。

(イ)　保管期間

　目的外「動産」の保管期間については、やむを得ない事情がある場合を除き、1週間以上1カ月以内を目処としている（法168条5項後段、規114条1項）。これは買受け希望者を募るための公示期間をおくことおよび債務者の引取り等の機会を確保するためである。1カ月以内としたのは手続を迅速に進行するためである（同旨・条解規則下492頁）。

(ウ)　引取り

　目的外動産の引取りは、債務者が行うことを要する。債務者以外の者が引き取る場合は、債務者の委任状が必要である。引取りは原則として平日の午前9時から午後5時までの間、1回で行うことが必要である。また、保管した物はすべて引き取ることを要し、廃棄する物があれば、債務者自ら行うのが原則である。もちろん不法投棄などは絶対に認められない。

　断行時に債務者が立ち会う際は、次の住所等に搬入可能な物のみ保管の対象とすべきであろう。保管人は、目的外動産の引渡し時、債務者から受領書を受取り執行官室に提出する。受取人の身分確認は、免許証などの写真付き身分証明書で行い、印鑑証明書は不要である。転居前の住所の記載されたものに公証力は乏しいからである。

【書式6】 保管場所通知書

令和○年（執ロ）第××××号

お 知 ら せ

○ ○ ○ ○ 様

　貴殿に対する建物明渡執行事件について、本件建物内に存在した残置動産は、執行官が下記のとおり保管していますので、引取期限までに下記保管人から受領してください。

　なお、引き取られる場合は、事前に保管人に連絡のうえ引き取って下さい。貴殿が保管（引取）期限内に受領されない場合は、保管していた動産は民事執行法の手続きに基づいて売却または廃棄することになります。

記

1　保管場所　　大阪市淀川区本町1丁目13－27　3階
2　保管人　　　大阪市北区南天満1丁目1－10
　　　　　　　業　務　補　之　助
　　　　　　　（連絡先　06－1234－××××）
3　保管料　　　■1日当たり　　金　2,000円（※）
　　　　　　　□1カ月当たり　金　　　円
　　　　　　　□無料
4　引取期限
　　　令和○年6月5日午後4時まで（保管場所において）
5　売却（廃棄）期日
　　　令和○年6月6日午前9時以降（保管場所において）
　　　令和○年5月8日
　　　大阪地方裁判所
　　　　　　執行官　執　行　太　郎
　　　Tel　○○－○○○○－○○○○

※　保管物の種類、量により増減する

(5) 売　却

　目的外動産の売却については民事執行規則154条の2第1項で「法第168条5項後段……の規定による売却の手続については、……動産執行の例による」との規定があり、民事執行規則111条～126条に従った売却が行われる。

(ア) 保管・売却の趣旨

目的外動産は保管期間経過後は売却することができ、引渡しができなかったときも売却することができるとされる（法168条6項後段・5項後段）。法が目的外動産の取扱いについて「保管」「売却」のみを規定したのはなぜであろうか。

民事執行法が民事訴訟法から独立した法律として公布されたのは昭和54年である。この頃は中古の動産の取引は広く行われており、大阪では日本橋の電気街の通りの西側に中古専門の電気店が軒を連ねており、道具屋と称する商人が活動していた。物を大切にし、故障すると修理して使い続けるという社会的な潮流も認められた。そのため差押物件や目的外動産を持ち込んで転売することは比較的容易であったと思われる。だから目的外動産もまず保管し、その後売却することで債務者の目的外動産の引取りという手続関与の機会を確保しつつ、資源の有効活用を図ることにより、目的外動産の処分については保管・売却を原則にできたのである。

(イ) 即日売却

民事執行規則154条の2第3項は、（目的外動産について）引渡しができなかったものが生じ、かつ相当の期間内に（債務者等に）引き渡すことができる見込みがないときは、即日当該動産を売却することができる、と規定する。これが即日売却と呼ばれるものであり、売却する価値があるものについて行われている。売却する価値のない（買受人が存在しない）ものについては廃棄されることがある（下記(6)参照）。引き渡すことができる見込みがない目的外動産は保管する必要が認められないからである。即日行われるため、動産の売却時に行われる競り売りの公告（規115条）も不要とされている。

(ウ) 無価値物の売却

動産執行においては、無価値物は差押えをしても取り消すことができるから、執行官は取消しを見据えて最初から差押えをしないことが多いと思われる。差押えができないときは、動産執行は執行不能となり、残置動産を買い受けることができず、当然処分することもできない。

　しかし明渡執行において取り除いた目的外動産は引き渡すことのできる見込みがないときとは債務者の生活実態がない状態であるともいえるから、差押禁止動産という法律上の制限がないと思われる。そこで、搬出の費用を軽減するために、動産執行を申し立て、債権者に残置動産を差し押さえた後に買い受けさせて、後日債権者に処分させることがある。この売却は、①催告時に目的外動産を差し押さえて、断行時に売却する（明渡執行と動産執行の同時申立てが前提）、②断行時に目的外動産を売却する（即日売却）の二つの方法があるが、いずれも買受人がいないときは売却することができない。

(6)　廃　棄

(ア)　廃棄が求められる事情

　1990年代に入ると電化製品については技術革新が進み、衣装や調度のデザインも日進月歩となり、古いものには価値が見出せなくなってきた。またメーカーの保証期間が1年で、部品も長期間備蓄しないようになると、中古品の流通がかつてほど活性化しなくなった。加えて日本人の生来の清潔好きに拍車がかかり、一度他人が使用したものを使うことに抵抗を感じる人が増えたこともあろう。その傾向に拍車をかけたのが、各種感染症の流行だと思われる。感染リスクのある動産を購入する者はほとんど存在しない。このように立法事実の変化により、廃棄を求める声が高まったと思われる。

　現代では「もったいない」と言いながらも、故障するとすぐに買い換える風潮がみられる。そのため中古の動産を大量に買い受けて日本国内で転売することは困難になっていると思われる。査定額がある自動車を除き、売却（保管）場所に第三者が参集することは、ほとんどないのが現状である。古物商も価値のある動産のみを扱い、執行現場の残置動産には興味を示すことはほとんどない。とすると、売却できないときは永遠に保管するか、廃棄するしか方法はないように思われる。

　ところが廃棄については条文上「廃棄」の文言がないことを理由に、不要な物も含めて売却する（執行業者に買い取らせる）取扱いもみられるようである（基本法コンメ440頁）。しかしゴミに等しい不要物を買い受けた買受人は、

その売却物件を使用することはなく、買受人の責任で転売したり廃棄したりしているのが現実だと思われる。しかしどこにでも廃棄してもらっては困るため債権者には中間処分場に持ち込めるための廃棄物の分別作業ができる業者（買受人）の選定が求められるのである。

　(イ)　無価値＝廃棄ではない

　一般に残置動産に価値がないときは廃棄と考える人が多い。しかし、価値があるかないかというのは個人的な判断であって、一般人からすればゴミとしか思えないような物でも、無駄な物に囲まれて暮らすのが幸せと感じる人も存在する。執行官の現場感覚からは、人はどんな環境でも生活できる逞しさを備えているといえ、それが執行現場での共通認識である。目的外動産に客観的な価値が認められないからといって、最初から廃棄を前提に目的外動産の取扱いを考えることはできない。

　目的外動産の処分については、常に引取可能性の有無から考えていく。それは、民事執行規則154条の2第3項において、目的外動産について引渡しができなかったものが生じ、かつ、相当の期間内に引き渡すことのできる見込みのないときは、売却することができると規定しているからである。「できる」という法文は"must"ではなく"can"であるから、できなければしなくてもよいと読むことができる（行政法の世界ではそのように解釈される）。売却が"must"であれば、民事執行法168条6項と同様に「売却しなければならない」と規定するはずである。

　そして引き渡すことのできる見込みがないということは、債務者の立場からは引き取ることができないことを意味するであろう。そこで、引き取ることができるかできないか、すなわち引取可能性[28]の有無が目的外動産の売却の要否の基準になると思われる。

28　**引取可能性**　筆者が担当した案件で、目的外動産には引取可能性がないと思われ、外観上も不要品としか考えれないことから、催告時には目的外動産は廃棄だと考えていた。ところが断行日に執行場所に臨場してみると、部屋の入口に「保管をお願いします」の書面があったため、引取可能性を認めざるを得なかったことから保管したことがある（ただし、保管費用は最終的には債務者の負担になる可能性があることに注意したい）。

(ウ) 廃棄処分

大阪地裁本庁では、以上の思考プロセスを経て、執行官が廃棄処分できるかを検討する。廃棄処分をする際には執行補助者である執行業者（大阪においては債権者の依頼した業者であることが多い）が廃棄物の処理について資格（121頁「One Point Lesson」参照）を有していることが廃棄を認める条件としている。これにより適正な目的外動産の処分ができることになると思われる。

廃棄物の取扱いについては廃棄物処理法という法律が存在する。目的不動産から搬出される動産は住民（債務者）が出す生活ゴミと異なり、産業廃棄物とされている。産業廃棄物は中間処分場への持ち込みが義務づけられ、そのためには21種類の分別を行う必要がある。そこで、大阪地裁では執行業者の選定は、廃棄物を中間処分場に持ち込む資格のある業者に限定して、債権者に注意を促している。

まとめると、目的外動産の取扱いは保管・売却が原則であることを前提としつつ、目的外動産を引き取る可能性があれば保管し、引取可能性のない物で高価品でない物を即日売却対象とし、保管物件を含め、売却できないときに廃棄できると考えることができよう。

したがって、まず「廃棄ありき」で執行手続を考えるのではなく、廃棄は本来条文の根拠のない例外的な取扱いであることを理解したうえで執行官と相談して、手続を利用したい。

6 不動産引渡し

(1) 現況調査（引渡命令）

(ア) 代金納付後のスケジュール

競売手続において買受人が落札代金を納付すると不動産の所有権が移転し、債務者（占有者）との交渉が可能となる。賃借人（第三者）は抵当権設定より前に入居していないと、明渡猶予期間（民395条）を経て、引越しをしなければならない。任意の引渡しがないと引渡命令を取得して、引渡執行

の手続を求めていくことになる（法83条）。

(イ) 目的不動産への立入り

目的不動産を債務者等が占有しているときは、目的不動産は「人の住居」（刑法130条）であり、買受人が所有権の取得を根拠として、債務者等の許可なく立ち入ることは、「正当な理由」がないと思われる。したがって相手方が拒絶している場合は、自分に所有権があっても立ち入ることができない。

(ウ) 債務者との交渉

以上を前提に債務者との引越交渉を行うことになる。

(2) 引渡命令申立て

引渡命令申立てについては大阪地裁第14民事部と執行官室で案内書を作成しているので〔参考資料〕の引渡命令案内書を参照されたい。

(3) 目的外動産

引渡命令は、債権者（買受人）と債務者（所有者または占有者）間に契約関係がなく債務名義上の債権が発生しない。そうすると金銭債権を前提とする動産執行ができないので、債権者が目的外動産を差し押さえて、自分で買い受けることもできない。したがって買受人は、目的不動産内の目的外動産は取り外し・搬出ができるときは、取り外して債務者に引き渡さなければならない。通常エアコンなどの設備は目的外動産に附合したといえないから、取り外して債務者に引き渡すか、引取可能性があるときは保管・売却または廃棄し、引取可能性がないときは売却または廃棄することになる。

〔参考資料〕 引渡命令案内書

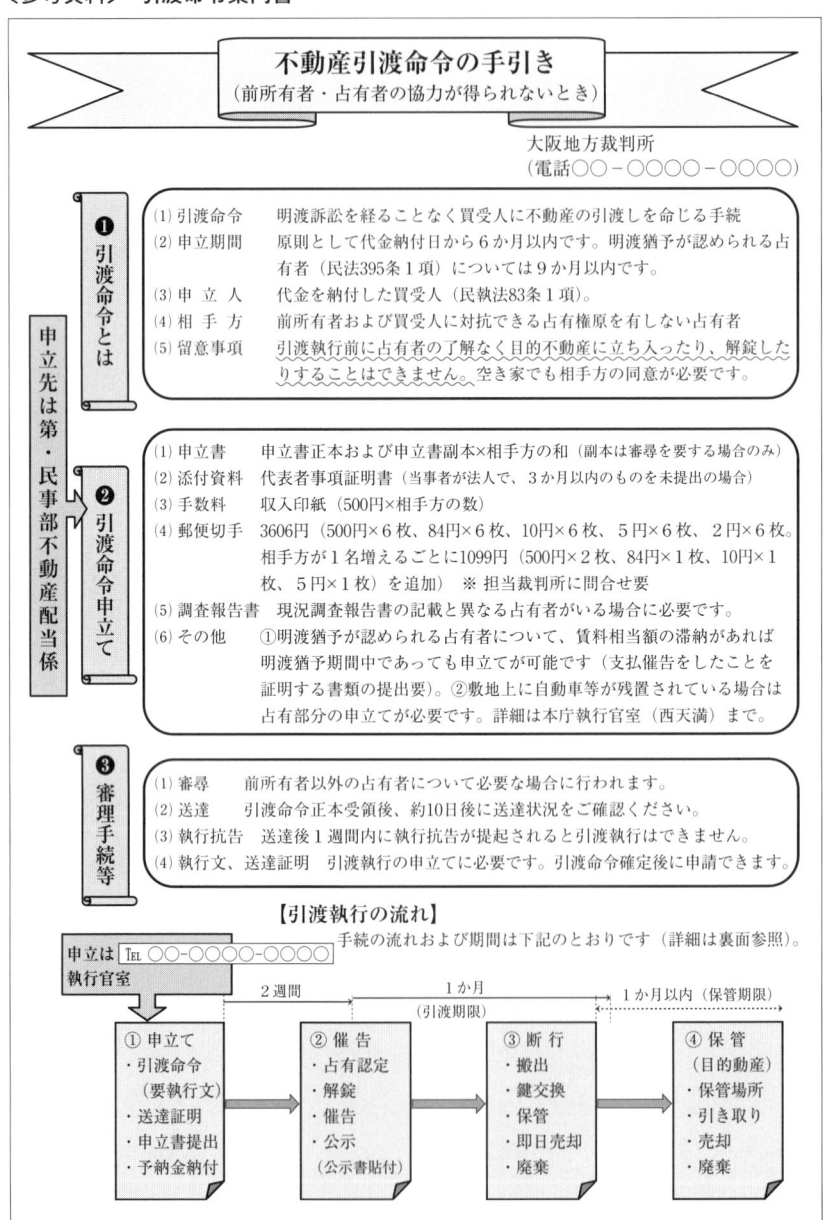

（問合せ先　執行官室　電話○○-○○○○-○○○○）

① 引渡執行申立て		
	(1) 申立書類	申立書1通（債務者（相手方）ごと）、当事者目録3通、物件目録4通。
	(2) 添付書類	不動産引渡命令正本（執行文が必要です）、送達証明、委任状（代理人）、資格証明（法人等）等
	(3) 予納金	1債務者1物件について6万円（1物件増えるごとに4万円追加。印紙、郵券は不要）です。 ☞ 申立書に使用した印鑑は、予納金手続、取下等にも必要です。
	(4) 添付資料	競売手続の現況調査報告書（写真は白黒でも可）の写しを合わせて提出してください。
	(5) その他	①解錠、目的外動産の搬出・保管必要は別途費用が必要です。②執行場所が住居の場合、債務者不在時は立会証人が必要です。③申立書の物件所在地は、登記上の地番ではなく住所地をお書きください。

② 催　告		
	(1) 占有認定	目的物件を特定後、債務者の占有を確認します。
	(2) 解　錠	合鍵がない場合は、解錠業者の手配が必要です。
	(3) 催　告	債務者に断行日を告知し、その前日までに引っ越すように伝え、催告書を交付、差置きします。
	(4) 公　示	第三者が占有しないように、目的不動産内に公示書を貼付します。
	(5) 引渡期限	催告した日から1か月後の、債務者（占有者）から占有者が交替しても引渡執行が可能な期間です。
	(6) 断行日	断行日は引渡期限より手前の日を指定します。引渡期限を延長する場合は裁判所の許可が必要です。

③ 断　行		
	(1) 占有移転	断行時に債務者の占有を解いて、債権者（申立人・買受人）に占有を取得させます。
	(2) 占有取得	申立人が占有を取得するためには、建物内の荷物搬出とその後の管理のために鍵の交換が必要です。
	(3) 目的外動産	不動産内部に目的外（残置）動産があれば債務者に引渡しが必要です。申立人の所有にはなりません。
	(4) 保　管	債務者に引渡しができなかった場合は、執行場所以外の場所に保管します。
	(5) 即日売却	目的外動産を債務者に引渡せる可能性がなく、換価価値がある場合には、即日売却することがあります。
	(6) 廃　棄	換価価値がない場合は廃棄します。目的外動産を廃棄する場合には、廃棄物処理の資格が必要です。

④ 目的外動産等の保管売却		
	(1) 保管場所	事前に保管人（連絡先）、保管場所の上申書の提出が必要です。保管費用は申立人の負担です。 現場保管は債務者の占有を解いたことにならないので、原則として認めておりません。
	(2) 引取り	債務者が目的外動産を引き取るときは身分確認の上受領書に署名し、受領書の提出が必要です。
	(3) 売却・廃棄	保管（引取）期限経過後は保管場所で売却または廃棄します。それらの費用は申立人の負担となります。
	(4) 残置自動車	自動車の換価価値を確定するため査定協会による査定が必要です。普通乗用車に換価価値があれば、自動車競売の申立費用が必要となり、保管場所も必要です。軽自動車は（目的外）動産として扱われます。

7 建物収去土地明渡し

⑴ 建物収去土地明渡しとは

　土地の所有者が借地上の建物の所有者に対して建物を解体し、土地を更地にして明渡しを求める手続である。建物の占有者（賃借人等）に対する請求は建物退去土地明渡しという。近時所在等不明所有者（共有者）の存在により、空き家が増え、申立ての問合せが多くなっている。手続の流れについては以下のとおりであるので、おおよそのイメージをもっていただきたい。ちなみに執行官は執行場所に3回は臨場（①②③の3回）することがわかるであろう。

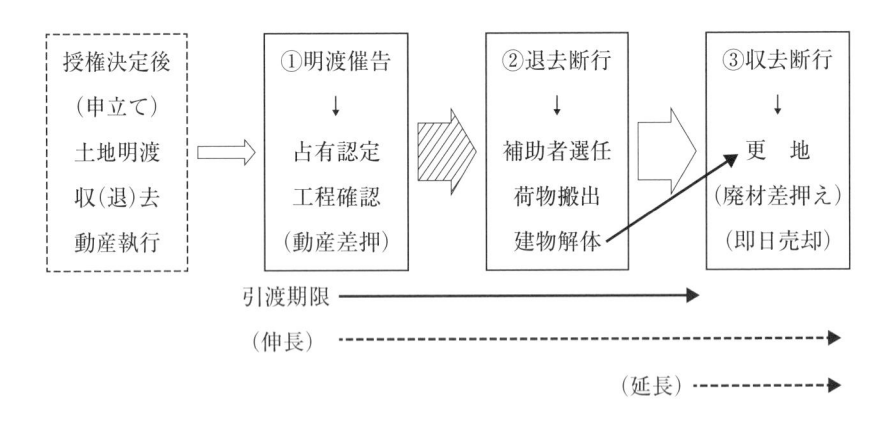

⑵ 建物収去土地明渡執行の準備

㋐ 解体業者の手配

　建物収去土地明渡執行の本体は土地明渡しである。したがって更地にすることに意味がある。更地にするためには建物を解体する業者の存在が不可欠であるから、建物を解体できる業者の手配が必要である。解体業者は後述のように、近隣とのトラブル防止措置をとることのできるスキルのある業者が望ましい。

　⒜　執行業者の手配

　解体業者において搬出・保管業務が担当できない場合は、搬出等業務ができる業者の手配が必要である。長期不在や所有者死亡の場合は室内に遺骨や位牌が残されていることがあるので、それらを適切に保管・処置できる業者の選定が求められる。なお、目的建物が朽廃家屋であり、内部も朽ちて残置動産の状態も劣悪なときは、執行官と相談のうえ、解体と同時に処分することも考えられる。

　⒞　授権決定の申立て準備

　建物収去土地明渡執行においては、債務者が行うべき収去を執行官が行うのであるから、授権決定の申立ての準備が必要である（下記⑶）。

　⒟　申立書

　書式は明渡しと同様であるが、土地明渡執行の債務名義は判決であり、建物収去執行の債務名義は授権決定であるから、それぞれ別個の申立てが必要であり、債務者複数の場合と同様に申立書も個別に作成する。大阪地裁の予納金は土地明渡しについては6万円（1名増加すると4万円追加）であるが、建物収去の予納金は6万円で、債務者が増えると申立書は増える（債務者ごとに事件番号が付される）が、追加の債務者については予納金は不要である。

⑶　授権決定

　⒜　代替執行

　代替執行とは債務者が代替的債務を履行しないときに、授権決定に基づき、債権者が第三者（執行官）に債務の内容を実現させることをいう（法171条1項1号）。代替的債務とは債務者以外の者でも債務の履行が可能な給付である。この代替的債務を債務者に代わって履行する（させられるといったほうがよいかもしれない）ことのできる「権」限を第三者（執行官）に「授」けることを授権というわけである。建物収去土地明渡しの目的は建物を解体して、土地を更地にすることである。債権者は土地の明渡しは自ら行うことができる（民訴168条）が、建物収去における収去義務者は建物所有者である債務者であるため、債務者に代わって収去する権限が必要だからである。

　なお、この執行方法は債務名義が判決であるときに限られ、不動産引渡命令（法83条）については民事執行法171条の適用の余地はないとするのが判例である（名古屋高決平成13・2・28判タ1113号278頁。上原敏夫ほか編『民事執行・保全判例百選〔第2版〕』146頁）。

　㈠　集合家屋の一部の建物収去における隣家の同意がない物件

　長屋住宅においては、隣家とは仕切り壁でつながり、柱を共有していることが多い。そのような長屋住宅の一部を収去すると隣家の構造に影響があり、使用できなくなる可能性がある。そのため収去の際、隣家と接している壁面について養生がなされる必要がある。養生の際には、工事方法、次期および時間帯、完成後の状態の説明等、隣家との同意および調整が必要である。

　執行裁判所に対して授権決定の申立て時に隣家の同意書が必要か、執行開始時に同意書が必要かは各庁の取扱いによるので確認が必要である。

　㈡　建物収去と建物退去

　収去とは土地上から土地に固着している建物等を取り除くことをいう。退去とは建物に対する債務者の占有が排除された状態をいい、債権者に現実の支配を所得させることを含まない（条解民執1572頁）とされる。借地契約が終了し、借地権者（借地借家法2条1項2号）である債務者が土地を明け渡さないときは、土地上の建物は債務者の所有であるから、債権者は建物の処分をすることができない。債務者は建物の収去義務は負うが、債権者に対する建物の占有移転をするわけではないから債務者が建物から退去しただけでは建物を債権者に引渡しができず、退去後の建物が残ったままになってしまうのである。そこで建物を解体（収去）して目的土地の引渡しを受けることになる。そのため建物退去土地明渡しの債務名義（判決）では退去後の建物について放置せざるを得ない（授権決定ができない）から、建物退去土地明渡しは建物収去土地明渡と同時に行う必要があるとされている（条解民執1572頁、ただし基本法コンメ438頁）。[29]時折、建物退去土地明渡しの本案判決（債権

29　基本コンメ438頁は「退去義務に関する上記の伝統的な理解も検討の余地があろう」としている。私が目にした判決でも収去義務者の存在しない建物退去土地明渡しを認めたものが散見される。

者地主、債務者借地上の建物の賃借人）に基づいて執行申立てがなされるが、上記の理由および借地人である建物所有者の執行に服する旨の意思確認も通常困難であるから、占有移転である明渡執行は行うことができず、執行不能となる可能性があろう。

⑷　催　告

建物退去の催告である。手続は明渡催告（法168条の２）と同様である。特に朽廃家屋の場合は、建物の損傷がないよう立入りに注意する必要がある。

催告後退去断行日の約１週間前には、債権者から建物解体に向けての工程表と現場責任者の氏名および住所の上申書の提出が求められる。現場責任者は解体工事によって生活に影響を受ける近隣住民に対し、工事内容の説明（工期、工事時間帯、養生の方法など）を事前に行わなければならない。

⑸　退去断行

㋐　残置動産の搬出・保管・廃棄等

目的土地上の建物を解体するためには、建物内の残置動産の処分を考える必要がある。搬出・保管については明渡執行と同様に考えればよい。退去の断行から収去の断行まで期間を要するため、当事者恒定効のある１カ月の期間が徒過する可能性がある。そのときの対処法は次のとおりである。

①　最初から引渡期限を延ばしておく（これを「引渡期限伸長」という）

②　退去の断行時に引渡期限を延長し、再度公示を行う（引渡期限延長）

③　退去の断行後、建物を解体するので、退去断行後解体中に土地建物の占有者が変更できる状態にないから期限の延長は不要と考える

①ないし③のいずれが正しいというのではなく、建物収去土地明渡執行手続の個別の案件の特徴（裁判所の対応、当事者の性格等）に応じて考えればよいと思われる。

㋑　執行補助者の選任

退去が完了すると、建物の解体が開始されることになる。断行であるから、原則として目的外動産の搬出は必要であるが、鍵交換は建物を解体するので必要がない。そのため立入りできないように扉を板塀で打ち付けるな

ど、立入りができないようにすれば足りる。例外的に収去建物が朽廃家屋で債務者が行方不明等のため目的外動産の引取可能性が認められず、換価価値がなく廃棄が認められるときは、執行官の判断で残置動産の搬出を行わず、退去執行と解体工事を同時に行うことも考えられよう。

解体工事は数週間以上におよび日数を要するから執行官は解体工事中立会いを継続することができない。そのため解体工事の責任者を執行補助者として選任し、現場において執行補助者選任証明書を交付し、その任にあたらせることも行われている。

(6) 収去断行

建物を解体（収去）して、更地にすることをいう。建物の解体工事で生じた廃材は、換価価値の有無で手続を振り分ける。鉄骨や希少木材など価値がある（スクラップ工場などで換価できる。1kgあたり30〜40円程度）ものは、あらかじめ動産執行を申し立て、スクラップを差し押さえて債権者等に売却することができる。朽廃家屋や汚染建物など建物の換価価値がないと判断できれば廃棄することになるであろう。

(7) 引渡期限延長の要否

退去催告時に定められた引渡期限が退去断行（収去執行）中に経過することから、引渡期限を伸長（催告時に引渡期限をあらかじめ延長する）または退去断行時に延長して再公示および再催告が必要かという問題である。これについては、①引渡期限までに収去に着手していれば完了まで引き続き当事者恒定効が継続するので不要とする考え、②収去中に占有が移転することは現実的でないから引渡期限の延長は必要でないとする考え、③収去中の占有移転も想定できないはわけではないから延長が必要であるとする考え、がある。念には念を入れる③説にも理由があると思われるが現実的ではなく、不要説でよいと思われる。収去時に占有移転が疑われるようなレアケースは、事案に即した対処を考えれば足りるであろう。

One Point Lesson

目的外動産の取扱いの会話例
（研修会場にて）

〔Ｔ：（法律事務所事務員）　Ｍ：（執行官）　Ｌ：（法学部生）〕

Ｔ：残置された動産を処分するにはどうしたらいいのでしょうか。明渡執行をすれば残置動産は処分できると思っていたんですけど……。

Ｍ：そうです。家主さんに部屋を引き渡すにはまず取り除いて搬出しないといけないということになっていますね。

Ｔ：見る限り全然価値があるようには思えないのですけど、こういう物は、全部処分できないのですか？

Ｍ：それは相手方（債務者）が引き取ってくれるかどうかで決まるんですよ。

Ｌ：それってどういうことですか？　無価値なら廃棄できるんじゃないのでしょうか。

Ｍ：こういう残置物は目的外動産というのですけど、まず目的外動産は相手方に引き渡さないといけません。廃棄という言葉は条文にないですからね（法168条5項）。

Ｌ：債権者が勝手に持っていったり、廃棄してはいけないんですね。

Ｍ：そうなんだよ。そのうえで、引渡しをしなかった物があるときは保管しなければならないことになっているんです（法168条6項）。

Ｔ：だったら、目的外動産はすべて保管になるわけですか？

Ｍ：そうではないですよ。法律には目的外動産を「引き渡すことができないときは、……売却することができる」と規定されているんです（法168条5項後段）。

Ｔ：さっきの条文（法168条6項）は「引渡しをしなかった」ですよね。

Ｌ：今度は「引き渡すことができない」となってますが、何か違うのですか。

Ｍ：「引き渡すことができない」とは「引き渡すことのできる見込みがないとき」という意味なんですよ（規154の2第3項後段）。

Ｌ：もう少しわかりやすく言ってください。

Ｍ：債権者の立場からいうと、債務者に目的外動産の引渡しがしたくてもできない。債務者の立場からいえば引き取る見込みがない、つまりは引取可

能性がない、ということになるのでしょうね。

T：引き取る可能性がないなんて、どうしたらわかるのでしょう？

M：催告の時に、ライフライン（電気メーター無計量、ガス閉栓）、郵便受けに郵便物が滞留、室内に臭気がこもっている、埃が目視できる、カレンダーや郵便の日付がかなり以前のもの、賞味期限切れの食品しか残っていない（ちなみに通電されていない冷蔵庫は催告時は開けないほうがよい。開扉して内部から大量の害虫が出てきたことがある）などの事実や、管理人が債務者を最近見かけない、などの説明を基に判断することになりますね。また、断行時に無施錠で、鍵が残置されていたり、引越しをした跡があり、後で取りにきそうにない物ばかりが残されているとき、などでしょうか。

L：なるほど。そういう状況ならまず取りにくるとは考えにくいですよね。で、保管して売却することになったとき、たとえば臭気のこもった部屋や多数のペットのいる部屋などの残置動産など売却することができるのでしょうか。

M：売却することが「できる」だから、売却しなくてもいい場合もあるわけですよ。引渡しをしなかったときは保管しなければ「ならない」という規定（法168条6項）と対比してみると違いがわかるよね。

T：売却しなくていいときってどんなときをいうのですか？

M：そこは価値がないというのがほとんどでしょうね。売却することができないときは、処分するしかないと思います。

L：処分って、廃棄ということですか？

M：売却しないでいいということになるから、廃棄することになるでしょうか。

L：廃棄って誰でもできるのですか？

M：誰でもできるというわけにはいかないでしょうね。まず住人（債務者）なら生活ゴミとしてゴミ捨て場に持ち込むことができるんですけど、住人以外の者が廃棄する目的外動産は生活ゴミでなく、産業廃棄物という扱いになるのです。

L：いきなり一気にハードルがあがりますね。産業廃棄物なんて誰でも処理できないんじゃなかったですか？

M：そう。産業廃棄物はどこでも捨ててもらっては困るので、中間処分場に持ち込んで処理してもらうことが必要なんです。その中間処分場に持ち込むためには持ち込む人が中間処分場との取引があることが必要で、その取

引を前提に廃棄物の運搬資格が認められることになるんですね。だから普通の引越業者や友人等のお手伝いでは廃棄できないものがあると思います。

T：じゃ、どうしたらいいのですか？　廃棄できないと困るんですけど……。

M：費用はかかりますけど、いわゆる執行業者というところに頼むことが多いと思いますね。

T：それって裁判所で登録している業者さんなのですか。

M：いや、大阪地裁は業者の登録制度はとっていないのです。債権者の取引関係を尊重して、基本的に業者の選定は債権者に任せていますよ。

L：裁判所によっては、法律には保管、売却しか規定されていないからという理由で、廃棄できない取扱いのところもあると聞きました。

M：それはそのとおりですけど、売却することが「できる」だから"must"ではないんです。価値のないものは売ることができないんですから廃棄するしかないのではないかな。しかも売却できない物はいらない物ということになると思うので、必要のない物を売却して、買受人に廃棄物処理場以外の場所に不法投棄される可能性も否定できませんね。

L：執行官が廃棄する場合は、不法投棄の危険はないのですか？

M：執行官が債権者が利用する執行業者に廃棄物の中間処分場への持込資格があるかを確認しているので、この資格があれば不法投棄はしないと思いますよ。持ち込むためには全部で21種類にも及ぶ分別を行って処分場に持ち込みを認めてもらわないといけないんです。その分別をするには多大な労力と高度なスキルが必要だと思いますよ。

T：遺骨、位牌というものが残されていたらどうするのですか？

M：こういうものは売ることも、処分することもできないので、執行業者が何カ月間か事実上預かって、その後、お寺に供養に出しているのが実情だと思います。それができるのが執行業者ということになりますね。

L：自分でできたらいいのにね。お金もかかることだし……。

M：喩えると目的地に行くのに、新幹線を利用するか、各駅停車を利用するか、徒歩で行くか、ということでしょうね。

T：不動産を所有するということは、手間と時間だけでなく、維持費もかかるものなんですね。

建物収去執行における近隣への配慮

　建物収去執行で、筆者が特に気をつけていたことをお話ししたいと思います。収去は解体工事を伴うので、近隣との利害調整が非常に大切です。事前に工事の挨拶に行って説明ができないと、新たな紛争が生じてしまいます。裁判所も授権決定発令の条件として隣家の同意を求めるなど相隣関係に配慮する姿勢を示すことがあります。このため目の前の目的物件だけでなく、近隣の方の生活や利益にも配慮できる業者（補助者）を選ぶことが大事なのです。

　弁護士からもしばしば「建物収去土地明渡しの執行申立てをする場合の留意点」について相談されることがありました。以前、いわゆる棟割長屋の三戸一棟の真ん中の収去という事案のときは、次のようなアドバイスをしました。

　「真ん中を抜くことになりますから、両端の居住者の生活に支障が出てはいけないので、事前に収去後の建物保全（養生）について話をしておく必要があります。裁判所によっては隣家の同意がないと授権決定を発令しない例もあるようです。この点は執行官も確認します」

　「通常の明渡執行とは違うのですね」

　「明渡しが搬出保管にとどまるのに対して、建物解体工事がありますので、通常の執行業者とは異なるスキルが求められます。丁寧な作業はもちろんですが、近隣に配慮してトラブルを防止できる業者が適任です」

　「搬出保管業者と解体業者は別々の業者でもいいのですか」

　「はい。ただ搬出保管業者が解体業者を手配することが多いでしょうね」

　「どれくらい時間がかかるのでしょうか」

　「業者が工程表を退去の断行までに提出しますので、その内容次第です。物件の規模だけでなく場所や道路状況によっても変わります」

　「執行官は解体工事中ずっと立ち会うのですか」

　「収去の執行補助者を選任して、その補助者が立ち会うのですが、進行を確認するために現場の確認に行く執行官が多いと思います」
といった感じです。イメージしていただけましたでしょうか。

第5章

動産執行

はじめに

　動産執行申立てにおいては、しばしば債権者または代理人弁護士から「とにかく差押えをしてほしい」と言われることがある。差押えをすることで債務者に心理的圧迫を加えて、弁済を促すことが狙いだと思われる。しかし差押えをするためには後述する三つのハードルがあり、加えて差押物件を買う人の存在が不可欠である。また解錠費用や差押動産によっては搬出費用も別途必要となる。簡易に利用できると思われがちな動産執行だが、意外と考えるポイントが多い手続である。

　本章での動産執行についての解説を通して、裁判手続を選択する際に、どのように債権を回収するかの参考にしていただければと思う。

① 動産執行の概要

(1) 差押え＝換価ではない

　動産執行は、差押え⇒換価（競売⇒買受け）⇒配当と手続進行するが、そのうち買受けがポイントである。差し押さえただけでお金に替わるわけではない。「競り売り」は買い手があってこそ売買になる。買い手がなければ債権者が買い受ける気持が必要である。買受けの気持がなければ、買受人が参集しないときは、差押えが中止されることになる。差し押さえただけではお金に替わらないということを念頭に置いていただきたい。

(2) 債務者の利益

　民事執行規則100条は「執行官は差し押さえるべき動産の選択に当たつては、債権者の利益を害しない限り、債務者の利益を考慮しなければならない」と規定している。強制執行とは債務者の財産を差し押さえることであるから、債務者の利益を考慮することは矛盾するとも考えられる。しかし強制執行は債務者の動産は差し押さえても、債務者の生活を奪う手続ではない。そこで差押禁止動産の規定など、債務者の利益に配慮した規定を設け、動産差押後の債務者の生活が「健康的で文化的な最低限度の生活を営む権利」を

侵すことのないよう、配慮する必要がある。ただしこの100条は差し押さえるべき動産の選択についての規定であり、引渡執行には適用はない。

(3)　動産執行の流れ

動産執行の流れをまとめると、おおむね以下のようになる。

[図3]　動産差押手続のフローチャート

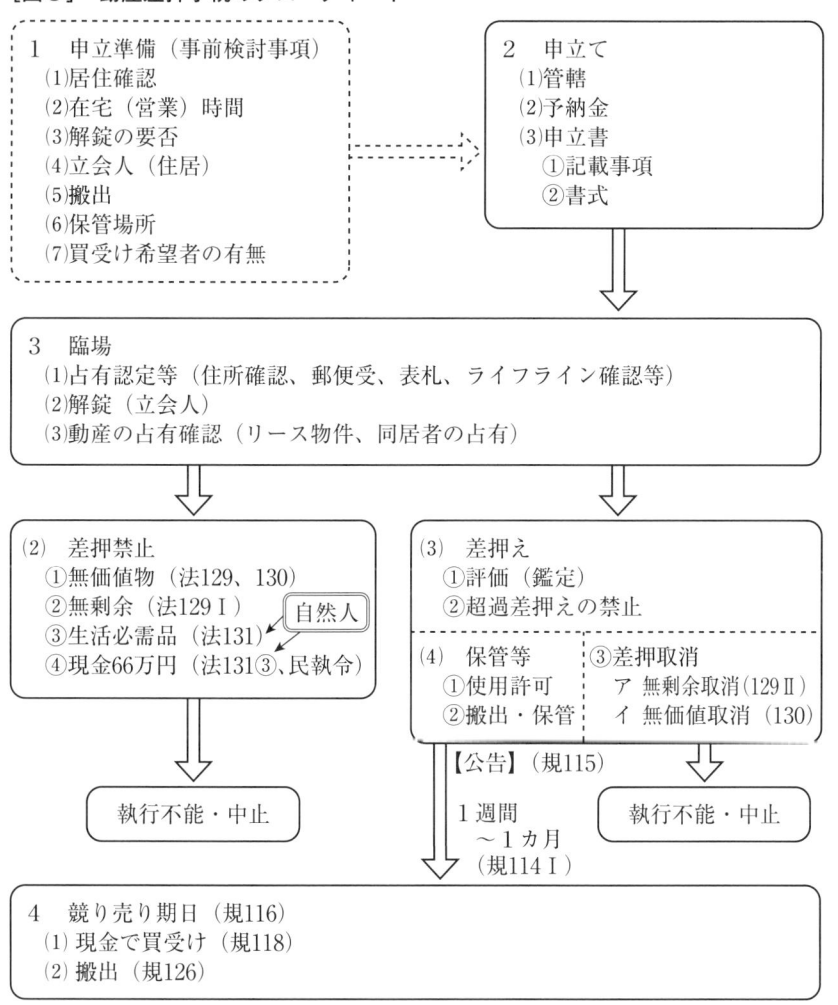

② 動産差押えの準備および申立て

⑴ 動産差押えの準備

㈠ 居住確認（在宅および営業時間調査）

動産執行時に債務者が在宅しているかどうかは執行官には不明であるから、臨場前に債務者の在宅時間を確認する必要があれば、債権者がこれを調査する必要がある。軽自動車の駐車時間も同様である。

㈡ 差押動産の選定・査定

動産執行は債務者の占有する動産について差押えが行われる。占有する動産であるから、債務者の占有下にあると認められる限り、差押えは可能である。この場合、名義上の世帯主[30]にかかわらず、実質的に建物の主要な使用者であるかどうかを判断する必要がある。債務者以外の者が生計の主体である場合は、その者の同意がないと立入りは困難である。同意を得て立ち入った場合も、債務者の居室内のみが債務者の占有下にあるといえよう。債務者が建物の主要な利用者である場合も、同居の家族がもっぱら使用占有していると認められる物は差押えの対象とならないであろう（提要83頁）。

このような取扱いになるのは、債務者以外の第三者（共同占有者等）は債務名義取得の手続に関与する機会が確保されなかったからである。手続に関与していない者に債務名義上の不利益を負担させることはできないのが原則である。

差し押さえるべき動産が債権者において特定可能であれば、臨場前に執行官に対して情報提供が必要である。執行官が宝石、貴金属、書画骨董、精密機械などの高価品を差し押さえた場合は、評価人を選任し、差押物の評価をさせなければならない（規111条1項）。高価品でない場合も、真贋が不明であるとか、価格について関係人の意見が著しく異なるときなどは、執行官は

---

[30] **世帯** 社会生活上の単位として住居および生計を共にする者の集まりをいい、この生活を支えている者が世帯主である（最高裁判所事務総局民事局監修『執行官事務に関する協議要録〔第4版〕』139頁）。

評価人を選任し、差押物の評価をさせることができる（規111条2項）。差押動産が大型機械、特殊（部）品、など執行官が選任する評価人では評価が困難なときは、債権者の推薦による評価人によることもできる。

　なお、所持、販売、取扱い等について主務官庁の許可を必要とする拳銃、刀剣類および火薬類を執行官が差し押さえて保管することは許されている。[31]

　　(ｳ)　解錠技術者の手配（立会証人）

　執行官は差押えをするに際し、債務者の住所その他債務者の占有する場所に立ち入り、その場所において、または債務者の占有する金庫その他の容器について目的物を捜索することができる（法123条2項前段）。必要があるときは閉鎖した戸および金庫その他の容器を開くための必要な処分をすることができる（法123条2項後段）。債務者が動産を占有する場所が施錠され、債務者が不在のため立入りができないときは、「必要な処分」として、債務者に対する門扉の解放の要請、技術者（執行官規則12条）による解錠をすることができる。戸扉の破壊は必要な処分とする考え方もある（基本法コンメ（初版）329頁）が賛同できない。戸扉の破壊には修復も含め時間がかかるうえ、元の性状、品質を維持できるか疑問であり、債務者の手続後の近隣関係に重大な影響を及ぼすのものあって、執行手続後の債務者の生活・営業を困難にする可能性があるからである。ちなみに基本法コンメでは、戸扉の破壊にはふれられていない。現在の動産執行においては戸扉の破壊という選択肢はなかったものと思われる。

　債権者が解錠立入りまで求めないときは、その旨を申立て段階で申述しておくとよい（「第9章　書式集」①(1)申立書の中の「付随申立て」（231頁）の4の要・否の否を選択するか、別途【書式7】上申書（131頁）を提出する）。

　　(ｴ)　差押動産の搬出・保管（執行業務補助者の手配）

　差押えから売却（競売期日）までは1週間から1カ月の期間（規114条後段）があるため、差押動産の価値が維持されるように保管しなければならない。債務者に差押動産の使用を許可（法123条3項前段）しないときは、当該動産

31　銃砲刀剣類所持等取締法3条1項1号、火薬類取締法21条（提要102頁以下に詳しい）。

を搬出・保管する必要があるので、その手配・費用が必要である。そのとき執行業務補助者を利用する場合には、さらに費用が必要である。

(オ) 買受希望者の有無の確認

債権者が差押動産の換価を希望する場合、市場に流通の可能性が少ないなど、動産の種類によっては換価が困難なものも存在する。そのときは債権者に買受け希望者を連れてきてもらうなど、執行官が債権者に対し、動産執行が不能にならないよう協力を求めることがある。買受け希望者が見つからないときは、債権者に買い受けてもらうことが多いと思われる。

(2) 申立て

(ア) 管　轄

執行官は所属の地方裁判所の管轄区域内においてその職務を行う（執行官4条）。したがって職務を行う場所が所属の地裁の管轄内であることを要する。支部については管轄ではないが、本庁支部設置規則により事務分掌の定めがあり、担当区域が定められている。

(イ) 予納金

大阪地方裁判所本庁においては債務者1名、執行場所1カ所について3万円である。他の裁判所については、それぞれの執行官室に問い合わせをしていただきたい。

(ウ) 申立書

申立書の書式は「第9章　書式集」①(1)（230頁）のとおりである。なお、大阪地裁本庁では債務者ごとに個別に申立書を作成することが必要である。

(エ) 買受けの意思

買受人が存在しない場合、債権者（代理人）が差押物件を買い受ける意思があるかを確認する。買受け希望者がない場合、執行取消しによる債務者の利益を考慮するためである（規100条）。

(オ) 解錠を希望しない場合

債権者が解錠せず（解錠費用を負担しない）、債務者の住所地に立ち入ることなく事件を終了させることもある。解錠費用は国庫で負担しないので、結

果として執行できないこととなる。解錠を希望しない債権者は次の上申書を利用するなどして執行官室に申し出ていただきたい。

【書式7】 上申書（解錠を希望しない場合）

令和　年　月　日

　　○○地方裁判所 執行官　殿

上　申　書

　　申立人（債権者）
　　申立（復）代理人　　別紙当事者目録（執行申立書）記載のとおり
　　相手方（債務者）

　　上記当事者間の○○地方裁判所令和　年（執イ）第　　　　号動産執行事件において、債権者は下記のとおり上申します。

記

1　執行場所に臨場し、債務者が占有する建物が施錠されていた場合、解錠技術者による解錠は求めません。
2　執行官が執行不能の判断をした場合において、上記判断の結果通知は調書送付の方法でお願いします。執行（不能）調書送付前における債権者への執行結果の連絡は不要です。

　　住　　所

　　申立人（債権者）　　　　　　　　　　　　　　　㊞

③ 臨　場

⑴　債務者の「占有」する動産

㋐　占有の意味

　民事執行法123条1項は「債務者の占有する動産の差押えは、執行官がその動産を占有して行う」と規定する。「占有」とは動産に対して事実上の支配を及ぼしている状態をいう。事実上の支配であるから、所有する必要はなく債務者が、他人から預かっている物でも占有はあるとされている。事実上の支配とは他人の関与を排して債務者だけが動産を利用できることである。

　執行場所で「これは人の物です」と債務者がしばしば主張することがある。「ではどうしてここにあるですのか」と尋ねると、借りた物という答えが返ってくる。しかし借りた物かどうかはその場では判断できない。そこで差押えの対象を債務者だけが利用できる状態の動産にしているのである。真の権利者の保護は第三者異議（法38条）の訴えを提起して裁判所に判断を委ねることになる。

㋑　占有認定

　債務者の占有が認められる事実を調査することを占有認定という。債務者の占有が認められるためには、占有を推認させる資料が必要である。

　ここでもう一度占有認定資料を確認してみよう（前記94頁⑶㋐参照）。

①　表札、郵便受け、集合表示

②　郵便物、宅配便の宛名、不在時連絡票

③　公共料金請求書、電気、ガス、水道使用量検針票

④　住民票（マイナンバーの記載のないもの）または戸籍の附票

⑤　管理人または近隣者の陳述

⑥　債務者および出会人（同居者など）の陳述

⑦　債権者の陳述、債権者の資料（賃貸借契約書など）

　①から④までは不動産引渡執行と共通の占有認定資料である。明渡執行では⑤の管理人や近隣者の陳述を聴取するのは積極的に行わないほうがよいと

思われる。それは個人情報保護という理由、さらに賃貸借契約で差押えが契約解除原因になっている物件があるので、差押えが管理人等にわかると賃貸借契約を解除されてしまい、債務者が生活の本拠を失う可能性があるからである。

⑦の債権者の陳述も、動産執行では不動産引渡執行のように債権者と債務者の間に貸借関係の存在や執行官による不動産の現況調査（法57条）がないため、債権者の陳述は占有認定資料としては認められにくいであろう。債権者が占有認定資料として提出したものであっても、占有認定は執行官が行うものであり債権者の主張に拘束されないから、執行官が債権者の提出した資料によって債務者の占有を推認できない以上、動産執行の場合はそれのみでは債務者の占有は認められない。

　㈡　債権者の立入り

債務者の住居または占有場所に立ち入ることができるのは執行官のみであって（法123条２項前段）、債権者は立ち入ることができる根拠がない。執行官は執行場所に立ち入るに際し捜索差押令状は要しない。しかしそれは同行者までもが立ち入ることができることは意味しないのである。したがって執行場所の内部の状況についての説明は、執行官から情報を提供される範囲にとどまる。

　㈢　共同占有

債務者が世帯主のような第三者と同居し、第三者も利用できる動産が認められる場合を共同占有という。動産差押えの対象となるのは「債務者の占有する動産」（法123条１項）である。占有とは物権の一種であるから、直接的排他的支配の性質上「占有する」とは債務者のみが占有することを意味する。そのため第三者との共同占有に属する動産がある場合は、第三者の占有を差押えできないことになる。そこで債務者と第三者（債務者の親族、ホームステイ先のホストファミリーなど）が共同で占有している動産がある場合は、第三者が当該動産の提出を拒まないときに差し押さえることができる（法124条）ことになる。占有は物に対する支配であり、目に見えるようであ

るが、支配は観念的なものである。それが共同占有になるとどこまでを債務者が利用し、どこまでを第三者が利用できるかという線引きが明確にできない。また、第三者は債務者に対する債務名義にかかわる手続に関与していないので手続保障が認められない。そこで「債務者の占有」債務者以外の者との共同占有に属する動産は、他の共同占有者の同意がないと差押えできないことになるのである（前記128頁(イ)参照）。

(2) 差押えの対象としての動産

動産とは不動産以外の物である（民86条 2 項）。ただし登録自動車は不動産とされる（規86条）。動産をあらかじめ決めて差押えの申立てをするか、債務者の占有場所の中の動産を特定せず差押えするかの問題である。特定動産の場合は動産の種類（軽自動車など）に応じた執行が必要である。

自動車執行については後述（第 6 章）する。

4 執行不能

(1) 差押禁止動産

民事執行法131条で規定している差押禁止動産は、以下のとおりである。

〔差押禁止動産〕
① 債務者等の生活に欠くことができない衣服、寝具、家具、台所用具、畳および建具
② 債務者等の 1 月間の生活に必要な食料および燃料
③ 標準的な世帯の 2 月間の必要生計費を勘案して政令で定める額の金銭
④ 主として自己の労力により農業を営む者の農業に欠くことができない器具、肥料、労役の用に供する家畜およびその飼料並びに次の収穫まで農業を続行するために欠くことができない種子その他これに類する農産物
⑤ 主として自己の労力により漁業を営む者の水産物の採捕または養殖に欠くことができない漁網その他の漁具、えさおよび稚魚その他これに類する水産物

---

⑥ 技術者、職人、労務者その他の主として自己の知的または肉体的な労働により職業または営業に従事する者（前2号に規定する者を除く）のその業務に欠くことができない器具その他の物（商品を除く）

⑦ 実印その他の印で職業または生活に欠くことができないもの

⑧ 仏像、位牌その他礼拝または祭祀しに直接供するため欠くことができない物

⑨ 債務者に必要な系譜、日記、商業帳簿およびこれらに類する書類

⑩ 債務者またはその親族が受けた勲章その他の名誉を表章する物

⑪ 債務者等の学校その他の教育施設における学習に必要な書類および器具

⑫ 発明または著作に係る物で、まだ公表していないもの

⑬ 債務者等に必要な義手、義足その他の身体の補足に供する物

⑭ 建物その他の工作物について、災害の防止または保安のため法令の規定により設備しなければならない消防用の機械または器具、避難器具その他の備品

　動産差押えの受付窓口で一番言われるのが「家財道具を差し押さえてください」である。しかし個人の家財道具の多くは差押禁止動産となっていることが多く、平成以降の個人の生活レベルの上昇により差押禁止動産の適用範囲は広がる傾向にある。ちなみに差押禁止動産の規定は人の生存の確保の趣旨から自然人のみに適用があり、法人には差押禁止動産の適用はない。

　では何が差押禁止動産なのかをこれから確認しよう。

　(ア) 現　金

　3項の「標準的な世帯の2月間の必要生計費を勘案して政令で定める額の金銭」とは、66万円以下の金銭をいい、自然人（自営業者を含む）については66万円以下の金銭は原則として差押えできないことに注意が必要である（民事執行法施行令1条）。

　(イ) 家庭用電化製品等

　テレビ、冷蔵庫、洗濯機、エアコン、暖房器具は「家具」にあたり、食器

類、電子レンジ（オーブン付を含む）、ガスコンロ、トースターは「台所用品」にあたる（条解1177頁）。エアコンはかつて差押物とされたこともあったが、現在の世界的な気候変動に伴う夏期の温度上昇を考えると、健康のために「生活に欠くことができない」物といえ、差押禁止動産とせざるを得ないであろう。これらは 1 台に限り差押禁止とされている。なお電化製品が複数存在する場合は、換価価値の高い動産から差押えすることになる。

(2) 無価値物

民事執行法130条は「差押物について相当な方法による売却の実施をしてもなお売却の見込みがないときは、執行官は、その差押物の差押えを取り消すことができる」と規定する。執行官が差し押さえるべき動産を選択するにあたっては、原則として金銭または換価の容易な物から差し押さえるべきであり、換価性の低い動産または換価性に疑問のある動産（手形等）は、できる限り差し押さえないとする取扱いが相当である（提要111頁）。

差し押さえるかどうかの判断の際、債権者の意見が妥当であるときは執行官はその意見を尊重するのが相当であるが、もとよりこれに拘束されるものではない。したがって債権者の買受希望価額に左右されずに客観的価値に基づき差押物の評価を行う。

(3) 無剰余

民事執行法129条 1 項は「差し押さえるべき動産の売得金の額が手続費用の額を超える見込みがないときは、執行官は、差押えをしてはならない」と定める。［売得金］≦［共益費用］のときは差し押さえてはいけないということである。売得金から申立手数料などの共益費用を差し引いた残額を債権者に交付すべきことになるところ、残額がゼロまたはマイナスになる（これを「剰余がない」（無剰余）という）のでは手続をする意味がないからである。

無剰余でもいいとして動産差押えを求めてくる債権者の中には、差押えを受けることによって債務者に精神的苦痛を与えることを目的とする者が存在する場合がある。強制執行は債権回収など債務名義上の権利を実現する手段であって、復讐の手段ではないことに注意が必要である。

⑷ その他差押えまたは保管が不相当と考えられる動産

㈠ パソコン

パソコンは内部に個人データがない場合に差押えができる。それに対して個人データがパソコン内部に保存されている場合は、データを消去しないと差押えはできないと考えられている。買受人による個人情報の拡散のおそれがあり、個人情報保護の観点から適当でないからである。内部にデータのない商品としてのパソコンであれば、不能事由がない限り、差押えは可能である。

㈡ 生鮮品

生鮮品は競売期日まで保管すると品質が劣化し換価することが困難になるので、差押えに適していないといえるが、差押え・保管は換価のためのものであるから、差押え時に執行場所で緊急に換価することは可能である（後記139頁㈢）。

㈢ 動物（飼料を与えないと死亡する場合）

動物が問題になるのは、目的不動産が空き家の場合である。催告から断行まで放置すると死亡するおそれもあるからである。また動物の換価価値によって取扱いが変わることもある。家畜類は飼育舎での保管が認められる場合もあるが、ペットなど愛護動物[32]（愛玩動物）は緊急換価せざるを得ないときもある。動物の愛護及び管理に関する法律との関係で今後の検討が求められる課題である。

5　差押え・売却

⑴ 差押え

㈠ 第三者の動産

動産の差押えは債務者の「占有」する動産に対して行う（法123条）。占有の意味や共同占有については前述した（132頁以下）。

---

[32] **愛護動物**　愛護動物とは人に飼われている哺乳類、鳥類、爬虫類に属する動物および、飼い主の有無にかかわらないすべての牛、馬、豚、緬羊、山羊、犬、猫、家兎、鶏、家鳩、家鴨をいう。

　コピー機など標章でリース物件であることが示されていても、債務者が占有していると認められると理論上は差押え可能である。しかし、現実には差押えを留保し、差押えを求める債権者にリース会社への照会を依頼することもあると思われる。最終的には買受人の存在とあわせて検討することになる。

　　(イ)　評価・鑑定

　動産を差し押えると売却へと手続が進行するが、売却するためには価格を決めないと買受けできないので、買受価格を決定しなければならない。「執行官は、高価な動産を差し押さえたときは、評価人を選任し、その動産の評価をさせなければならない」（規111条1項）とされ、さらに「執行官は、必要があると認めるときは、評価人を選任し、差押物の評価をさせることができる」（規111条2項）と規定されている。

　差押物の評価は市場流通価格をベースにして決められることが多いと思われる。評価人は差押物によって異なり、宝飾品は専門家が鑑定することが多く、有価証券の場合は公認会計士がその評価を行うことがある。評価人（鑑定人）に依頼したときは評価費用も必要になるので、債権者はその費用も想定して手続を選択する。鑑定人や評価人を選任しない場合は、執行官の判断で差押物の評価額を決定する[33]（提要109頁）。

　　(ウ)　差押票貼付

　差押えをするときは、差し押さえるべき動産に差押票を貼付する。俗に赤紙と呼ばれることもあったようであるが、動産を召集するわけではないので、実際は、白いシール状のものである。公示のためには見えるように貼るべきであろうが民事執行規則100条の趣旨に則り、第三者の目に触れない目立たない場所に貼付することも多いと思われる。

33　**評価額**　物の価格は需要と供給のバランスによって定まるため、売却の時期、場所などによって価格差が生じうる。差押物の新品価格（市場流通価格）の20％くらいを売却基準価格にするところもある。これは流通している物の原価率を基準にしているといわれている。たとえば机や椅子のような事務用品は、中古品の場合、執行官の現場の判断で、500円から1000円くらいで評価されることが多いであろうか（減価要因については提要110頁以下）。

　㈎　売却（競り売り）期日指定

　執行官は、競り売りの方法により動産を売却するときは、競り売り期日の日時および場所を定めなければならない（規114条１項前段）。競り売り期日は、差押日から１週間以上１カ月以内の日としなければならない（規114条１項後段）。動産差押えには請求異議（法35条）、第三者異議（法38条）などの手続も想定されることから、原則としてこのような手続に必要な期間を確保して、債務者らの手続関与の機会を確保する趣旨である。

　競り売り期日を定めたときは民事執行規則115条１号から７号までの事項を公告（広告ではないので、裁判所の掲示板に掲示することで足りる）し、債権者および債務者に競売期日を通知しなければならない（規115条本文および３号）。

　㈏　保管場所

　保管場所は差押物件の価値が維持できる場所であることが必要である。執行官は、差押物件を債務者に保管させる場合を除いて、債権者および第三者に保管させることができる。保管費用は執行費用であるから、最初は債権者が負担する（立て替える）必要がある。

　㈐　債務者の保管（法123条３項）と使用許可（法123条４項）

　差押禁止動産にあたらない家財道具（タンスや２台目の家電製品など）を差し押さえることがある。生活のために使用している家財道具をその用法に従った使用を認めても、競売までの１カ月で価値が減少することは想定しにくいため、使用を許可することが相当であると認められることが多いであろう。このように執行官が相当であると認めるときは債務者に保管させることができ、使用を許可することができる。

　ただし、執行官が必要であると認めるときは、差押物を執行官自ら保管し、使用許可を取り消すことができる（法123条５項）。

　㈑　緊急換価

　動産について著しい価値の減少を生じるおそれがあるとき、またはその保管のために不相応な費用を要するときは、執行官は、これを売却することが

できるとされている（民保49条3項類推適用）。これを緊急換価という。

　競り売り期日は、差押え期日の1週間から1カ月後であるから、そこまで保管すると差押物が損傷したり、保管費用が多大になったり、価格が下落する可能性がある。そのような事実が認められるときは、競り売り期日まで保管せず、差押期日において売却する方法が選択される。緊急換価は生き物（ペットなど）や生鮮食料品などで行われることが多いと思われる。

(2)　競り売り（法134条）

(ア)　買受人

　差押物件を売却するためには、買い受ける人の存在が必要なことは前述した。工業製品など専門業者でないと買受けできないものであれば、債権者が買受人を手配することも必要になろう。競り売り期日では、最初に執行官が参集した買受人の氏名または商号および担当者の氏名を確認している。

(イ)　一括売却（規113条）

　差押物件を個別に売却すると売れ残ることがあるため、高価で迅速に売却するために、執行官は差押動産を一括して売却することができる（条解1226頁）。実務では一括売却の方式が多いと思われる。

(ウ)　見　分

　執行官は競り売り期日に売却すべき動産を一般の見分に供しなければならない（規117条1項）。同項は期日外の見分も定めているが、特段の事情のない限り、期日における見分で足りると思われる（提要130頁）。

(3)　売　却

(ア)　買受け

　執行官は、買受けの申出の額のうち、最高のものを3回呼び上げた後、その申出をした者の氏名または名称、買受けの申出の額およびその者に買受けを許す旨を告げなければならない（規116条1項）。
　買受けは現金で行うのが原則である（規118条1項）。直ちに支払わないと

34　買受人が参集しなかったため、債権者が差押物を買い受けたときは、請求債権と買受け申出額とを相殺することが行われることもある。

いけないから、原則として振込みやクレジット・キャッシュレス決済での支払いは認められていない。

　　(イ)　搬　出

　買受人は売却実施場所が買受人の占有する場所でない限り、買い受けた動産を売却実施場所から搬出しなければならない。そのままでは売却実施場所の占有者の保管費用等の負担が生じるからである。

6　動産執行の諸問題

(1)　動産執行に名を借りた明渡し（目的外動産の差押え）

　明渡執行においては残置動産の処分が課題になっていることは前述した。そのため債務者が行方不明の案件では残置動産を差し押さえて債権者が買受け、債権者がそれを処分することにより実質的に明渡しの実を挙げようとすることがある。しかし、残置動産に価値がなければ差押えができないことは前述（136頁(2)）したとおりである。そのため差し押さえるべき物件があっても、価値のない動産が残置されていると差し押さえることができず、売却による処分ができないから、そのまま不動産内に置いておくしかない。

　また、買い受けた動産を処分する場合は当該動産を住民が処分するのではなく第三者が処分するため産業廃棄物と扱われ、中間処分場へ持ち込むための選別が必要とされる（112頁(ウ)）。

　不動産の明渡しとは、債務者から債権者に対する占有移転であるから、動産を残置することによって債務者が不動産を占有していると認められる場合は、債務名義を取得したうえ、明渡執行を行い、残置動産は目的外動産として廃棄するのが妥当である。残置動産の処分だけでは不動産の占有は移転しない。

(2)　差押物の換価価値の判断（鑑定）

　高価品の場合、動産の種類に応じて評価人が異なる。基本的に動産取引に携わっている者が多いと思われる。執行官においてそれらの評価人を把握していない場合が多いので、債権者が評価人の情報を執行官に提供することが

求められる。自動車の評価については後述（144頁(2)）する。

(3) インターネットオークション

　大阪地裁では2024年3月現在、SNS などを活用しての公告、売却などは行っていない。オークションにふさわしい差押動産は、債務者が差押債権を弁済したり、第三者異議などの手続で、競売が中止したりされることがあるため、期日どおり競売ができるかなど不安定要素が多い。しかし、動産競売手続を活性化させ、債権回収を円滑に行う（債務を減少させる）ためには今後の検討課題として議論する必要はあると思われる（条解民執1235頁ないし1237頁）。

第6章

自動車に
関する執行

1 総 論

(1) 自動車執行

　本章の自動車執行とは、自動車の引渡しまたは自動車の差押えを対象とする。自動車撤去を伴う不動産の明渡しについては前述（28頁(イ)）したので、ここではまず、執行の目的物である自動車の種類について説明しよう。

(ア) 登録自動車

　登録自動車とは総排気量が0.66リッター、車長3.40m、車幅1.48m、車高2.00m のいずれかの規格を超える自動車（普通自動車、小型自動車など）をいう。普通自動車の売却手続は強制競売（不動産競売）手続により行われる（規86条）。

　執行官室と裁判所執行部の2カ所で手続が行われるため、執行官手数料の他に、裁判所の予納金も必要となる。目的外動産として取り扱う場合も売却（即日売却を含む）する場合も同様である。ただし、換価価値がない場合は執行官が廃棄処分[35]することができる（売却することができる（法168条5項）のであるから、解釈上廃棄することもできる（110頁(6)参照））。

(イ) 軽自動車

　軽自動車とは、0.66リッター、車長3.40m、車幅1.48m、車高2.00m のすべての規格以内の自動車をいう。近時は登録自動車より高価な軽自動車が存在し、人気も換価価値も高い。しかし、差押手続の振分基準は価格ではなく、車格で決められる。

(2) 査 定

(ア) 査定協会

　自動車の査定は都道府県に事務所（支所）を置く一般財団法人日本自動車

35　**廃棄処分**　廃棄できない取扱いを前提とする場合、普通自動車は換価価値がないときでも売却することになるから、執行裁判所に予納金を納め、裁判所において値段のつかない自動車を事実上債権者に買い受けしてもらうことになる（そうしないと無剰余取消しになる）。執行官が廃棄する場合はそのような手間と時間は必要としない。

査定協会（以下、「査定協会」という）による査定によるのが原則である。自動車価格は高ければよいと思われがちであるが、債権者が廃棄したい場合は安いほうが廃棄の確率が高まるので、安く見積もられる可能性もある。しかし債務者の立場からは高く売れたほうが債務が減少するから、両当事者間の利害調整の観点からも公平に査定する必要が出てくる。そのため自動車は原則として中立な機関である査定協会の査定を経ることとしている。査定費用額は各支所に問い合わせていただきたい。なお、正確な査定のためには自動車を解錠し、内部の走行距離計で走行距離を確認する必要がある。解錠技術者が手配できず、解錠できない場合でも外観で査定可能な場合（廃車同然など）は、外観査定も視野に入れることもあると思われる。

　⑷　簡易査定

　目的外動産としての自動車が、外観上使用することが可能であると見込まれないとき（タイヤが劣化し空気が抜けている、車体が錆だらけである車内や、ボンネットに雑草が生い茂っている、など）には、査定額が1000円などの低額になることが多い。その場合は前述した公平の問題が生じる可能性は低いから、査定協会が執行場所の近辺になく担当者が執行場所に来るまでかなりの時間を要したり、執行補助者等が中古自動車査定士[36]の資格を有している場合、執行補助者等に査定を依頼してもやむを得ない場合もあると思われる。

⑶　解　錠

　査定をするためには車内の点検が必要であるから、ドアロックされている場合は解錠技術者を手配することとなる。また自動車の解錠は、解錠のみでなく、合鍵作成を伴うことも多い。大都市部以外では自動車の解錠技術者が少ないのが現状で、施錠されたまま手続を進行することも認めざるを得ないであろう。ただし、車内に目的外動産があると認められるときは自動車とあわせて保管することになるであろう。

36　中古自動車査定士　査定協会が実施する検定に合格し、査定協会に登録された者。協会所定の研修を修了後検定試験の受験資格が得られる。

⑷ 保 管

保管場所は、「鍵付き屋根付き」が基本である。盗難防止および汚損防止のためである。車種や車両価値によって、保管施設のランクが変わる場合もある。高級スポーツカーと中古の軽トラックでは保管方法に差が出るであろう（ただし換価可能性では劣らない。軽トラックは人気があり、競り売りには複数の買受人が参集することが多い）。高級スポーツカーの場合、セキュリティと保存のため、保管費用が高額になる可能性が高い。

② 駐車場の明渡し（自動車撤去）

⑴ 「撤去」という執行方法はない

駐車場（土地または建物）の明渡しであれば原則として目的外動産の自動車の特定は不要である。「被告は原告に対し、別紙物件目録記載の自動車を撤去し、同目録記載の土地（建物）明け渡せ」も自動車撤去の部分は不要で、「被告は原告に対し、別紙物件目録記載の土地（建物）明け渡せ」だけで足りる。それは自動車を特定してしまうと、特定自動車しか「取り除く」（法168条5項前段）対象にならない可能性があるからである（28頁(イ)）。目的不動産内の動産は目的外動産として民事執行法168条に従った処分をすることができる。原則として自動車の特定は不要である。

自動車の特定が必要な場合は、駐車場の駐車区域が特定されず、当該自動車のみを目的不動産から移動させる（債権者が占有を取得する）ことに目的がある場合などである。

⑵ 土地か建物か

駐車場の明渡しを求める場合、占有している駐車場が建物か、土地かを特定しなければならない。土地は舗装または未舗装の地表面であり、建物は土地に固着した建造物である。テントや土地に固着していない簡易物置を駐車スペースにしている場合は、明渡しの対象は土地である。そして原則として不動産登記法に従った記載をして、目的不動産を特定する（77頁(5)）。

⑶ 土地または建物明渡しにおける図面の作成

駐車区画番号が決まっており、区画が土地上に表示されているなど現地で特定できるときは文字情報のみで土地または建物の物件目録を作成すれば足りる。駐車区画番号がなく駐車区画が決まっているときは、その部分の見取図を作成して添付する。その場合の元図は Google Maps が有用で、Google Maps をトレースして作成すれば足りる。

⑷ 目的外動産の搬出・解錠・保管・売却・廃棄

車内の目的外動産の取扱いについては明渡執行のプロセスと同様である。異なる点は、債務者が現に自動車を利用している場合で、車内の目的外動産の引渡しをしなかったときは、明らかな廃棄物以外は引取可能性があるものとして、保管することになる点である。段ボール数箱に収まることが多いので、宅配便で送りたくなるが、執行場所以外の保管場所で保管して売却するのが原則である。目的外動産に換価価値がない場合は廃棄処分に付することもある。

③ 自動車引渡し（含む自動車仮処分）

⑴ 引渡し

自動車引渡しを求める債務名義は判決または強制競売開始決定である。判決による引渡しは債権者へ自動車の占有移転が行われるから、車内の目的外動産を除き、自動車保管の必要はない。

⑵ 執行官保管（競売開始決定による）

裁判所の命令によって執行官が債務者から自動車の引渡し[37]を受けたときは、保管場所と保管方法を執行裁判所に届ける必要があるため、以下の事項を執行裁判所に届け出なければならない（規90条1項）。内容は目的外動産の保管と同様である。

37　**命令**　競売開始決定（規89条）、執行官保管の仮処分決定（民保規35条）、仮差押えによる自動車取上命令（民保規36条）などがある。

(A) 保管場所

裁判所敷地内には執行事件すべての差押物件または目的外動産を保管する場所はないので、倉庫業者や執行補助者の倉庫を借りることが多いと思われる。差押時の価値を維持するため、屋根付きで施錠できる場所の準備が必要である。執行官保管の場合は目的外動産の保管期間（約1カ月）と異なり、競売手続が終了するまで保管することから、保管期間が長くなるので、より物件の価値の維持が求められる要請が強い。したがって、屋根付きで施錠できる場所であることに加えて、防錆などに対応できるよう、季節に応じた温度と湿度の管理が可能な場所（雨や潮風等にさらされないことなど）の準備が求められるであろう。

(B) 保管の方法（保管人など）

執行業者が手配できるときは、保管場所には自動車の管理等に対応するために保管人を決めておくことが多いと思われる。そのため申立て時に保管場所および保管担当者の届出書の提出を求めている。債権者がカーディーラーなど車の保管に熟達しているときは、債権者の倉庫で保管することも認められよう。

(3) 仮の引渡し（自動車仮処分）

(ア) 準備・解錠・搬出等

自動車の仮の引渡手続の準備、執行現場での解錠・搬出等は自動車引渡手続と同様である。自動車引渡しと異なるのは以下の点である。

① 債務者が債務名義の送達を受けていなくても執行できる（民保43条3項）ので、債務名義の送達を受けていないことがほとんどである。

② 保全命令発令後2週間以内に執行しなければならない。命令発令後、2週間以内に申立てをすれば足りると考えている代理人が少なからずいるので、注意が必要である。

(イ) 仮処分後の自動車の保管

仮処分は本案の訴訟物たる権利関係（自動車の引渡請求権）が確定するまで権利の対象物の保全のために行われる。しかし自動車仮処分事件の場合、

本案が終結するまでの間、自動車の保管を継続することは稀である。

　それは自動車が時間の経過とともに価値（査定額）が下がり、本案終結時まで換価を待つと価値の下落が見込まれ、債権者に損失を生じさせるからである。したがって仮処分による車の引渡執行が完了すると、2、3日以内に債権者が売却することが多いと思われる。

4　自動車差押え

⑴　登録自動車

　普通自動車の売却手続は強制競売（不動産競売）手続により行われる（規86条）ため、執行官手数料の他に、執行裁判所への予納金も必要である。

⑵　軽自動車等

　軽自動車は動産と取り扱われるため、執行官が差押え、保管、売却廃棄を行うことができる。ただし、解錠、搬出、保管、廃棄については普通自動車の手続と同様である。

⑶　保　管

　保管については盗難および損傷防止の観点から、いわゆる鍵付きおよび屋根付きの保管場所（倉庫など）が望ましい。長期間になるときは通風、調湿にも配慮する必要がある自動車（高級スポーツカーなど）も存在する。

⑷　競り売り（買受け後の鍵・車検証の交付）

　競り売りの要領は動産執行と同じである。売却場所が保管場所と異なる場合、保管場所からの移動を伴うので、自動車の鍵があるときは、債権者に対する鍵の交付が必要である。

　自動車を競落したときは、売却許可決定謄本と代金納付済証明書を執行官室に持参し、上記書類を執行官が受領し、引渡しを完了した旨を記載した調書謄本を受け取り、地方運輸局（陸運局）で名義変更手続を行う。

⑸　仮差押えによる取上命令

　自動車に対する仮差押えの執行は、仮差押えの登録をする方法または執行官に対し自動車を取り上げて保管すべき旨を命ずる方法により行われる（民

保規35条)。仮差押執行は金銭債権に基づく保全手続であるから、その手続は金銭債権に基づく動産差押えの手続とおおむね同様である。違いは本案確定までの期間が競売に比して長期になることである。そのため保管等により費用がかかる点に留意が必要である。

なお取上命令は、自動車に対する仮差押えの執行として執行官に命ずる(民保規35条本文)ものであるから、保全命令送達後2週間を経過したときは、執行することができないと解される(民保43条2項。反対：民事執行実務5号181頁)。

5 自動車執行の諸問題

(1) 駐車場の明渡しか、動産競売か

駐車場に残置された自動車を撤去する方法には、①駐車場の明渡執行により自動車を目的外動産として処分する方法、②動産競売の方法により留置権に基づき自動車を売却して買受人に搬出してもらう方法とがある。①の明渡手続に基づくことが原則となる。民事執行は債務名義によって行うことが前提とされているからである。したがって債務名義によらずに自動車を差し押さえることができるかどうかは、被担保債権（留置権の内容となっている債権。駐車場利用代金等）の存在が証明できる書類の提出が必要である。なお、軽自動車の場合は執行官が動産として売却することができる[38]が、普通乗用自動車の場合は執行裁判所により自動車競売の方法により手続が進行することに注意を要する。

(ア) 自動車競売（自動車の価値が高い場合）

登録された普通乗用自動車に価値がある場合は、自動車競売の申立てにより競売開始決定を取得後、落札までの間執行官が自動車を駐車場から移動させ、保管場所で保管する。それにより駐車場からの事実上の明渡しは完了する。

---

38 条解規則下421頁参照。

(イ) 動産競売（軽自動車および未登録自動車等の場合）

登録された普通乗用自動車以外は民事執行規則86条の適用がないので、価値のあるものは原則どおり動産として取り扱われる。したがって動産執行（差押え）の方法で手続を進行することができる。普通乗用自動車との違いは、車内の残置動産も差し押さえることが可能なことである。

(ウ) 駐車場明渡し（自動車の価値が低い場合）

自動車の査定が1万円を下回るときは廃棄が可能となり、明渡執行手続において、目的外動産として処分できると思われる。査定額が3万円以上になるなど廃棄処分できないと考えるときは、自動車競売の申立てを行うことになろう。登録自動車に価値がない場合は、無剰余の手続をとることなく、債権者の申出により、その者に対し自動車の売却の許可をすることができる（規96条2項）。

車内に残置された動産は自動車と同様、目的外動産として取り扱われる。

(2) 自動車に備え付けられたオプション品

引渡しの対象となっていないカーナビゲーションやタイヤホイールは取り外しても独立した価値を有することがあるので、それらを後付けした債務者が取外しを求めることがある。引渡執行は解錠した後、搬出まで約30分程度の時間が必要である。そこで執行官は債務者がおおむね30分以内に、現場で、カーナビゲーション等の取外しができるときは、搬出作業と並行して、取外しを認める場合がある。ただし取外し名目での執行の引伸しでないかの判断が必要で、定めた時間内に取り外せないときは、取外しを認めないことになる。取外し時間は執行官の判断で決められる。タイヤホイールについては、取外し後、交換できる元々備え付けられたホイールと同品質のホイールがなければ認められない。

自動車工場における取外しは、執行場所に近接した場所であっても原則として認められない。近接地であればそこから整備士に来てもらえばよいからであり、工場に搬送すると限られた時間で取外しができないからである。

Column

「普通」とは何か
（凪良ゆう著『流浪の月』より）

　凪良ゆう氏の代表作『流浪の月』は、現代人の「普通」感覚に警鐘を鳴らした書です。「普通」は比較の上に成り立っています。ピンとキリの間にあるのが普通なのでしょう。特別なことに不安を感じる人々は、自分に合ったピンに近い普通またはキリに近い普通を振りかざし、他人の価値観に普通に踏み込んできます。普通とは本書で述べた「当たり前」に近い感覚だと思います。人は自分の不安を隠して自分の中にある「普通」を正論として他人を支配しようとします。

　正論とは何でしょうか。氏は本書で「正論も刃物も出されると抵抗できない」と述べています。そして「わたしの美しい庭」でも「どんな正義の矢も1000本射れば殺戮に変わる」と言っています。有川ひろ氏も著書の中で「正しいことを武器にするのは間違っている」（『図書館戦争』）と述べています。前述したように人それぞれ正しさは違うものです。そのため正しいことを相手に認めさせようとすることは相手の正しさひいては相手の人格を否定することになってしまいます。そういうことが続くと人間関係は疲弊し、修復が困難になってしまうのです。

　裁判所の手続が双方の正論の応酬で推移するのは弁論（正しいと思っていることを主張すること）という言葉を裁判用語とする以上仕方のないことかもしれません。しかし民事裁判の対象となるのは事実であり真実ではありません。凪良ゆう氏も『流浪の月』で述べているように「事実と真実は違う」のです。事実と真実の違いは人が評価できるか否かです。問題なのは人が自分の事実の評価を真実であるかのように人に押しつけることです。普通も比較に根ざした人の評価にすぎません。夫婦間でも「普通」が語られます。価値観の押しつけの集積がトラブルの元になっていくのでしょう。

　近時の小説や漫画では、「善意」による介入がよく描かれます。それに対して何も言い返せない人、善意に戸惑う人たちに対する容赦ないハラスメントもよく取り上げられます。正邪や善悪は一つではなく、人の数だけ存在するのです。その意味で相手の「価値観を尊重する」とは、自分の正義や普通を語らないということなのかもしれません。

第7章

引渡実施
（子の引渡し）

はじめに

　子の引渡しとは親の視点に立てば、子どもの取り合いである。どうして子を愛する者同士で子を取り合うのか。子のために養育チームとして連携を保つことができないのか。自分を取り合いしている大人たちを子どもたちはどう考えているのか、執行官時代、筆者はその思いを持ち続けてきた。

　子の取り合いをするのは子を自分の一部と考えるからではないだろうか。子は独立の人格主体であって、親の所有物ではないことはいうまでもない。ただ子は自分の意思をうまく表現できないから、親の言いなりになりやすいだけであって、子が独立した人格の主体である以上、軽視してよい人格などはない。親に幸せになる権利があるのと同じように子にも幸せになる権利がある。こういう子の幸せをめざさないと引渡実施（子の引渡し）手続のめざすものがイメージできないと思われる。

　では子の幸せとは何か。子の性格も十人十色であるように、子の幸せも一義的な定義はできず、いろいろな要素とともに考えられるであろう。その中で私は現場で多くの子と接するうちに、親の愛情を受け入れることができる環境にあることが重要ではないかと思ってきた。長く離れていた親と久しぶりに会った子の反応はさまざまである。嬉しそうに弾ける子、抱きついてくる子、悲しそうに見上げる子、反発して暴言を投げかける子、どうしていいかわからず戸惑う子などいずれも親の愛情を求め、その愛情に包まれたいという思いが伝わってくる。子は等しく両親の愛情を受け、それに包まれる権利がある。

　引渡実施手続を説明するにあたり、まず親の愛情を受け入れることのできる環境にするにはどう考えるべきかの方向性を述べ、手続後の子との関係をどのように紡いでいくべきかについて考えてみたい。

　ではこれから述べる引渡実施手続の流れを次頁にまとめたのでイメージをもっていただきたい。

[図4] 引渡実施手続のフローチャート

〔申立ておよび臨場準備〕

1　第一報（引渡実施決定後直ちに）
2　申立て準備・申立て
3　債権者と執行官との面談
　　　情報提供および告知事項

↓

1　補助者（児童心理の専門家）選任
2　警察への援助要請
3　家裁との事前ミーティング

↓

1　待合せ場所確認・連絡
2　執行官と補助者との打合せ

⇩

〔臨場および実施場所における流れ〕

臨場前　　1　債権者および代理人との最終打合せ
　　　　　2　占有認定

↓

面談開始　1　子と債務者の分離
（説得）　　　執行官は債務者へ、補助者は子へ
　　　　　2　債務者らの対応
　　　　　　　キーパーソンに対する説得

↓

子と面会　1　債権者と子の面会
　　　　　2　補助者との完了確認
　　　　　　　子の衣服等の整理・出発準備

↓

1　完了
2　続行・中止
3　不能

155

1 引渡実施事件の特徴

(1) 引渡実施とは

引渡実施とは「債務者による子の監護を解くために必要な行為」（法175条1項、規158条1項本文）を行うための手続である。ここに「債務者による子の監護を解くために必要な行為」とは、

① 説得（法175条1項本文）

② 解錠（法175条1項1号）

③ 債権者と子の面会（法175条1項2号）

④ 債権者の立入り（法175条1項3号）

である。この中で重要なものは①の説得と、③の債権者と子の面会である。①については次の(2)で、③については後述（177頁(4)）する。

なお、本章では、民事執行法の解説部分においては、子を連れ去った同居親（TP[39]）を「債務者」または「債務者（同居親）」、子を連れ去られた別居親（LBP[40]）を「債権者」または「債権者（別居親）」としている。

(2) 説 得

民事執行法175条1項は「執行官は、債務者による子の監護を解くために必要な行為として、説得を行うほか」と定めているため、引渡実施手続は説得から開始することを想定しているといえる（176頁(ア)）。最初に説得ありきで、説得を試みたうえで、解錠（法175条1項1号）、面会（法175条1項2号）、債権者の立入り（法175条1項3号）と続くのである。そこで「説得」の内容が問われることになるが、「説得」の具体的な内容を記した文献は見当たらないので、執行官は個人のスキルを頼りに暗中模索状態で、相手方との対応を行っている。説得の具体的な方法論については第8章（201頁以下）で詳述する。

ではどうして民事執行法は説得から始めることにしたのであろうか。それ

---

39 TP Taking Parent ＝子を連れ去った親

40 LBP Left Behind Parent ＝子を連れ去られた親

は説得せずに無理矢理債務者から子を引き離す（奪取する）ときは、「子の心身に有害な影響を及ぼすおそれがある」（法175条8項後段）と考えられる可能性が高いからである。説得を基本に引渡実施手続を考えたときは、原則として無理矢理債務者から子を奪取することは想定されていないと思われる。

　実施場所においてしばしば債権者が「相手から奪い取ってください」などと言うことがあるが、子は物ではない。心をもつ人なのである。瘡蓋を剥がすときはそっと剥がさないと出血したり傷みが激しくなったりするように、子もストレスを感じないように債権者に引き渡さなければならない。

(3)　当事者と子

(ア)　子どもの心を第一に

　引渡実施手続には勝者は存在しない。子どもにとっては両親と過ごせる環境がその後の人生の糧になるところ、一方の親の元でしか過ごせない寂しさは察するに余りある。しかも子を連れ去った同居親の前では、子を連れ去られた別居親を嫌う演技を余儀なくされることが多い。子が心にもない演技をすることが子どもにどれだけの精神的な負担をかけることになるのだろうか。そう考えるだけで心の痛みが襲ってくるのである。

　ゆえに当事者で勝ち負けを競うのではなく、将来の子どもの笑顔のために何ができるかという視点が求められるべきである。夫婦間の争いは、相手（配偶者など）を否定しないと自分が否定されるとの思いが強いあまり、子どもの心を置き去りにして、相手への誹謗中傷を行うという形に発展する。

　一方の親の他方の親に対する誹謗中傷は子どもの心を傷つけ、親に会いたいという子の気持を封印する。悪口を言う親も、言われる親も子にとっては大切な親である。相手の悪口を言う親は、相手も子どもにとって大事な存在であることを忘れてしまっている。子どもへの思いより、自分の相手に対す

41　**原則**　例外として考えられるのは、債務者が短期間に住所を転々として居所を債権者に伝えない、債務者が子にDV加害を加える、債務者が子を家から出さず就学もさせずに生活している、など子の健全な養育・健康等に支障があると認められる場合などであろう。

る感情が上回っているのである。心ない親の否定が子の成長に影を落とすことは想像にかたくない。

　　⒤　主人公としての子

　別居親と同居親は引渡実施手続の当事者であるが、子は主人公である。子の福祉を抜きにした家裁の手続は存在せず、子の福祉を目的とするという以上、手続上の主人公は子であるべきだろう。下記⑷で述べるように、子の気持を尊重しないでよいのであれば、威力を用いることができない要件として「子の心身に有害な影響を及ぼすおそれがある場合」ということは考えなくてよいはずだからである。

⑷　配偶者適格と親の適格

　引渡実施の当事者が陥りやすいことの一つに、配偶者の適格と子の親としての適性を混同するということがあげられる。夫または妻に対する不平不満（夫としてまたは妻として「不適格」という思い）があれば、子の親としても不適格だと思ってしまうのである。たとえば、料理のできない夫は子どもに料理をつくらない父と評価し、掃除ができない妻はしつけができない母というように評価の対象を夫（妻）から親へと変換してしまう。自分にとって居心地の悪い相手は子どもにとっても居心地の悪い親と考えてしまうのである。

　しかし人間関係は相対的なものであって、人に対する評価基準は人それぞれ異なる。夫にとって不都合でも、子にとって不都合とはいえないし、父親として不都合かどうかは子が判断すべきことであって、妻やその家族が判断することではないはずである。子の親ができる親適格の判断は自分の親に対してのみである。いずれの判断も評価も子のためになるとは思われない。

　また、別居親も同居親も自分の正当性を主張するため、相手の誹謗中傷を行うことが多い。自分の方が子の親としてふさわしいと主張するために、相手の欠点を並べるのである。欠点とは不完全なところをいうが、完全な人間などどこにもいないし、完全な親も同じようにいない。不完全な者ほどその不安定さゆえに他者の不完全な点が気になり、完全性を求めてしまうことがある。

158

② 情報収集

(1) 債権者の協力（規161条1項）

執行官は債権者（別居親）から、債務者（同居親）および子の生活状況、引渡実施の実現の見込みについての情報等について提供を受け、手続の円滑な進行のために必要な協力を求めることができる。この規定は引渡実施手続が申立書の提出のみで対応できる性質の事件ではなく、直接会話するなどして情報提供を受けなければ事案の解決が図れないと考えるからである。そのため、引渡実施決定が発令されたら、最初に執行官室に電話を入れる。

(ア) 第一報

債権者からの連絡（含む電話）があれば以下の事項を確認して、執行官室に連絡できるようにする。すべての事項が揃う必要はなく、実施の可能性がある旨の連絡でも足りるのが第一報である。

① 引渡決定実施日（実施可能日を伝える）

② 執行場所

③ 子の人数、年齢、性別

④ 債権者および債務者の年齢、性別

⑤ 手持ち資料の確認（この段階では事案が特定できる程度でよい）

・引渡実施決定 ・審判書（審判前の保全処分、審判）

・家裁調査官の報告書 ・審問調書 ・写真（子、債務者）

・主張書面 ・証拠資料（家裁において提出されたもの）

具体的には上記のうち、引渡実施決定および審判書（保全処分決定）をファックス送信してもらい、事案を把握して早期に立件に向けた情報提供ができる態勢を整える準備を行う。

(イ) 資料収集（債権者代理人との情報共有）

ここにいう資料とは、引渡実施完了に必要な資料である。下記(2)(イ)の①ないし⑧が主なものである。債権者に有利な資料のみならず、不利な資料も含む。たとえば債務者が債権者を誹謗中傷している文書（陳述書、LINE記録な

ど）も第8章で解説する対応技法を決める重要な資料になるので、提出いただきたい。執行官は完了に向けて手続を進めるのであるから、すべての資料は実施完了のために活用することを前提にしているのである。また、実施場所で債務者から執行官の知らない情報に基づく反論をされた場合に、対応できない可能性も出てくる可能性もあろう。

　具体的には債権者側に照会書を送付するなどして情報収集を図ると同時に債権者代理人に対して引渡実施手続のアウトラインを説明する。

　　㈦　申立て予定日の確認

　債権者代理人との間で申立て予定日を確認する。通常申立日に債権者本人を同道して、面談が行われることが多い。その場合は事前に提供する資料の種類が増えることになる。適切な案内は、適切な量の資料に支えられているからである。

　　㈢　情報共有

　この段階で地裁・家裁における子の引渡実施事件で情報共有を図る必要がある。大規模庁においては引渡実施手続の執行裁判所である家裁と、引渡実施を担当する執行官を監督する地裁の執行部の間で手続進行に齟齬がないよう連携が求められるからである（規161条2項）。

⑵　申立て（規157条）

　　㈠　申立書記載事項（1項）

　引渡実施の申立書の記載事項は、第9章③⑴引渡実施申立書（245頁）のとおりである。

　　㈡　提出書類（2項）

申立て時に必要な提出書類は以下のとおりであるが、事案によって求められる情報や資料が異なる可能性があるので、詳細は各執行官室に照会されたい。

①　申立書（正本のみ、当事者目録、子目録が各3部必要）、委任状、執行官援助および夜間休日執行許可申請書

②　引渡実施決定（正本）：送達証明、確定証明は不要

※引渡実施決定には事情は記載されていないので、③の審判書を必ず提出しなければならない。

③ 審判前の保全処分および審判書（両方ある場合は両方とも）

※保全処分と審判が近接して発令される場合、内容に共通点が多いが、債務者に抗告中である旨の主張がされることが多いため、原審の判断内容を確認する必要がある。抗告中である旨の主張がされたときの対応は後述のとおりである（180頁㈓）。

④ 写真（子および債務者）、実施場所の間取図

※人違いがないように子と債務者の顔は記憶しておく必要がある。債務者宅の間取りは説得場所等の確定など実施計画を立てるにあたって必要なものである。

⑤ 家裁調査官の調査報告書

※最も重要な資料である。①子や両親および関係者の性格、②債権者・債務者と子との関係性、③債権者と子の面会交流時の様子、④監護者とするべき理由等が記載されているからである。相手方からは調査結果についての不満が寄せられるから、①ないし④の内容を把握しておく必要がある。

⑥ 審問調書（債権者および債務者、監護補助者）

※近時は家裁においても録音反訳で調書が作成されることが多くなった。そのため、方言や口癖まで再現され、性格を推認できることも多い。

⑦ 債権者・債務者の主張書面、報告書

※相手方の主張を事前に把握し、説得に役立てることができる。

⑧ 家裁の審判手続で提出された資料（陳述書、監護状況報告書、親権者に対する照会書、LINE記録）

※この中ではLINE記録が債権者・債務者間の関係をよく表していることが多い。ため口、マウントのとり方など夫婦間の関係がよく表れているので、活用したいものである。

㈔ 申立予納金

大阪地裁では申立費用は子1人執行官1名について8万円である。印紙・郵券は不要である。また、援助執行官を手続に関与させるため、手数料は16万円となる。援助執行官が複数必要なのは、債務者側に監護補助者の存在があること、子との面会のために債権者と連絡をとる必要があるためである。

㋑　面談日の設定

申立日に債権者との面談を行わない場合は、債権者と債権者代理人と執行官との面談日を設定する。

⑶　債権者との面談時に確認しておくべき事項

㋐　実施場所の確認

実施場所ではトラブルが予想されるため周辺の状況、交通量および実施場所の間取り等について情報提供を受ける必要がある。

㋑　待合せおよび待機場所の設定

債権者は長時間待機を強いられることがあるから、洗面所等を利用できる場所が近い場所が望ましいといえる。

㋒　実施日打合せ

早朝型、昼間型、夜間型がある。大阪地裁ではスケジュール調整が容易であること、登校、出勤などで時間切れにならないなどの理由で夜間型（ただし原則として午後9時頃まで）にすることが多い。債務者と子の在宅時間、各庁の態勢、地域の特性を考えて決定すればよいと思われる。

㋓　債権者に対する告知事項

債権者は手続に対して不安をもっていることが多い。子を連れ去られてナーバスになっていることも多い。そのため手続のスケジュールを示すと同時に、法律に規定されている事項を連絡するようにしている。特に⑥⑦⑧⑨が重要である。

①　債権者本人の出頭が必要であること（法175条5項）

②　債務者に対する説得から手続を開始すること（法175条1項）

③　子の心身に有害な影響を及ぼさないように配慮すること（法176条）

④　子に対する威力の行使はできないこと（法175条8項前段）

⑤　子以外の者に対する子の心身に有害な影響を与える威力行使はできないこと（法175条8項後段）

⑥　債権者と子の面会を行うことがあること（法175条1項2号）

　　※面会時に子の緊張を和らげるために、好きなもの（キャラクターや食べ物、

兄弟姉妹の写真、手紙などを持参してもらうようにしている。

⑦ 引渡実施に際しては執行官の指示に従うこと（法175条9項）

⑧ 引渡実施が不能になる可能性があること（規163条1号〜3号）

　　※特に執行官の指示に従わないときは不能となることがあること

⑨ 債務者の説得に長時間を有する可能性があること

⑩ 子と債務者の同時存在が不要であること

民事執行法改正前は債務者が単身赴任や長期不在時の実家での実施ができなかったが、債務者が不在でも実施が可能になった。しかし、民事執行法175条1項が「債務者に対する説得」を基本にしているため、原則として債務者がいないときを狙った引渡実施には消極であるべきである。引渡実施手続は子どものキャッチボールの手続ではなく、子の奪い合いでも債務者（別居親）の債権者（同居親）に対する復讐の手段でもない。実施後の両親と子との交流の可能性を視野に入れて冷静に対応すべきである。

　(ｵ) 債務者、監護補助者および子の情報提供

執行官は債務者に対して説得を行うため、債務者側の当事者の性格などを事前に把握しておく必要がある。提供を受ける情報には以下のものがある。

① 職業（学年）および外出時間（出勤、登下校時間）

② 性格

③ 好物（キャラクターなど）または嗜好

④ 苦手な物および話題

⑤ 家裁の手続中の申立人に対する態度

⑥ 執行場所に所在する可能性のある第三者（性格，債権者および債務者との関係性、キーパーソンの可能性）

　(ｶ) 当日のシミュレーションの基本方針

実施日に想定されることについて、債権者および債権者代理人と打合せを行い、心の準備をして実施場所に赴くことが必要である。そのため以下のものについて情報提供および情報を共有する。

① 子と債務者の分離（債務者は執行官が、子は専門家に）

② 待機時間中の債権者への連絡（経過説明）およびその方法

③ 子との面会についての留意点（児童心理の専門家と債権者）

④ 手続完了時の迅速な対応（すぐに実施場所から離れる）

(4) 家裁からの情報提供

引渡実施における子の引渡しの強制執行をした家裁においては監護者指定等の審判で行われた家裁調査官の相手方宅における調査や審問など同居親や子の情報を保有している。そこで民事執行規則161条2項は、「執行官に対し、当該事件又は子の引渡しの強制執行に係る事件に関する情報の提供その他の必要な協力をすることができる」と定めて、執行官に対する情報提供を求めている。執行官は家裁の記録の閲覧が認められていないため、調査官報告書、審問調書等は代理人に写しの提出を求めている（規161条1項）。

しかし、より深く情報に接するためには調査を担当した家裁調査官や、審判を担当した裁判官の意見は有力な資料となる。そこで、引渡実施日までに事前ミーティング（電話会議）等で家裁調査官や裁判官の意見や相手方の情報を提供してもらう機会を設けている。ただし転勤等で担当者が異動した場合は事前ミーティングが行えないこともあるので、申立時期も異動期にあたらないよう、事前に検討する必要があると思われる。

(5) 進行リスト

以上の執行官の手順を詳しくリスト化したものを〔参考資料〕として掲載しているので参考にしていただきたい。

〔参考資料〕 子の引渡事件進行リスト

子の引渡事件進行リスト（令和　年（執　）第　　　号）

（弁護士名　　　　　）（電話番号　　　　　　　　　）

1　第1報（　　月　　日　□電話連絡　□申立て）
 (1)　引渡実施決定日（　　年　月　　日（□予定))
 (2)　執行場所

 (3)　子の人数（　　名）、年齢（　　歳）、性別（男・女）
 (4)　債権者および債務者の年齢、性別等
　　①　債権者（父・母）　歳（　　　年　　月　　　日生）
　　②　債務者（父・母）　歳（　　　年　　月　　　日生）
 (5)　手持ち資料等の確認等
　　□申立書（予納金 子1人80,000円×（執行官）2名＝160,000円）
　　□子の引渡実施決定（正本）※送達証明、確定証明は不要
　　　□審判前の保全処分決定（写）　□審判書（写）
　　□審問調書（□債権者　□債務者）　□家裁調査官の報告書
　　□引渡事件において当事者から提出された資料
　　　□陳述書　□監護状況報告書　□親権者に関する照会書
　　□写真（□債務者　□子（□直近の写真））
　　□執行場所の見取図（□作成依頼）

2　申立て予告後の各部署への連絡
　　□総括執行官　□14民事部庶務主任　□次席書記官

3　立件および提出資料（追完含む）
 (1)　申立て（□予納金 子1人執行官2名 160,000円）
　　□申立書（□当事者目録　□未成年者目録）□委任状
　　□引渡実施決定正本（送達証明、確定証明は不要）
　　□審判前の保全処分決定（写）　□審判書（写）
　　□援助・夜間執行上申書　□写真（□住民票　□戸籍謄本）
　　□審問調書　□家裁調査官の報告書　□監護状況報告書（債権者のみ）
　　□家事審判事件において当事者から提出された資料（規158Ⅱ②）
　　　（陳述書（□債権者□債務者）　□LINE記録　□　　　　　　　）
　　□執行場所の見取図　□ライトレターパック（専門家への資料送付用）
 (2)　面談日の設定（　　年　月　　日午前・後　　時）（□債権者同席）

4　面談（規161Ⅰ）時の情報収集
　（□債権者代理人　□債権者　□執行官　　　　　　　　　　立会）
　(1)　執行場所
　　□①　住居（□住宅地図確認済み）
　　　□種類（□戸建て住宅　□集合住宅　□　　　　　　　　　）
　　　□待機（□駐車場　□待機場所（　　　　　　　　　　　））
　　　　　（□付近道路（□交通量　　　　　□人通り　　　　　）
　　□②　実施日時（時間帯）
　　　　　　　令和　　年　　月　　日　午前・後　　時　　分

　(2)　債権者に対する注意事項（告知事項）
　　□債権者本人の出頭必要（法175Ⅴ）
　　□債務者に対する説得から開始（法175Ⅰ）
　　□子の心身に有害な影響を及ぼさないよう配慮（法176）
　　□子に対する威力行使不可（法175Ⅷ）
　　□子以外の者に対する子の心身に有害な影響を与える威力行使不可
　　□債権者と子の面会（法175Ⅰ②）
　　□引渡実施に際しては執行官の指示に従うこと（法175Ⅸ）
　　□引渡不能の可能性（執行官の指示に従わないときetc）（規163）
　　□債務者の説得に長時間を要する可能性
　　□子と債務者の同時存在不要・債務者住所地以外（実家）の実施も可

　(3)　債務者等の状況
　　①　生活状況
　　　□債権者　□職業（　　　　　　　　　　　　　）
　　　（生活サイクル）　　□外出時間（　：　　～　　：　　　）

　　　□債務者　□職業（　　　　　　　　　　　　　）
　　　（生活サイクル）　　□外出時間（　：　　～　　：　　　）

　　　□子　　　（H/R　.．生　　歳　男・女）　□未就学
　　　（生活サイクル）　　□外出時間（　：　　～　　：　　　）

　　　□子　　　（H/R　.．生　　歳　男・女）　□未就学
　　　（生活サイクル）　　□外出時間（　：　　～　　：　　　）
　　②　性格、好物、苦手な物等
　　　□債務者　性格：
　　　　　　　　好物等：
　　　　　　　苦手なもの：

　　　□子　　　　性格：
　　　　　　　好物等：
　　　　　　苦手なもの：
　　　□子　　　　性格：
　　　　　　　好物等：
　　　　　　苦手なもの：
　　③　返還実施手続における債務者（債務者）の言動・態度

　　④　執行場所に所在する可能性のある第三者
　　　□氏名　　　　　　　（□関係　　　　□在宅可能性（□有□無））
　　　　□抵抗□説得 可能性

　(4)　現在家庭裁判所で係属中の手続（調停・審判等）
　　□①　調停（次回期日　　月　　日）
　　□②　審判（□継続中　□抗告中）

5　面談後の事前準備
　(1)　連絡
　　□関係各署に連絡（□総括 □庶務主任 □次席 □専門家等）
　　□資料写し作成（6通作成要(専門家1名の場合)）
　　□資料写し交付・送付
　　　□総括執行官 □監督官 □庶務主任 □執行官2名分
　(2)　補助者依頼
　　□ 専門家（氏名　　　　　　　　　　　　　）
　　　□FPIC □日本臨床発達心理士会（□臨場日確認 □資料送付）
　(3)　援助等（法6Ⅰ）
　　□①　補助者（氏名　　　　　　　　　　　）（執行官規12）
　　□②　警察援助要請（　　警察署地域・生活安全課）【現場待機要請】
　　　□訪問日（令和　　年　　月　　日午前・後　　時　　分）
　　　□担当者（　　　　　　　　　　　　　　　）
　　□③立会証人（同上）（氏名　　　　　　　）
　　□④解錠技術者（氏名　　　　　　　）
　(4)　援助・夜間執行許可申請
　　□援助・夜間執行上申書提出確認
　　□14民宛送付（□許可書添付確認）

6　家庭裁判所との電話会議（場所　　　　　　　　　　　　　）
　(1)　主任書記官より連絡（　　月　　日午前・後　　時　　分）

(2)　聴取・確認事項
　　□債務者等の情報（趣味等、債権者に対する評価、裁判所での言動）
　　□子らの情報（性格、好物、債権者・債務者に対する思い等）
　　□監護補助者の性格、健康および経済状態
　　□キーパーソンになり得る人物の確認
　　□その他調査、審判で気づいたこと、気になったこと
　　□債務者代理人の債務者に対する説得可能性
　　□家裁で進行中の調停、審判事件の進捗状況（抗告の有無等）

7　臨場前準備・確認事項
(1)　提出書類の再確認・内容検討
　　□夜間執行許可書添付
　　□

(2)　現場等確認
　　□ 在宅状況（勤務、登校等）の確認
　　□ 待ち合わせ場所（□待機場所）
　　□ 関係者に連絡（□専門家 □立会人 □補助者 □代理人）
　　□ 休憩場所の確認（□コンビニ　□　　　　　　）

(3)　調書等の準備
　　□引渡調書（□完了 □中止 □不能 □続行 □署名欄 □　　　　）
　　□補助者費用請求書
　　□

(4)　連絡網の確認
　　□警察 □申立代理人　□総括（□庶務主任 □次席書記官）

8　臨場
　□(1) 専門家と債権者の引き合わせ
　□(2) 実施場所での債権者と子の面談の打合せ（連絡網の確認）
　□(3) 警察署に開始時刻連絡
　□(4) 申立代理人に対する進捗状況連絡（約30分毎）

3 申立てから実施までの手続

(1) 審判前の保全処分と引渡実施決定の関係

債権者に仮に子の引渡しを命じる保全命令に基づく引渡実施は発令から2週間以内に執行しなければならない（民保43条2項）のが原則である。

しかし引渡実施においては引渡実施の申立てをした時点で執行の着手があったものと解されているから、保全処分から2週間以内に引渡実施の申立てを行うと2週間の期間制限は受けないことになる。したがって、その後の執行官に対する引渡実施の申立ては期間制限を受けない（提要199頁・200頁）と解される。

(2) 債務者と子の同時存在と住所地以外の実施

いわゆる旧ハーグ条約実施法では子の引渡しを求める場合、債務者との同席（いわゆる「債務者と子の同時存在」）が求められたが、現行法では同時存在は不要とされた。旧法下では債務者が自分の実家に子を預けたままにしたり、単身赴任している場合などに対応できなかったからである。

同時存在が不要になることにより、債務者の住所地以外での実施を求められることが多くなった。ハーグ条約実施法が制定される前は子の引渡手続は動産執行の方法で行われていたのであるが、動産であれば動産の存在する場所で引渡執行が可能であった経緯があった。そこで当時の執行方法を経験している代理人等から実施場所を公園、学校、こども園、路上にできないかなどの問合せが寄せられることが増えてきたのである。

しかし、現行法は「説得」を手続のスタートに求め、子は動産ではなく、心身に有害な影響を及ぼすおそれがないように配慮をすべき存在であることが確認されている（法176条）。そうすると債務者のいない状況は子にとって不安な状況になる可能性があり、子の心身に有害な影響を及ぼす可能性は否定できなくなる。よって、引渡実施手続は債務者の頑強な抵抗が予想されるなど、子の心身に有害な影響を及ぼす可能性がない限り、債務者在宅のうえ、行うべきであろうと思われる。この点は反対説もあるであろうが、具体

的な事案の解決のために債務者の同時存在または不存在のどちらを選択すべきかは、子の福祉の観点から判断すればよいと思われる。

(3) 執行補助者の選任

引渡実施においては子の福祉の観点から、児童心理専門家を執行補助者として選任することが多い。執行官は債務者の対応には慣れていても、子の心理についての専門知識に乏しいことがあるからである。専門家は主に FPIC（公益社団法人家庭問題情報センター：Family Problem Information Center（エフピック：ファミリー相談室））所属の元家裁調査官が多いと思われる。ただし執行を補助する者であるから、守秘義務を遵守することが求められる。立会人についても同様である。

執行官室の管轄内で FPIC がない裁判所もあり、児童心理の専門家の給源に苦労することもある。確保が困難なときは、児童心理の専門家であれば FPIC にかかわらず、元家裁調査官、臨床心理士、公認心理師など広く給源を確保することが求められるであろう。ただし、引渡実施手続は裁判所の手続であることから、上記と同様、事件の内容については守秘義務が課せられることを伝えたうえで、引き受けていただく必要がある。

(4) 警察への援助申請

(ア) 援助の対応

実施場所ではさまざまなトラブルが想定される。そのため事前に所轄の警察署に援助（法 6 条前段）を求めることが多いと思われる。援助先の警察署の担当部署は生活安全課または地域課である（個人的な感触では生活安全課少年係が多いと思われる）。援助内容は現場待機または有事対応（本署に待機し、連絡したら実施場所に駆けつけてもらう）のいずれかであろう。トラブル発生の可能性が高いときは現場待機で、相手方の抵抗可能性が低いときは有事対応でよいと思われる。大阪地裁では原則として有事対応で援助申請している。現場で制服警察官や警察車両に待機してもらうと、相手方を刺激するおそれもあるからである。

(イ) 援助の内容

　援助申請は警察署に事前に連絡して、担当部署・担当者を確認し、援助申請書を作成のうえ、所轄署に訪問し、援助申請書を交付して行っている。

　実施場所や所轄署が遠方の場合は、事前に連絡したうえ郵送で行うこともやむを得ないと思われるが、郵送した援助申請書だけでは対応してもらえないであろう。現実に署員を派遣する立場からは当然である。援助に必要な情報提供は警察署の要望に応じて対面、オンラインまたは電話などでしっかり行う必要がある。

(5)　解錠の要否

　大阪地裁では解錠による実施には消極的である。かつて解錠に着手したところ、実施場所内部で子が債務者と一緒に妨害行為を行い、それがトラウマになって、その後の人身保護手続で債権者が認容判決を得ても、子が泣き叫んで抵抗して、解放できなかったことがあったからである。また、地方では解錠の際、近隣の目を気にしなければならないことも多いであろう。そういうことに対する配慮も含め、解錠するかどうかは「子の心身に有害な影響をおよぼすおそれがある」かどうかで判断することになるであろう。

　なお、債務者側が開錠しない場合は、前述の警察署に援助を求め、開扉に向けて説得してもらう方法もある（警察署へは事前に説明しておくとよい）。

④　実施に向けた想定

(1)　想定することの意味

　引渡実施は手続に関与する利害関係人の数が通常の執行事件に比して多い。理想をいえば利害関係人の人数だけ想定をする必要があるのかもしれない。しかし、それは現実にはかなり困難であるから、スタンダードな当事者対応の技法を身につけ、それを活用することで事前準備の負担を軽減することができよう。詳しくは第8章（201頁以下）で述べる。

(2)　債権者が想定しておくべきこと

　引渡実施の債権者には大別すると三つのタイプがあるように思われる。①怒り型、②意気消沈型、③平静型である（これ以外にもあると思われるが、心

理学の講義ではないので、シンプルな説明にとどめたい）。それではそれぞれの
タイプの話の進め方を考えてみよう。

(ア) 怒り型

子を連れ去られて憤慨し、執行官の言葉もあまり聞き入れないタイプであ
る。自分の感情に支配され、児童心理の専門家を否定することもあるため、
経験上このタイプの完了率が一番低い。債務者が理解のあるタイプであれ
ば、引渡しに応じてくれるが、挑戦的な態度を目の当たりにすると、協力す
る気持をもてないこともあろう。

このタイプは債務者から子を奪還することを中心に考えてしまい、子の気
持がみえなくなる傾向がある。そうなると子が債権者と同行することを敬遠
することになってしまうので、債務者への腹立ちを押さえて長期的な視野を
持ち、冷静に対処するように求めることが必要である。

このタイプで気をつけるべきことは代理人（弁護士）が債権者の感情に飲
まれて一緒になって債務者を攻撃してしまう場合があることである。債務者
も債権者も子の親であり、それぞれが攻撃し合っても子は喜ばない。自分の
大切な親が辛い目に遭っていると感じて、子の心に傷を残すだけである。ま
して攻撃者・防御者はいずれも子の親である。このことを忘れず、代理人は
心して債権者の説得にあたってほしい。どのようなことがあろうが、子に親
を否定させてはいけないのである。

(イ) 意気消沈型

子や相手方およびその家族に拒否されて自信を失っているタイプである。
親としての自信をもってもらわないと債務者宅での面会がかなわない可能性
があるから、債権者が子の唯一の母親（父親）であることを伝えて、子以外
に債権者を親と呼べる人はいないことや、子以外の意見や評価はスルーする
ように伝えておくのである。そして心を強くもつように、「大丈夫ですよ」
と励ます。心を強くもたないと子を守り、育てられないことが多いことは今
も昔も変わらない。このタイプには児童心理の専門家のサポートが現場で力
を発揮する。子に対する愛情に自信をもって、自分を受け入れることで債権

者に馴染もうとしない子も受け入れることができよう。

(ウ)　平静型

このタイプの完了率が一番高い。子が安心し、相手方も信頼を寄せる可能性があるからである。何より執行官を信頼し、実施場所での対応を任せることができる。執行官を信頼できるのは、自分の子に対する愛情に自信をもち自分を信じているからであろう。①②のタイプをいかに③のタイプに近づけるか、これが債権者との事前面談の課題の一つでもある。

(3)　子の意思

(ア)　原　　則

子の気持は尊重するが、意思は確認しない。これが引渡実施手続の原則である。これは後に子が自分が両親の一方を選択したことについて、トラウマになったり、後悔したりするなどの精神的な負担を感じないようにするためである。ただ「子」といっても年齢に幅がある。幼児から思春期の生徒まで考えてみると精神的成熟度に差があることは想像できよう。そのため子が債権者の元に行きたくない意思を表明したとしても、子の年齢的な特徴を踏まえて、その意思は子の真意なのか、債務者側のマインドコントロールによるものなのかを慎重に判断する必要がある。年齢によってその子の意思についての判断は変わらざるを得ない（参考：実施28条1項5号）。

(イ)　マインドコントロール

マインドコントロールとは「暗示をかけて相手を意のままに操ること」（広辞苑）をいうが、引渡実施手続におけるマインドコントロールとは TP が LBP を否定するよう子に心理的影響を与え続ける言動および生活を主導することをいう。

実施場所ではしばしば子が別居親を否定する発言をしたり、ときには暴言で拒否したりすることもある。このような子の真意を判断するに際し、子の別居親に対する拒否が同居親のマインドコントロールによるものかどうかを慎重に確認する必要がある。

子は同居親の手元にいる時、大なり小なり心理的影響を受ける。場合に

よっては、同居親の別居親に対する嫌悪の情まで引き継いでしまう。引渡実施が完了せず、実施場所から別居親が帰ろうとするときに「もう二度と来るな！」「帰れ！」と罵倒する子は少なからずいる。子が同居親のマインドコントロール下にあるときは、そういう場面で同居親は悲しい表情をしないことが多い。別居親は子に拒否されて当然だという態度をみせることがほとんどであり、同じ子をもつ親として、子に拒否される感情を共有することができないのである。

　一般的に年齢が低いほど別居親のマインドコントロールの影響を受けやすいとはいわれるが、年齢だけで判断できるとはいいきれないところに現場での判断の困難さがある。マインドコントロール下にあるかどうかは、子が同居親と離れたがらない（同居親も子を離さない）、子が別居親の悪口などを言うときに同居親の顔色を窺う、または子が同居親の前で別居親の悪口を言うときだけ同居親が嬉しそうな顔をする、などの事実を確認して判断することになると思われる。マインドコントロールの影響があると考えられる場合、子の意思は確認せず、同居親を振り切って手続を進行することになろう。

　同居親は子が親である別居親を罵倒することを喜んでいるのであろうか。そうであれば子を手元で監護する資格はないというべきである。子は親の所有物でも愛玩動物でもない。実施場所で子が別居親に厳しい言葉や態度を現す場合には、同居親の影響下にあるかどうかを見定め、別居親と子を同居親の見えないところで面会させるなど、別居親と子の信頼関係を紡ぐよう速やかに手配する必要があろう。別居親においては子に対する愛情に自信をもち、子を愛する自分を受け入れ、自分を拒否している子も受け入れることで道は開いていくと思われる（完了した事案はこのパターンが多いのである）。

⑤　実施場所における手続

(1)　はじめに

(ア)　物件特定および占有認定

不動産の引渡や動産執行と同様である。占有認定以外に人通り、近隣の目

などを意識し、できるだけ目立たないように占有認定を行うべきである。このように目立たないようにするのは、手続が完了した後も債務者（同居親）の生活はその場所で継続するので、債務者の近隣関係を考慮し、プライバシーに配慮するためである。特に近隣の住人の関与（「何かあったんですか？」などと聞かれることはけっこうある）には居住者のプライバシーが守られるよう慎重に対応すべきである。なお、警察に援助を要請したときは、開始前および終了時に必ず一報を入れることが必要である。

　(イ)　最初の言葉

　債務者への話の切り出しは「子の引渡しを命ずる審判等に基づいて子を債権者に引き渡してもらわなければならないことなど、制度の趣旨や直接的な強制執行手続の基本的な内容をわかりやすい言葉で丁寧に説明する必要がある」とされている（執務資料17頁）。

　しかし説明を受けなくても債務者は裁判所の命令が発令されていることは承知しており、わかった（納得しているわけではない）うえで子を返さないのである。そういうときに裁判所の命令だからと切り出すのは債務者の態度を硬化させ、説得できない結果になることが多いであろう。たとえわかりやすい言葉で同様のことを丁寧に説明しても効果は疑問である。裁判所の命令だから従うべきだ、従わないのが悪いと思うのは裁判所の幻想である。債務者の視点では、自分に有利な判断をしない裁判所の判断など尊重に値しないのである。執行官に限らず、代理人の立場で命令調のニュアンスで債務者に説明して、逆ギレされた経験をおもちの方は意外に多いのではないだろうか。引渡実施・解放実施に立ち会った専門家も、最初から裁判所の命令を楯に説明することは、債務者側の説得には役立たないと口を揃えて指摘するところである。どんな場面でも、マウントをとるやり方は解決に結びつかないと思われる。最初は、「家庭裁判所の依頼でまいりました。お話をおうかがいできますか」でいいのである。この切り出し方が次の「説得」につながると考える。

(2) 説　得

(ア)　説得とは

　引渡実施は説得から始まる（法175条 1 項本文。156頁(2)参照）。説得とは広辞苑によれば「よく話して納得させること」とされるが、漢字を分解すると「説明して納得させること」といえなくもない。

　子どもを掌中の珠としている債務者は、執行官の説得に首肯できれば子を債権者に渡すことになるため、説得に応じようとする一方で、子と離れたくないという感情に支配されて、その納得できない感情をコントロールするのが困難な状況に置かれている。納得したくない相手方に納得してもらうことは容易ではない。しかし説得の過程で相手方の話を端折ると、自分の言い分を聞いてもらえなかったと思うため、ますます納得から遠ざかる。息は吐かないと吸えないのであるから、心を据えて相手方の話に耳を傾けることが必要である。執行だからといっていきなり子どもの手を引いて相手方から引き離すやり方は「説得」ではない。では説得から始めないといけないのはなぜか。民事執行法175条 1 項本文が「説得を行うほか」と規定したのはなぜなのであろうか。この「説得」が子の取り合いと子の引渡しの分水嶺であると思われる。

(イ)　子の真の気持への気づき

　引渡実施の当事者は親であるが、主人公は子であることは前述した。子の前での相手への非難は、子の心を傷つけ、非難された親を好きだという子の思いを封印する。そして同居親の前では本当の思いを隠して、同居親に好かれるために別居親を嫌いなふりをするのである。引渡実施において子の意思を確認しないのは子の同居親の前で表された意思が本当の気持に基づくものでない可能性があるからである。債務者に対する説得とは、子の真の気持に気づくための橋渡しのサポートともいえるのではないだろうか。

(3) 実施場所における債務者と子の分離

　実施場所では同居親が別居親に対する否定的評価を口にすることが多く、そのことが子に心理的な負担を与えている。子にとっては別居親も同居親も

自分と血のつながりのある親なのである。子としては自分の前で自分の親を否定する言葉は聴きたくないであろう。そうすると執行官が債務者を説得する場に子を置いておくことは望ましくないと考えられ、子を債務者と別の空間に移動して児童心理の専門家に託して、子の心を和ませるようにすることが子の福祉の観点からも有用である。子の好物を用意する専門家も多い。

ただ説得しても分離に債務者が同意しない場合、または子が債務者から離れようとしない場合等は、債務者と子を離さず、説得を開始するほかはない。この場合は説得を最小限にして、執行官と執行補助者が同室内で引渡実施手続を進行することになるであろう。

⑷ 債権者と子の面会（法175条1項2号）

債権者と子は債務者に連れていかれてから会っていないことが多い。会っていても家裁における面会交流など限られた場所と時間で顔合わせをしているにすぎない。久しぶりに会ったわが子とはすぐに打ち解けて話をすることができないときもあろう。そこで子をいきなり債務者から取り上げるのではなく、子と債権者を馴染ませて子の心理的負担を軽減し、できるだけ双方納得のいく形で債権者に子を託すことが望ましいと考えられる。そのため執行補助者は債権者と子が徐々に一緒にいることに慣れるように、持参したおもちゃで一緒に遊んだり、言葉をかけたり、緊張を解くように努めている。動画を一緒に観たり、兄弟姉妹とLINE通話したり、運動（キャッチボールなど）をすることも親子の絆を温めるのに有効で、そのためのツールの用意は不可欠である。子がすぐに債権者に抱きつくなどして共にいることを望んだときは，債務者が子の心身に有害な影響を与える抵抗をしないことを確認し、そのまま子を債権者に連れていってもらうこともある。

⑸ キーパーソン

債務者の監護補助者等で、子の気持に添って子のために債務者に対して説得できる可能性がある人が存在するときがある。このような人を「キーパーソン」といい、文字どおり引渡実施手続では重要な役割を担う。引渡実施は子の心身に有害な影響を及ぼすことから、監護補助者等が債務者を説得して

もらえると、子が安心する。何より手続後の双方の親と子の交流が図られる可能性が高くなると思われる。そのため実務ではキーパーソンを探すことが重要だとされる。キーパーソンは存在しないという債権者の事前情報があっても、実施場所でキーパーソンが存在したことはよくあることである。執行官はすべての人を説得する意気込みで実施にあたってほしい。

(6) 想定される債務者の主張

　これから説明しようとすることは、債務者の説得のためのものであって、やり込めるためものではない。私が実施場所で聴いたことを中心にまとめたものであるが、引渡実施をゴールとする家事手続の関係者に活用していただきたい。「あなたがお子様を愛しているように、相手もお子様を愛しておられます。お子様はあなたにも相手にも同じように愛情を受けることのできる権利をおもちです」。この言葉をキーワードとして紛争解決の場に臨んでいただきたいのである。では実施場所における債務者の主張に耳を傾けてみよう。

㋐　子が別居親を受け入れない

　同居親が自分の主張を子に代弁させるのはよく行われることである。「子が行きたくないと言っている」「子が妻（夫）を嫌っている」など、自分が子を渡さないのは子の意思であるというのである。同居親の家庭環境は別居親の抵抗勢力に満ちている。そのような環境で子が別居親を受け入れることはなかなか困難である。ときには別居親を嫌うようにマインドコントロールをしている可能性もある。そのように同居親は子に別居親を受け入れられないようにして、子が別居親を受け入れないといっているのである。

　実施場所では子は別居親と別離期間が長いため、面映ゆいのであろうか、なかなか別居親と馴染まないことがある。そのため別居親や児童心理の専門家は子の気を引く物として子の気に入るおもちゃなどを用意している。実施場所においては、子の真意を見抜くことが完了への王道でなのあるが、この心理については専門外の執行官はその点に対する気づきのトレーニングを受けていない。このために児童心理の専門家を臨場させ、子の真意を確認す

る。児童心理の専門家は子の真意を判断し、別居親を拒否していないことが推察できれば速やかに執行官に情報提供し、完了に向けて説得を進めることになる。

　(イ)　別居親には親としての適格がない

　同居親だけでなく監護補助者が主張することが多い発言である。では親の適格とは何であろうか。適格とはある資格にかなっていることをいい、資格とは一定のことを行うために必要とされる条件をいうとされる（いずれも広辞苑による）。

　では親として必要とされる条件とは何であろうか。そのことについて具体的に語った当事者はいない。語らないのは語れないからであり、語るべき内容が人により異なるからでもある。一般的な親の適格などは存在しないのである。親の適格について自分で数えだしたら、私などは恥ずかしくてそれ以上数えることができなくなってしまう。自分にはできなくても、人に要求するのはよくあることである。親の適格に欠ける、親の資格がないと言われても気にしないことである。完璧な人間がいないように完璧な親も存在しないので、別居親は安心して子の気持に沿ってほしい。

　(ウ)　子は現在の環境に馴染んでいる

　別居親と子の別離期間が長いほど、子は同居親の家庭に馴染んでいく。時は大切な友達にもなるが、容赦なくあきらめの思いを育むこともある。しかしよくよく考えてみると、子が現在の環境に馴染んでいるのは元はといえば同居親が子を連れ去ったからなのである。自分が連れ去ったにもかかわらず、また場合によっては居場所も伝えず子を同居親から引き離し、時間が経った頃、子が現在の環境に馴染んでいるからといわれても、連れ去られた側に連れ去りを納得できる者などいないであろう。

　子の連れ去りに対する裁判所の判断は厳しいものがある。外国では児童誘拐（child abduction）[42]として犯罪にあたる。日本では「法は家庭に入らず」

42　child abduction　「児童誘拐」。解放実施の英語版案内書（執務資料181頁）ではこの言葉が用いられている。

とか警察の民事不介入の原則のために、連れ去りに対する罪の意識が低いのが現状である。この意識の元にあるのは、子どもは自分のものであるという所有意識である。この点を意識してもらって、子は独立の人格者であって親の自由にしてよいものでないことを伝えることになるであろう。この点について高裁の決定例があるが次に述べる。

　(エ)　家裁の判断に不服申立て（抗告）中である

　手続の問題として、監護者指定等の審判に対する抗告については執行停止効がない。抗告したからといって引渡実施手続が停止することはないのである。そのため、抗告中だからといって、引渡実施を拒む理由にはならないことに注意が必要である。

　監護者指定および引渡実施の審判に対する抗告審（大阪高決令和4・7・14[43]判例集未搭載）では「保全審判がなされたことにより、母は未成年者を父に引き渡す義務を負っていたにもかかわらず、その違法な不履行による事実状態を根拠に上記引渡義務を争うのは、信義則に反し許されない」としたものがある。「違法な不履行による事実状態」が前記(ウ)の現在の環境のことである。

(7)　**手続終了**

　(ア)　完　了

　完了とは、債務者による子の監護が解かれ、債権者またはその代理人に引き渡されることである。

　完了に向けて執行補助者は子と債権者との間をつなぎ、子の気持を含め執行官は執行補助者から子と債権者の状況の報告を受ける。執行補助者から債権者と子を連れても大丈夫であるとの報告を受けると、執行官は債務者に子を連れて行く旨を告げ、子の衣類や学校等に必要な物、おもちゃなどをまとめてもらえるように依頼する（後から宅配便等で送付してもらうこともある）。

43　**抗告審**　上記判断に続けて「父が母に引渡しを求めた……のに、それを拒否して、結局未成年者に転校を余儀なくさせる状態にしたことは未成年者に対する配慮に欠けた対応と言わざるを得ず、監護者としての適格性を疑問視せざるを得ない」とされている。

　手続完了後は実施場所付近において子と債権者が残されたままとなる。そこで引渡しの状態を保つために、子が債権者とともに移動するときは、自動車を利用するなど、実施場所から速やかに離れることが必要になる。執行官は債権者と子が車で実施場所を離れるまで見送るのが通例である。

　　⑷　不能（規163条1項）

　不能とされるのは次の三つの場合である。特に重要な不能事由は、③の執行官の指示に従わない場合である。

　　　⒜　子に出会わないとき

　子が現実に実施場所にいないときと、実施場所にいたと思われるが、実施場所に立ち入ることができず、所在を確認できなかったときも含まれる。

　　　⒝　子に出会ったが、子の監護を解くことができなかったとき

　債務者が子を話さないときのみならず、子の意思で債務者の監護下に残りたいと意思表示したときもこれにあたる。①②は、「債務者に出会わないとき」と規定していないので、債務者が子と一緒にいなくても、引渡しは可能である（いわゆる「同時存在」は不要）。

　　　⒞　債権者および代理人が執行官の指示に従わないことその他の事情により、円滑に引渡実施を行うことができないおそれがあるとき

　債権者が執行官の指示に従わないときとはどういう場合であろうか。過去に実施場所において現実に起こったことには次のものがある。

①　債務者宅の窓の外から「出てこい！　それでも私の子か！」と近隣に聞こえるような声で言ったとき

②　児童心理の専門家の立会いを拒否し、実施場所で泣き叫ぶ子らを無理矢理債権者の車に乗せようとしたとき

③　債権者が単独保育園に乗り込んで、保育士に審判書を示して子の引渡しを求めてその場から立ち去らなかったとき

　③の例は実施場所での出来事ではないが、このような行動をとる債権者は、実施場所において執行官の指示に従わないおそれがあるので、その他の事情により円滑に引渡実施を行うことができないおそれがあるといえる。な

ぜこのようなことが起きるかというと、債権者が子を自分の所有物と勘違いし、子の引渡しを子の奪取と考えるからである。子の奪い合いは紛争をこじらせるだけで、紛争解決はもたらさない。

　　㈦　続　行

　引渡実施手続は長時間に及ぶことがある。2、3時間かかることは珍しくない。完了の見込みがあるが1回では終わらないときは日を改めて、再度実施場所に臨場することもある。これを続行という。

　　㈨　中　止

　次回期日を定めず、不能とせずに手続を中断することである。子が実施場所にいなかったときや、債務者の説得はできなかったが子の心が債権者に傾きかけているときなどで、その場で続行期日が決まらなかったときである。

⑥　引渡実施における実務上の問題点

⑴　写真撮影・録音・録画の禁止

　実施場所（執行場所）においては写真撮影・録音・録画は禁止されている。民事訴訟規則77条では法廷における写真撮影・録音・録画は裁判長の許可を得なければすることができないとされている。許可とは対象とされる行為が原則禁止であることを前提に、許可権者がその禁止を解除することである。公開されている法廷でさえ撮影は原則禁止で、撮影するには裁判長の許可を要するのである。非公開とされている非訟手続（執行手続）において写真撮影・録音・録画が禁止されていることは論理的に導かれるであろう。

　また撮影・録音・録画して相手の揚げ足取りをすることにどれほどの意味があるというのであろう。録音・録画は相手の不利な部分のみを編集・反訳し、自分の不利な部分は削除する形が多く、引渡実施手続の解決からほど遠い手法である。

　子の親がすべきことは相手を貶め、誹謗中傷の応酬をすることではなく、相手方も自分と同じように子を愛している親である、と考えてお互いにリスペクトすることではないだろうか。

(2) 子の適齢

(ア) ハーグ条約実施法による適齢との関係

引渡実施では16歳以上でも実施可能であるが、ハーグ条約実施法によると、子が16歳に達した後は、解放実施することができないとされている（実施135条1項・27条1号）。高校生になると自我が芽生え、両親との関係性を適切に判断できる可能性があるからであろう。しかし、子は親や大人が思うより精神的な成熟度が高いものである。大人ではないが、子どもでもないともいえよう。インターネットやSNSで情報が氾濫している時代では、判断するための資料には事欠かない。その結果、子どもたちの精神的な成熟度は高まっており、実施場所においても意思を明確にすることがよくある。

実施場所においては子の意思は確認しないのが原則である。あとで子が自分の選択を振り返ったときに、自分を責めたり、トラウマになったりしないようにするためである。そのため子が実施場所において意思を明確にしても執行官はそれに拘束されない。しかし頑なに、別居親との同行を拒んだときは、子の心身に有害な影響を及ぼす（法176条）可能性を否定できないことから、それ以上強制することはできない場合もあると思われる。

(イ) 子の真意

子が別居親との同行を拒むときは、それが子の真意であることを確認する必要がある。ここでは前述したマインドコントロール（173頁(イ)）の影響があるかを判断する必要がある。子の真意かどうかは子の年齢にも関係する。引渡実施手続の実施場所での感覚に基づいていうならば、小学校高学年になれば自分の意思が説明できる年齢になると思われる。それに対して低学年のうちは同居親の支配下にあることが影響して、同居親の顔色を窺う場合が多いであろう。同居親に嫌われたくないために、別居親を悪く言ってご機嫌を取るわけである。子と同居親との同居期間が長いほどこの傾向がみられるので慎重に判断しなければならない（174頁参照）。

(ウ) 債権者と子の別居期間

別居親と子が離れている期間が長いのは、同居親が別居親に子の居所を告

げず、住所を転々としているからである。別居期間が長くなれば、子は現在の環境に馴染み、別居親と生活を共にしたがらない傾向がみられる。悪い言い方をするといわゆる「逃げ得」の感がある。同居親の行為についての裁判所の判断は「連れ去り」であることが多く、同居親に引渡しを命ずる決定が発令されるが、完了率は低いのが現状である。こういうことが起きるのは日本の法律に親による児童誘拐の直接の処罰規定がないからでもある。ハーグ条約でも「Child Abduction」（児童誘拐）という言葉が用いられており、国内事案との意識の差がみられる。

分離期間が長くなることで引渡実施の完了率が下がることを避けるためには間接強制だけでなく、引渡実施と人身保護をリンクした手続が必要ではないかと考えるのは私だけであろうか。

(3) 児童心理の専門家の給源等

現在、引渡実施手続における児童心理の専門家はFPICから派遣されることが多いと思われる。児童心理の専門家の関与は重要であり、児童心理と当事者対応の専門知識のコラボが求められることなどから、意見交換などの場も必要となってこよう。

また、児童心理の専門家がいない地域では、執行官がその役割を担うことになる。しかし裁判所においては体系的な児童心理学等の講義も行われないから、執行官は独力で自分の体験とあわせて、心理学等の知識を身に付けなければならない。たとえば執行官の執務資料に収集すべき情報として「子および債務者の性格・気質・行動傾向」をあげているが、性格・気質・行動傾[44]向の定義、区別の実益などは示されておらず、個々の執行官が判断を任されている状況である。

またそれ以外に債務者および子の心身の状況並びに子の発達状況なども収集すべき情報とされているが、重要なことは情報の内容より、情報の活用である。苦労して集めた情報も活用するスキルがなければ収集する時間、労

44　性格・気質・行動傾向　執務資料2頁、3頁、31頁参照。ちなみに気質に導かれた行動傾向を「性格」という。

力、費用の無駄に終わる可能性がある。そうならないよう収集した情報を活用できる知識の備えと備えのため、引渡実施手続の執行裁判所である家裁主導の研修の実施が期待されるところである。

7 引渡実施の予防（子の取り合いにならないために）

(1) 紛争の予防

これから述べることは、私が子の引渡しの手続の中での債権者との面談や、債務者との会話の中で培ったものから抽出した原理というべきものであるが、いわゆる処世訓やハウツーものではない。手続中の当事者等の話や考え方は、引渡実施手続に進まないためにどうあるべきかの示唆を提供するもので、当事者の経験に導かれた紛争解決の原則論ともいうべきものである。この原則論は予防法学といわれる分野に関連するとも思われる。

紛争予防は契約法における渉外分野を中心に発展してきたが、心の問題に大きく関係する家族法の分野でも紛争予防のあり方を考察する意味はあると思われる。平和を維持するための外交が戦争を回避するために全力を注ぐように、紛争を予防することは家庭の平和をめざすという究極の紛争解決であると思われるからである。また現在夫婦関係に悩みのある方も別離というゴールにたどり着かないための参考にしていただければと思う。さらに引渡実施の当事者にとっても、手続終了後に子と向き合う参考になればと願うものである。相手を責めるより、自分を振り返ることのほうが紛争解決に役立つことが多いであろう。また夫婦関係を調整する調停手続においても、子の引渡しを避けるために必要なこととして参考にしていただければ幸いである。以下では、配偶者や子に対して避けるべき言動、行うべきこと、裁判所として監護者にどういう資質を求めているかなどについて述べていきたい。

(2) 避けるべきこと（してはいけないこと）

(ア) 当たり前と思うこと

人は一人では生きていけない。他者のおかげで命は保たれている。食事のとき「いただきます」というのも自分以外の生物の命をいただくことに感謝

するからである。いつも自分の側にいる存在は召使いや秘書ではない。当たり前は他人が自分のために何かをしてくれる存在があって成り立つものである。その存在に気づかず、尽くされて当然だと思うのが当たり前の根底にある。どうして当然と思うかというと、自分の方が上であると思ってマウントをとるからである。これが耐えうる限界値を超えるとモラルハラスメントに進んでいくようになろう。

　ひどいときは相手に対して「不良品」とか「召使い以下」などと平気で言うようになる。まず自分が何でもできるという思いから脱却し、相手の存在に気づき、感謝することである。互いにリスペクトする思いやりのある空間が必要であろう。

　共同生活を始めた頃は相手に尽くすことに喜びを感じていても、時の経過とともに、感謝も反省もしない相手に次第に疲れを覚えるようになってくる。自分のことは自分でするのが原則であって、してもらうことは例外であり、当たり前ではないのである。相手が労力、時間、お金をかけてしてくれたことに感謝すべきであり、感謝できなかったときは反省を伝えることが大事である。家族関係に限らず、行き詰まったときはまず感謝である。

　　(イ)　備えていないものや、できないことを数える

　備えていないものとは、本人の資質、努力、経済力などでは備えられない性別、財産、家柄、学歴、体格、性格などをいう。これらが備わっていないことを責められても、責められた者は現時点では解決のしようがない。家事、育児などについて不十分なことも同じである。将来的にはできるようになる可能性はあるが、現状では備えていないため、解決できず、言われっぱなしになってしまう。その結果信頼関係が失われ、さらに相手のあら探しを続けるという悪循環に陥るのである。そうなる理由は自分自身の自信のなさに由来する。足りないことは指摘するものではなく補うものである。できないものはできるように指導し温かく見守るか、できないありのままの姿を受け入れることである。ありのままの姿を受け入れることができないのは自分自身を受け入れることができないからでもある。真に自分を受け入れた人は

他人を拒否することはない。

　　㈦　あるものを比べる

「ある」とは五感[45]の作用で感じることができるものである。人との比較は不幸の始まりといってもよい。劣等感、自信過剰や自信喪失、嫉妬、いじめなどは比較に起因するものであることが多いであろう。長所と長所、短所と短所を比較するのはまだいいほうである。こういう会話は、特に食事の席では結構弾むものであり、ストレス解消にある程度の効果もある。読者の中には配偶者の不平不満の話題で溜飲を下げたご経験をおもちの方もあるかと思われる。

　しかし、夫婦間においてしばしば行われるのは短所と長所の比較である。妻（夫）の悪いところと、他人の妻（夫）の良いところを比べるのである。場合によっては、ないものとあるものの比較さえ行われる。ないものを数えるとは、言い換えると他人のあるものとの比較となり、ないほうは反論することは困難であろう。自分の配偶者と他人の配偶者との容姿、スタイル、収入、学歴、家柄などの比較をし、自分の配偶者の価値を損なうのである。相手が唯一の、かけがえのない存在であることは頭ではわかっている。そして世界で一人であるがゆえに他人と比較できない存在であることも理解しているつもりである。それでも相手に何かを願う[46]、つまり相手に何かを期待をしてしまう結果、その期待が叶えられないと、人と比べて見劣りする相手を見てため息をついてしまうのである。しかし、見劣りすると見えている相手は自分の姿がそのまま相手に映っているだけかもしれないことに思いを馳せてほしい（204頁㈦参照）。夫婦は共に成長していくものであって相手の持っているものを利用する関係ではないと思う。

45　五感　視覚、聴覚、嗅覚、味覚、触覚のことである。個人の感覚に負うところが多いので、感じ方に個人差が出てくるが、視覚や聴覚はある程度データ化できる。

46　願う　俵万智の『未来のサイズ』という歌集に「子のために願うことなかれ　願うとは何かを期待することだから」という一首がある。願うことは相手に対するプレッシャーになるかもしれないことを詠んでいる。

（エ）　その場にいない相手の悪口を言わない

悪口[47]は人の成長を後退させる。言い換えると悪口を言う人はその時点での成長は望めない。悪口とは目の前の相手を押し下げて、一時的に目の前から相手の存在を一時的に消し去ることである。しかし、自分が成長して相手の上にいくわけでないので、すぐに相手は自分の視界に現れる。このように悪口は現状の変革も自己改革ももたらさないことを理解していただきたい。

なお、目の前にいる相手に誹謗中傷となる発言をするのは論外である。正しい人は正しさを武器にして人を傷つけることはしない。自分が人にされて不快に感じると思うことはしないよう心がけるのが、大人としての心のありようであると思う。

(3)　行うべきこと

（ア）　感謝する

家事や育児に限らず、すべきことに気づいたら、気がついたほうがするのが原則である。これができていない、あれをしていないなどと指摘するのは、家事や育児などは相手がするものだ、してもらって当たり前だと思い思いがあるからである。子の引渡事件で私が出会った夫婦のうち、家事や育児の分担がうまくいっている例は稀であった。当たり前という心には感謝の気持が欠けているように思われる。子の引渡しという結末に進まないよう、互いに感謝の気持はもち続けていただければと思う。

そして自分のほうで気がついて何かしたときに、相手に「○○しておいたよ」と自分の行動を認めてもらうために言うことも控えるべきである。その発言の根底に自分がしたことは相手がすべきことであったという思いが隠れていることがあるからである。気がついたら自ら動く、そのことに感謝を求めることなく、何もなかったかのようにさらっと流すこともステキではないかと思うのだが、読者の皆様はどうお考えになるであろうか。

47　悪口　悪口とは他人のことを悪く言うことである。ちなみに批判は人物・行為・判断・学説・作品などの価値・能力・正当性・妥当性などを評価すること、誹謗中傷は根拠のない悪口を言い相手を傷つけること（いずれも広辞苑）である。

⑷　謝罪する

完璧な人間は存在しない。人間である以上、何かしようとしたらミスは不可避である。ミスしないのは何もしないからであるともいえる。謝罪の反対は開き直りであろう。

引渡実施手続においても、妻（子の母）の不貞行為を知って夫（子の父）が子ども（女児）を連れ去った事案を担当したことがある。債権者である母は監護補助者である祖母とともに子の父を散々こき下ろし、自らを省みることが少なかった。一方で債権者は2時間以上玄関に立ち続け、子の心が開くのを待ち続けた。実施場所では子の説得に計7時間以上を要したが完了した。また妻（子らの母）の子（いずれも女児）らに対するDVを主張して夫（子の父）が子を連れ去った事案では、母が子らにひたすら「ごめんね。ごめんね」と言い、一切の言い訳をせずに1時間ほど子らの話に聴き入り、子らが心を開いて、「お母さんと一緒にいく」と言って完了したこともある。

両件を振り返ったとき、謝罪とは人の心を温める効果があるのだと感じさせられる。

⑼　少し無理をする

ここでいう無理は、ストレスや体の不調の原因となるような無理ではなく、好きな相手に自分の手間、時間を使うなど、その人にとって心の成長を伴うような心地よい無理のことである。

引渡実施で問題になっていたのは力（体力、財力、学力など）で相手を押さえつけ、支配することである。支配に耐えられなくなり、家を出て子の引渡しを求めてくることもある。裸足のまま債務者に家を追い出された債権者も存在する（男女の区別はないが、割合的には女性が男性に支配されることが多いようではある）。窮屈でなく、退屈でなく、リスペクトできる相手の存在は何者にも代えがたく、そのような相手とは努力して心地良い空間をつくることが大事かもしれない。

⑷　監護者指定の根底にある考え方

親としての適性、適格という言葉は、自分自身に向けては使われることが

189

少ない。「自分は親としてふさわしい！」と公言する人は意外に少なく、むしろ相手方から「あなたは親としてふさわしくない」という使われることが多いと思われる。そもそもオンリーワンな存在である親に「適性」という言葉を使う意味はないはずである。家裁の審判書においても、監護者としてふさわしいかの判断は記載されていても、父親（母親）としてふさわしいという言葉は読んだ経験がない。実施場所においても、子が「父親らしくない」とか「母親らしくない」という言葉を使うのを聞いたことがない。ただ母であり、父であるだけでなのである。

　親は子とともに親として育っていくものであり、最初から親になれる人はいないであろう。子が6歳なら、親の親年齢も6歳である。それがわかっていないから、監護補助者である子の祖父母たちが、親の適性がないということを相手への攻撃に使うのである。自分のほうが優れているという主張の根拠に、相手の欠点や弱点を利用しがちである。感情的になったときに行いがちなことであるが、これをすると次のような問題が出てくる。

　①　相手方も同じく子の親であるから、相手が傷つくと子も傷つく

　②　相手を攻撃すると、後で自分の欠点を返されてくることが多い

　③　相手を攻撃することにより、子は相手からの愛情を受けられない

　子は親の言葉や愛情に触れることにより、成長していくものである。たとえ親が反面教師になったとしても、子にはリスクに対応できるレジリエントな性質が備わっているとされる。完璧な親も、完璧な教師も、完璧な育て方もない。ただ愛情に満ちた環境を整えることが子の成長に欠かせないと思われる。そのためには手続後の親との面会交流の場を整えることも重要である。裁判所も手続後の二親と子のふれあいは重要であると考えているようである。というのは審判書の監護者指定の理由を読んでいると、面会交流の可能性が高いほうが、監護者・親権者として指定されやすい傾向があると感じられるからである。確かに引渡実施手続において債権者と債務者を比較すると、債務者のほうが面会交流に消極的で、相手に対する誹謗中傷の度合いが高いと感じられる。子への愛情を発現することは大事なことであるが、子は

親同士がいがみ合うことを望んではいないことを感じてほしい。

⑧　解放実施手続と引渡実施手続との相違点

　解放実施手続はハーグ条約実施法による手続であるのに対し、引渡実施手続は民事執行法による手続である。執行官が関与する場面については、債務者を説得し、債務者（同居親）から債権者（別居親）へ子どもが引き継がれるという本質的な部分はほぼ変わらないのであるが、以下のような相違点がある。これらがすべてではないが、実施場所で想定すべき内容を中心に紹介しよう。

⑴　債権者と返還実施者

　解放実施手続では債権者ではなく、返還実施者と呼称する。これに引渡実施と解放実施と手続の違いが現れている。家庭裁判所の決定主文で確認してみよう。

〔引渡実施の決定〕
　「債務者は債権者に対し、子目録記載の子を引き渡せ」
〔解放実施の決定〕
　「相手方は子○○○○を△△△国に返還せよ」

　違いがおわかりだろうか。この違いは父親と母親の子をめぐる法律関係が予定されているか、ある程度進行しているかによるものである。引渡実施は家裁において監護者指定や親権者指定などの判断が先行し、それに基づいて引渡実施決定がなされるが、解放実施は夫婦が暮らしていた本国（常居所地国）での夫婦間の法律関係について裁判所の審理がこれから開始する状況である。したがって解放実施手続後、常居所地国において離婚、親権者指定などの判断が予定されているため、引渡しを受けるべき債権者ではなく、常居所地国に子の返還を実施する返還実施者となるわけである。

⑵　引渡しと返還の違い

　一般的に引渡しとは占有移転を意味するが、引渡実施手続における引渡し

は子に対する監護権の移転を前提とするので、債務者（同居親）による子の監護から債務者（別居親）による子の監護に移転する。解放実施は常居所地国に返還することであるから、子の監護状態の移転ではない。したがって常居所地国に戻る際に同居親（TP）が子と一緒について常居所地国に行くことは可能である。そういう事態も想定されることを返還実施者に情報提供する必要がある。

返還命令の審理では、子が「連れ去り時又は留置の開始の直前に子が条居所を有していた国」（常居所地国：実施2条5号）が日本か、その前に居住していた国かが大きな争点となる。

(3)　返還実施者との連絡態勢

引渡実施手続は日本国内の手続であるが、解放実施手続は国際結婚事案であるから、返還実施者は常居所地国である外国に居住していることがほとんどである。そのため解放実施手続の最大の情報提供者からの情報が得られない可能性があるが、近時はウェブ会議、Skype および LINE のビデオ通話などを活用して連絡が可能になった。しかし対面で出会うのは解放実施日当日になるので、情報の共有化等連携を緊密に保つ必要がある。

また返還実施者が日本語を解しないときのフォローも考えておく必要があり、その場合は代理人に語学能力が求められる。

(4)　児童心理の専門家

引渡実施手続では児童心理の専門家は FPIC を中心とする元家裁調査官が多いが、解放実施手続では外務省ハーグ条約室に所属する児童心理の専門家が担当する。前者の年齢構成は60歳以上であることが多いが、ハーグ条約室の担当者はおおむね30〜40歳の年代が多く、かつ女性比率も高い。また返還実施者は日本国籍を有せず、日本語の会話ができない可能性があるため、常居所地国の母国語の会話ができる担当者があるのも強みである。

なお、解放実施手続においては、ほとんどの事案でハーグ条約室の担当者が立ち会うと思われる。

(5)　対外関係

引渡実施手続は国内法の手続であるから国内のことのみ想定すればよい

が、解放実施手続は国際結婚からスタートするため常居所地国の手続も視野に入れる必要がある。そこで、裁判所のみならず外務省との連携が必要となり、解放実施手続の完了に向けて司法の枠を超えての情報共有が求められる。警察等への援助申請についても国際問題であることは伝える必要がある。しかし、子の捜索や債務者の居住調査については警察も外務省も援助は行わないのが通例である。基本は家族間の問題ということであろう。

(6) 子の年齢

前述したように解放実施手続では、子が16歳に達していると、裁判所は返還を命じることができず（実施27条1号）、同様に子が16歳に達した後は子の返還の代替執行をすることができない（実施135条1項）。国内法の引渡実施手続にはこのような制限はないが、子が意思を明確にできるようになると事実上、子の意思を尊重せざるを得なくなるのは前述のとおりである（173頁(3)(ア)）。

(7) 子の意思

実施法28条1項5号によると、「子の年齢及び発達の程度に照らして子の意見を考慮することが適当である場合において、子が常居所地国に返還されされることを拒んでいること」が返還拒否事由の一つとされている。そのため返還命令を求める審理では、①子が意見を尊重できるほど年齢に達し発達していると認められるか、②子が常居所地国への返還を拒否していると認められるかが、最大の争点になっていると思われる。国内法にはこのような規定はない（173頁(3)）。

(8) 債務者の抵抗の度合い

債務者にとっては子が返還実施者とともに常居所地国に返還されると、手続後に子に会うことは経済的にも時間的にも空間的にも困難となる。そのため国内事案に比して強度の抵抗が想定される。子に就学させずに、債務者の近親者の住居と転々として匿われることもよく行われる。返還実施者にとっても常居所地国から離れた日本で、債務者の居住調査などの解放実施手続を遂行するのは時間、費用、労力がかかるのである。債務者の居住調査につい

て外務省、警察の援助が得られれば、利用しやすいものになるであろう。

(9) 解放実施手続の完了後の進行

　解放実施手続が完了すると、返還実施者は子とともに空港など常居所地国への交通機関のある場所に移動する。そのため外務省において子のパスポートなど迅速な便宜が図られる予定である。しかし、子の住所から空港まではボディガードが付くわけではなく、執行官も現地で手続が終了するため、空港までは返還実施者が単独で子とともに移動しなければならないため、タクシーを待機させる必要もある。また完了時刻に航空便がなければホテルの手配も考えなければならない。

　以上をまとめると次の表のようになるので、参考にしていただければと思う。解放実施の流れは、次頁をご覧いただければと思う。

手続 / 相違点	引渡実施	解放実施
債権者の呼称	債権者（申立人）	返還実施者（LBP）
実施の態様	債務者から債権者への引渡し	常居所地国への返還
LBPの住所	日本国内	常居所地国（外国）
代理人	法13条による代理あり	弁護士（実施50条1項）
語学力	不要（日本人の場合）	必要（常居所地国の母国語）
児童心理の専門家	元家裁調査官（60歳以上：男性が多い傾向）	ハーグ条約室（外務省職員）（30〜40歳：女性が多い傾向）
対外関係	考慮不要	外務省との連携必要
子の年齢	特に制限なし（18歳未満）	15歳まで（実施135条1項）
子の意思	確認不要（気持は尊重する）	子の年齢及び発達の程度により返還拒否事由（実施28条1項5号）
債務者の抵抗の度合い	事案による（裁判所の判断に不服の度合いが高い）	強い（転居を繰り返す）∵本国に返還されると面会困難
手続後の態様	債権者に子を引き渡し、子を債権者の監護状態におく	常居所地国に戻るまで、返還実施者の責任で保護（本国に返還）

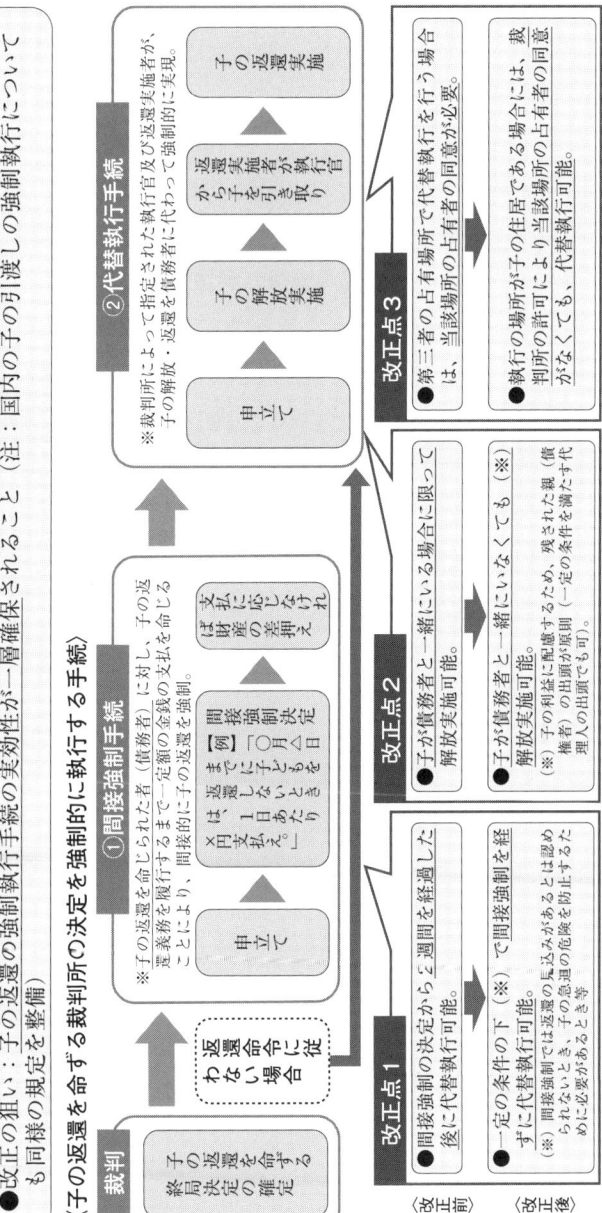

［参考資料］

ハーグ条約実施法の改正の概要

出典：外務省ホームページ

9 人身保護

(1) 人身保護とは

人身保護とは不当に拘束されている人の自由を、司法裁判により迅速・容易に回復するための手続で、そのため人身保護法が制定されている。本来の同法の趣旨は戦前のタコ部屋[48]をイメージしたものとされているが、同法成立した昭和23年より子の引渡手続に利用されている（最判昭和24・1・18民集3巻1号10頁）。連れ去られた等の理由で、拘束者である子の一方の親の監護を不当な拘束と評価して、請求者であるもう一方の親の手元に子の監護を回復させるとされ、現在では人身保護事件のほとんどが子の引渡しである。

(2) 人身保護命令発付の要件

人身保護命令が発付されるためには次の3要件が必要とされている。人身保護請求が認められるかどうかは3要件だけでなく、請求者または拘束者の土地らの親元で監護されることが子の幸福にかなうかの観点から判断されている。

(ア) 不当な拘束

正当な理由なく、人（被拘束者）の身体の自由を不当に奪っていることである（人保1条）。子の意思能力に基づいて、その自由意思で拘束者の手元にとどまっているときは、不当な拘束とはいえないことがある。ただ不当な拘束かどうかは一義的に決まるものでなく、具体的な事案に即した判断[49]がされている。

(イ) 顕著な違法性

一見してその拘束が裁判によって行われているなどの適法性に欠けることである（人保2条前段）。裁判所の判断（家裁の審判等）や引渡執行における

---

48 **タコ部屋** 寒冷地などで鉄道事業等のため劣悪な条件で過酷な労働を強いられた労働者の収容施設のこと。入ったら出てこれない蛸壺が名前の由来とされるが諸説ある。

49 **事案** 最判平成30・3・15民集72巻1号17頁は、拘束者が非拘束者に対して不当な心理的影響を及ぼしていることから、拘束者（子）が自由意思に基づいて拘束者の下にとどまっているとはいえない特段の事情がある、として不当な拘束にあたるとした。

執行官の説得に従わず、監護を続けることは適法でない可能性があり、不当な拘束と評価されることがあろう。

　　㈡　補充性

　他に救済の目的を達成する手段（訴訟、再審等）のないことである。

　引渡実施手続によって子の引渡しを受けることができずに不能となれば、他に救済の目的を達成する手段はなく、補充性は認められることが多いと思われる。

⑶　人身保護手続

　具体的な手続進行のイメージは［図４］のフローチャートを参考にしていただきたい。ちなみに人身保護事件は弁護士を代理人として手続を進行することが原則とされている（人保３条本文）。非拘束者（子）には国選代理人を選任する（人保14条１項２項）。審問期日は請求のあった日から１週間以内に開かなければならない（人保12条４項）。

　人身保護事件は民事訴訟の方式で手続が進行するが、第１回審問期日では、拘束者の答弁から手続が開始する。最初に拘束者の人身保護命令（人身保護請求書ではない）に対する答弁書陳述が求められるのである（人保規29条）。なお証拠調べは疎明による（人保15条）。審問後、審問と同一日に判決が言い渡されることもある。不服申立ては上告のみで、言渡しから３日以内に上告しなければならない。

⑷　人身保護の執行手続

　人身保護法では引渡しについての執行に関する手続規定がないため、執行官が関与することはない。そこで裁判所が審問中の子の保育について、裁判官室などで裁判所書記官や事務官が臨時の保育者となって非拘束者（子）のケアにあたっている。その間、お絵かきや紙飛行機の飛ばし合いなど裁判官室とは思えない非日常空間が現出されることも多い。判決等、子を引き渡すべき親が確定したら、子を一般人の利用しない通路などに誘導し、自動車に乗せるなど事実上判決等の内容が実現できるよう手配している。

［図5］　人身保護請求手続フローチャート

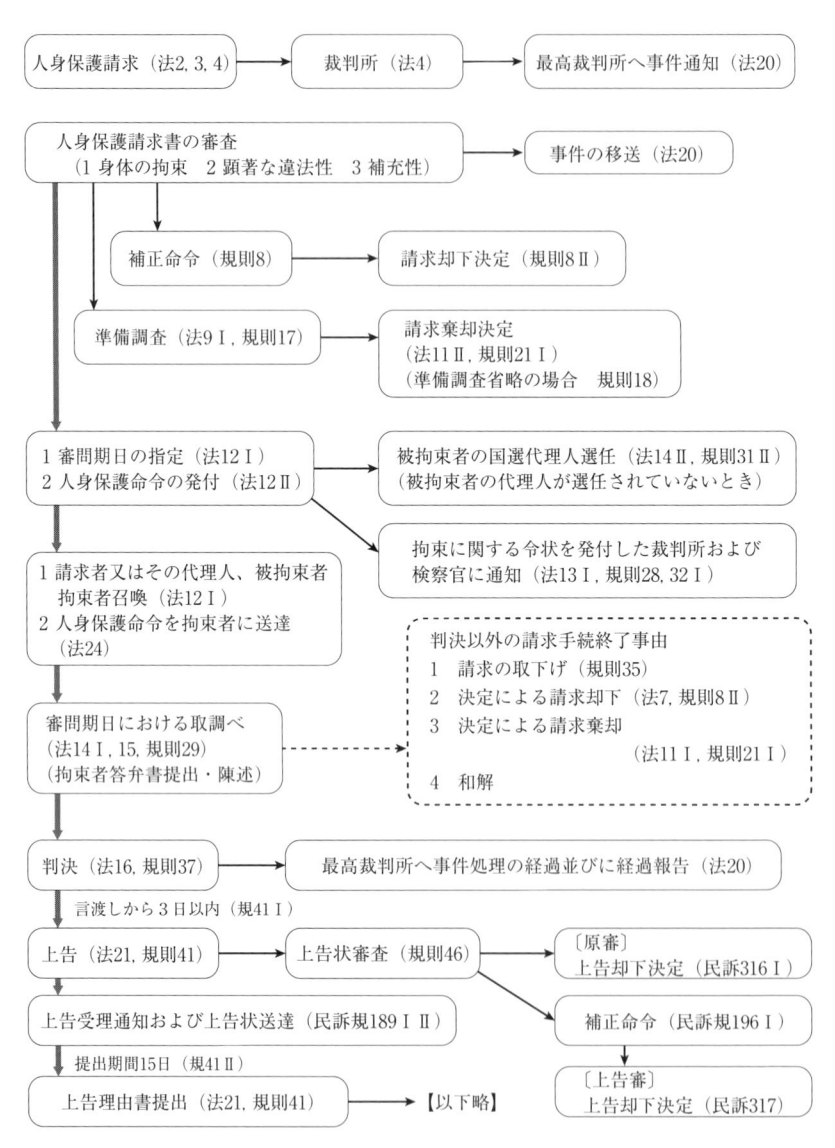

※「人身保護請求事件に関する実務的研究」（法曹会刊）を参考に作成した。

共同親権と引渡実施

　令和6年5月17日に民法改正案が成立し、共同親権制度がスタートします（施行は公布後2年以内）。この改正のポイントは改正民法817条の12に示されています。そこには（親の責務等）として、

　　1項　父母は、子の心身の健全な発達を図るため、その子の人格を尊重するとともに、その子の年齢及び発達の程度に配慮してその子を養育しなければならず、かつ、その子が自己と同程度の生活を維持することができるよう扶養しなければならない。

　　2項　父母は、婚姻関係の有無にかかわらず、子に関する権利の行使又は義務の履行に関し、その子の利益のため、互いに人格を尊重し協力しなければならない。

と定められています。1項については筆者が引渡実施場所で債権者債務者双方に「子の養育チーム」と説明してきた内容であり、2項は夫婦は別れた後もそれぞれの親の立場をリスペクトすべきということにつながります。この考え方が共同親権を機能させる前提となるのです。

　親権は子どものために行使されるものです。監護親、非監護親ともに自己肯定感のある子となるように子の成長を願うのであれば、両親に愛される子の権利を意識して親権を行使すべきなのです。しかし、子を連れ去った同居親は、子を連れ返されないか、自分のいないところで子に悪口を吹き込まれないか、現在の家庭環境を知られないかの不安から、面会さえも認めない傾向にあります。これでは子の権利は守られないでしょう。共同親権が機能するには親が精神的に成熟していることが求められます。

　共同親権制度の下では双方が親権者ですから、どちらも監護権があり、どちらの手元に置いても引渡実施決定が発令しづらいという事態が想定されるでしょう。発令され、実施場所に行っても双方が親権者ですから、互いに主張を譲る可能性は少ないでしょう。

　法務省はハーグ条約実施法については共同親権制度の導入による見直しは示唆していますが、国内法の引渡実施については明言していません。離婚時に監護者を指定して、別居親から同居親に対する面会交流を義務づけるのか、別居親が同居親から子を連れ去った場合に親権者指定の取消と引渡実施決定をワンセットにして発令するのか、まだまだ方向性が未知数です。

　「成せば成る」の言葉で有名な上杉鷹山は、藩政を改革する際に三つの壁

があると考えました。それは①制度の壁、②物理的な壁、③意識（心）の壁です。とりわけ越えることが難しいのが③の心の壁であるとしました。どんな優れた制度をつくっても、それを運用する人、利用する人の意識が制度の理念に届かないと、制度のめざした目標は達成できません。共同親権者となっても父と母がそれぞれに対するリスペクトの姿勢を欠き、反発や対立したりすると共同親権制度によって守られるはずの子どもたちが悲しむのです。その行き着く先は子の連れ去りや囲い込みです。討論会で相手しか見えずに議論になり、聴衆をしらけさせることは時々みられますが、父と母の間でもよく似たことが行われています。子どもの思いより親の思いを優先し、別居親の愛情を受けられなくすると自己肯定感のない子に育つ可能性があると指摘する専門家もいます。

　子の幸せとはスローガンではありません。親の手から離れたときに自立できるように育ててこそ子どもの幸せといえるのです。自分の手元に置いて相手に寂しい思いをさせるのは、子どものためにならないばかりか、その寂しさは将来親にツケとして残ります。ツケとは、子が親を受け入れることができないようになり、自己肯定感をもてない子どもに育ってしまうことです。自己肯定感をもてる子どもにするためには、父と母がそれぞれができることを出し合い、子の前で相手の足りないものを数えたりせず、補い合って子の養育を行うことが大切です。離婚によりすでに傷ついた子がいます。自分のせいで離婚したのでは、と悩む子もいます。そういう子の辛い気持に寄り添い、育むために共同親権は活かされるべきであると思います。

第8章

当事者対応の技法

はじめに

　朝日新聞の天声人語（2023年5月21日付け）に「理屈は人を納得させるが、人は感情で動く」という言葉が紹介されていた。当事者や依頼者に対して説明するときにも、感情を無視することはできないと思われる。言い換えると、理屈では人の気持は動かせないということであろう。人の気持に寄り添うことが当事者対応の根底にある。さらに寄り添う人への思いやりや慈しみがなければその人を動かすことはできない。話の聴き方やカウンセリングの技法の根底にはそういう視点が求められる。

　どういう対応が適切かは人によりイメージが異なると思う。親切さを感じさせる対応や思いやりのある話し方で、相手方が納得し、実質的な紛争が解決したと感じることは少なくない。型にはまって迅速で安定した手続も大事であるが、当事者が求めるのは、納得したい心の後押しをしてくれる対応ではないかと思う。

　どんなに正しいと思って行動していることであっても、相手の心に響かなければ正しさを共有することはできないし、正しさを武器にすると相手を傷つけてしまう可能性を否定できない。正しさは人の数だけ存在する。私たちが当事者や依頼者に向き合うとき、正しさを追求するだけではなく、当事者、依頼者の紛争解決のために協力できることを一緒に探そうする姿勢が大切ではないだろうか。そういう観点から考えたとき、当事者対応の技法は紛争解決の第一歩になる可能性に満ちていると思う。

① 当事者対応とは

　今まで述べたように、執行官は執行手続で手続説明、引渡実施手続においては説得を基本とした債務者対応を行っている。強制執行だからといって高圧的な態度や物言いは相手を硬化させ、紛争解決はおろか、新たな紛争の火種になってしまう。そうなると目的不動産が事故物件になったり、引渡実施では不能という結果に終わり、親と子が離ればなれのままになってしまう可

能性がある。そこでどのような対応が望ましいかを考えるとき、適切な当事者との対話が期待されることとなる。これを民事裁判手続では当事者対応という言葉で説明されることが多いと思われる。

　本章では当事者対応についての技法をまとめて、説得のための方法論を考えるうえでの一助としたい。なお、この技法は裁判手続のみならず他の分野にも応用できるものであるので、ご活用いただければと思う。

　当事者対応は経験で身に付く部分が多いとはいえ、可能であればその経験を事前に知っておくことのメリットは大きいであろう。愚者は自らの経験に学び、賢者は歴史に学ぶ、といわれる。これから述べることは諸先輩の経験や先人の歴史に基づくものであるから、自分のスキルとなるようにしてほしいと思う。他人の方法論は学ぶだけでは身に付かず、自ら実践することで各自のノウハウに転化する。当事者対応を怖がらず、楽しんでその醍醐味を掴んでいただければ幸いである。

② 当事者対応における心技体

　スポーツの世界では心技体が備わっていることが大事であるといわれるが、それは当事者対応でも同様であろうと思われる。当事者対応における心技体とは、当事者に接する心構え（心）、話を聞いて判断するための対応能力（技）、当事者に応対する態度（体）である。

(1) 当事者に接する心構え

(ｱ) 不安感を取り除く

　世間の人にとって、裁判所や法律事務所は敷居が高く、訪問する人は不安感で一杯ではないかと思われるので、当事者対応成功の第一歩は、その不安感を軽減することにある。そこでどうして当事者は不安感をもつのか、それを明らかにしないと不安感を取り除くことはできない。そのためには当事者の気持を理解することが重要である。裁判所等に来たくて来る人はほとんどいないと思われるから、その気持に理解を示すと当時に、気持よく帰っていただこうと努力することが大事である。

(イ) 挨　拶

　まずは「おはようございます」「こんにちは」と挨拶することが基本である。何事においても挨拶は大事で、挨拶がまともにできない者に当事者応対はできない。当事者対応に苦労している人は、同僚に対する挨拶をしっかりすることから始めたい。

　「おはようございます」「ありがとうございます」「ごめんなさい」「失礼します」「さようなら」は基本中の基本である。

　それから、「おうかがいしましょうか」「お聞きしておりますでしょうか」という言葉をつなぎ、「何？」とか「何ですか？」などと冷たい応対をしないよう心掛けてほしい。

(ウ) 笑　顔

　次に笑顔で応対することである（後述するミラーリングに関係する）。人間関係は鏡のようなもので、嫌いな人がどうして嫌な顔をしているかというと、相手を嫌っている状態の自分の顔が、相手にそのまま写っているからなのである。

　赤ちゃんをあやすのと似ているいうと相手に失礼にあたるかもしれないが、笑顔は相手を安心させる。自分が不安になれば相手も不安になり、相手に突っ込まれたり、余計なことを聞かれたりして自滅してしまうのである。まずは自信がなくても笑顔をつくってみることである。「何をニヤニヤしている」などと突っ込まれないように、鏡の前で笑顔の練習をしておこう。

(2)　対応能力（法律的知識）

(ア) 当事者の関心事

　通常人の裁判所の手続に対する不安は、裁判所の手続がよくみえない（時間やコストが予測できない）、手続の内容や言葉が理解できないということにあると思われる。言い分のない当事者など存在せず、問題はその言い分が通るか、それがどういう意味をもっているかを知ることが、当事者にとって最大の関心事なのである。

　(イ)　質問の仕方

　まず紛争類型別に考えることが必要である（民法でいえば債権各論にあたる）。当事者は結論から話をする人が多いようである。金銭請求であれば支払ってくれない話や支払いの交渉過程の話から始めるのである。そこで金銭請求は債権であるから債権の発生原因は何だったかなと考えてみる。すなわち契約（含む不当利得）、事件（不法行為、事務管理）である。とすれば当事者に話を聞く際には、まず契約や事件から話を聞くことになるが、中にはスムーズに話ができない人もいるであろう。そういう人には「お金をもらうためにはどういうことをすればよいかについて一緒に考えましょう。文句を言うばかりではお金は手に入りませんから、最初から話を聞かせてください」と言えば、たいていは話に乗ってくれると思われる。

　ただし、勝てるか勝てないかは訴訟の流れ次第であることをしっかりと伝える必要がある。そして伝える際には難しい言葉を用いないことが大事である。優しい言葉で説明するために普段から法律の概念についての具体的なイメージをもっておこう。たとえば故意は「わざと」、過失は「ちゃんとしないといけないのに、うっかりと」、詐欺は「最初からだますつもりで、相手に損をさせることをすること」等である。

　(ウ)　事実の確認

　次に評価や感情を主張させず、その前提となった出来事（事実）を言ってもらうようにする。当事者の評価（相手方が悪い、過失があるなど）を聞いても事案は明らかにならない。事実が明らかになって初めてその事実に法律が適用され、評価できるという流れになる（いわゆる三段論法）。

　一つの事実に対する当事者双方の主張（評価）は食い違って当然で、物事にいろんな側面があるように、出来事（事実）にもいろいろな見方がある。たとえば円錐形を横から見ると正三角形であるが、上から見ると円形である。同じ円錐形でも見る角度によっては形が異なるのである。どこから見ても円形である完全な球体のようにすべての人の評価が同じ事実は存在しない。なのに自分が見ている事実は正三角形であると思ってしまい、その評価

を相手に押しつける。中には自分の都合の良い事実ばかりをみて、自分にとって都合の悪い事実は見ずに存在しないものと考えてしまう人もいる。そういう人は自分の感情や相手へのマイナス評価ばかりを口にして事実を語らないので、自分にも落度があるから自分の不安を押し隠すために相手の悪口を言い募るのでは、と話を聴く者に思われてしまうのである。

　裁判所は当事者の直接経験した出来事を基に判断する機関であることを伝えたうえで、相手が冷静になった後、推測や感情を交えずに話をしてもらうように導くことが重要である。

(3)　当事者に対する態度（応接態度）

(ア)　言葉遣い

　態度で重要なのは応対のための言葉遣いである。たとえば、いわゆる「ですます調」で応対すれば丁寧だと思っている人がいるが、ここは「です」でなく、「でしょう」で会話するように心がけていただきたい。たとえば「○○ですか」と問うより、「○○でしょうか」のほうが言葉が柔らかいのである。言葉が柔らかいと、それに対する相手の態度も柔らかくなり、その分、負担も軽くなるであろう。美しい言葉は自分を守る最大の武器である。

(イ)　電話対応

　電話で応対するとき、相手が「いつもお世話になっています」と言う場合が多いと思われるが、こういうとき「どうも」しか言えないのは少し悲しい。世の中持ちつ持たれつであって、一方的な関係はあまり存在しない。

　特に公務員については、お世話になっているのは税金で給料をもらっている公務員なのであるから、「こちらこそ」程度は言ってほしいものである。

　当事者対応でも述べたところであるが、応対は丁寧にすることを心がけて欲しい。丁寧の基本は「ゆっくり」と「柔らかく」である。問われたことがわからないときは先輩に応援を頼むか、はっきりと「すみません。それについては情報不足でよくわかりません。お調べして後ほどご連絡差し上げてよろしいでしょうか」と答えればよい。間違いをいうよりはよほどましである。

　特に公官署の方に申し上げたいが、間違ってかかってきた電話を、他の部署に引き継ぐときに「外線です」とだけ言って電話を切らず、当事者に聞いた内容はすべて伝えることが大切である。情報を引き継がないでつないでしまうと、当事者がもう一度同じ話をしなければならず、その結果、当事者に無駄な時間を遣わせてしまうのである。電話がつながったらまず「お待たせしました」と言ってから用件に入るようにするとその後の話がスムーズに進行する。これは情報の共有化の一環でもある。難しい説明より親切な対応のほうが喜ばれることが多い。

　　(ウ)　名前を名乗る

　相手が名前を名乗っているときはこちらも名乗りたい⁵⁰ものである。名前を名乗って仕事をしない限り自分の仕事に責任はもてない。相手の氏名がわかっているときは積極的に名前を名乗り、失敗をおそれず、当事者のために堂々と仕事をするように心がけられたい。相手が誰かわからない人に対して、心を開く人は少ない。名前を名乗ることでオープンな雰囲気が生まれ、対話も円滑に行われるようになる。ただし、相手方が名前を名乗らないときは、自分の身を守るため、敬語を使用することを徹底し、距離感を保って対応すべきであろう。相手にあおられてタメ口になってはいけない。言質をとられるだけである。

③　対応当事者のパターン

　ここにあげたパターンがすべてではないが、経験に基づいて考えられる当事者の特徴をあげてみた。強く物を言う人ほど脆く、実は弱い人なのだということは覚えておこう。真に正しい人は穏やかであることが多い。

(1)　苦情処理型

　文句を言うために来訪し、説明を求めるより自分の言い分を通してほしい

50　**名乗り**　近時はストーカーやクレーマーに対処するために、名札を表示しない傾向がある。名乗りも組織の名称以外は積極的には行われないようになるかもしれない。寂しいことではあるが、個人の身体等の安全と比較することはできないであろう。

と要求する当事者である。クレームが先行するので、聴くことが中心となり、後述する応対技法のうち、かかわり技法が有効であると思われる。

(2) 情報提供型

自分の進路が確定していない当事者で、「どうしたらよいのでしょう」と訊くパターンである。このタイプの人は自分で判断できるようなるまで必要な情報を提供する必要があるので、応対技法のうち積極技法の活用と、裁判手続等の知識が必要となると思われる。

(3) マニア型

これらについては、カウンセリングの手法はあまり役に立たない。自分の知識を披露し、言い分を通すことが目的だからである。したがって一般当事者とは別の対応を考えるようにし、個別の対応手順を決めておくことが望ましい。けっしてマニアと一般当事者の対応手順を同一にしてならない。正確な知識に裏打ちされた毅然とした対応が求められよう。知識の裏づけが不安なときは、聞き役に徹するとよい。反論するよりは時間の節約になるであろう。以下の類型が考えられる。

(ア) 理詰め型

理屈（屁理屈のときもあるが）で攻めてくるタイプである。一応本人なりに理屈が通っているところがある。反論すると揚げ足を取られることが多いので、こちらの見解を述べないように注意しよう。かかわり技法のうちミラーリングと繰り返し法を活用するとよい。知識に自信があれば相手を上回る情報量で圧倒する手法もあるが、努力と経験が必要である。

(イ) 無理強い型

「何でこれくらいしてくれないの！」と激昂するタイプである。理屈も笑顔も通じないので、相手が疲れるまでひたすら聞き役に徹してみよう。反論するとさらに逆ギレする可能性が高いから、どんなことを言われても反論せず、肯定せず、毅然として、「なるほど」「そうですか」等の言葉で対応することが肝要である。こちらの意見は述べてはならない。

　㈡　暴力的当事者

　皆で取り囲んで対応しよう。けっして応対者を一人にしないことである。危機管理の一貫として職場で前もって話し合っておく必要がある。特に、どういうレベルで警察に通報するかについては熟慮が求められる。

④　カウンセリングマインドの活用（応対の基本）

　次に具体的な応対について説明する。いわゆるカウンセラーの応対技法を活用したものであるが、ここに紹介するのは一例にすぎない。自分の経験に照らして、自分なりに工夫し、スキルアップにつなげることが大事である。

⑴　客観的態度（共感能力）

　相手の感情と自分の感情を混同させないで接することをいう。誠実、受容、関心をもった態度で、相手の感情を深く理解することである（共感的理解）。裁判所等に来たくて来る人はほとんどないし、執行官などに会いたくて会う人はいない。世間話をするために法律事務所に行く人は皆無である。みんなドキドキして訪問しているのである。そういう相手方の気持に共感を示すと当時に、気持よく帰っていただこうと努力することが大事である。時間がないという態度はできる限り見せてはならない。経験上応対が長引くだけであると思われる。

⑵　個人に対する尊重

　対応する相手方は好き好んで問題を起こしているわけではない。トラブルに巻き込まれた人もいる。そういう相手の置かれた（心理的）状況を理解しながら新しい関係をつくり出すことが必要である。その努力の中で相手方も苦悩の状況から立ち直れるのである。そのためには当事者をあるがままに受容することである。たとえば「税金泥棒！」と言われたとする。それに対しては怒らずに、「あなたにとってはそうかもしれませんね」と受け流すことである。突き出した拳の先にあった壁が暖簾に変わると、勢いが弱まることが多い。普通受け入れられて怒る人はいないと思われる。

(3) 自己理解

　自分自身を正確に理解することが、相手を正確に理解することにつなが
る。カウンセラー（ここでは、対応する担当者のこと）自身の思考、行動パタ
ーン、限界、欠点について自らが健全な理解をしていることである。特に限
界を知っているとそれを超えた対応をしないので、相手を安心させることに
繋がる。対応に無理のない人にはあまり無理を言わないものである。

(4) 心理学的知識

　この項目が最後にあることがポイントである。カウンセラーの資質が、知
的素養であるのではなく、カウンセラー自身の自己または他人に対する見方
や感じ方にあることを重視しているのである。

⑤　話の聴き方の技法

　当事者対応は言い換えれば話の聴き方の問題ともいえる。これは当事者の
みならず、一般的な人間関係と同様である。そこで当事者応対が苦手な人は
話を聴く技術を修得すればよいと思われる。具体的な内容については次のと
おりである。

(1) かかわり技法

　この技術は、「体で聴く技術」と「頭で聴く技術」に分けられる。それぞ
れについて解説する。

【体で聴く技術】

　(ア)　ポジショニング（Positioning）

ポジショニングとは相手方との位置関係（配置）をどのように考えるかと
いう問題である。相手の言い分に対応したポジションはどういうものかを考
えると無用の軋轢を避けることができよう。

① 　正面　　　交渉に向くポジションといわれる。

② 　真横　　　相談事に向くポジションといわれる。

③ 　斜め　　　万能（正面に顔がないので圧迫感がない）のポジションといわ
　　　　れる。このポジションを積極的に活用したいものである。工夫次第でカ

ウンターでの応対に応用できると思われる。

④ 縦位置　　できるだけ相手方の目線より上で話をしないようにする。少し上から物を言われると圧迫感を感じるので、相手が腰掛けているときは、着席して応対すると、相手も落ち着くことが多いであろう。こちらに椅子がないときは立て膝で話をすると相手方より少し目線が下になる。時間がかかりそうなときは相手方に断って、座って応対するとよいと思われる。引渡実施など子どもと話をする機会があるときは、しゃがむなどして目線を下げることが求められる。

(イ)　パーソナルスペース（Personal space）

ポジショニングが相手方との位置関係であるが、パーソナルスペースとは相手方との具体的な距離のことである。

① 正面　　着座した場合は1メートルくらいの距離が適切であるとされる。ハイカウンターでの応対は立ったまま、正面で向き合うため距離が近く（60センチくらい）なり、結果として圧迫感が生じるので、できれば斜めポジションをお勧めしたい（書式や資料等を使って説明すると若干斜めになる）。

② 真横　　右肩から左肩まで30センチくらいの距離が適切であるとされる。このポジションは書類を提示することが多いので、書類の位置が中央に来て読めるように工夫するとよい。

③ 斜め　　親密度により工夫が必要である。ただし外向的な性格では距離が短くなり、内向的な性格では長くなる傾向があるが、いろいろ応用が利くポジションである。

(ウ)　ミラーリング（Mirroring）

笑顔には笑顔で、悲しい表情のときは悲しい表情で対応することである。最初はこちらから笑顔で応対することが大事である。人間関係は鏡のようなもので、笑顔は相手を安心させる。自分が不安になれば相手も不安になる。相手方も不安だから突っ込みたくなり、余計なこと（本題と離れたレアな仮定事例など）を聞かれて自滅するのである。自信がなくてもまず笑顔で応対

してみよう。わからないことは「今お答えができませんので、調べてからお知らせします」と伝えればよい。それで引き下がらない相手はいわゆるクレーマーであり、真摯に対応するに値しないと思われる。

(エ)　オープン＆ブロック（Open and block）

腕組みはブロックの現れであり、相手を拒否する姿勢を表わす。オープンの姿勢でないと受容したことにならない。できるだけゆったりと、手の間を広げて応対すると、オープンな感じが出る。私はベルトの下辺りで両手を軽く合わせて構えるようにしている。

(オ)　声音（Voice tone）

信頼感を与えるため、声のトーンを低く、ゆっくりした調子で話すのが基本である。さらに言葉遣いは前述したとおり「です」「ます」でなく、「でしょう」という語尾を活用する。「です」「ます」は決して丁寧な印象を与えないことが多く、敬語調になっていないときがある。

(カ)　アイコンタクト（Eye contact）

目線は2秒合わせ、1秒外すのが基本であるとされる。相手をじっと見ていると、疑っているかの印象を与えるし、目を合わさないと話を聞いていない印象を与えるからである。ただし話の内容によって基本は変わる。楽しい話題のときは目を合わせたほうが楽しさを共有できるが、悲しい話題や快適でない話題のときは、目線を外して相手の肩あたりに視線をもっていくほうがよい場合があろう。ポイントは視線を安定させることである。キョロキョロしたりあらぬ方向を見たりすると相手に不安感を与えてしまう。相手の気持に添うという基本を忘れないでいただきたい。

(キ)　うなずき

①　早いうなずき、浅いうなずき　　「コクッ」という感じでうなずく。これは「もっと話してほしい」「ここまでは理解できましたので、次をどうぞ」という感じで、相手の話を促進する効果がある。文章でたとえると読点「……、……」のイメージである。

②　ゆっくりとしたうなずき、深いうなずき　　「うーん」「ふーむ」と上

半身全体を使う（少し肩が動く感じ）。これは「じっくり理解しています」「ちゃんと言っていることを受け止めていますよ」という感じのうなずきである。文章でいうと句点「……。……。」で、具体的には、楽しい話のときは早く浅めのうなずきで、深刻な話のときはゆっくりで深めのうなずきを使うとよい。

【頭で聴く技術】

(ア) 質問（Open question と Closed question、完全質問と不完全質問）

オープンクエスチョンとはイエスノーで答えられない質問で、クローズドクエスチョンとはイエスノーで答えられる質問をいう。初対面の人にはクローズドクエスチョンからオープンクエスチョンのように答えやすい質問から始める仕方がよいとされる。

さらに「あなたにお尋ねしてるんですよ！」という相手にプレッシャーのかかる完全質問の形式より、つぶやきに似た、プレッシャーの少ない不完全質問の形式によるべきである。たとえば「あなたはどうなんですか」ではなく「あなたはどうなんでしょうねえ」と尋ねてみるのである。

(イ) 受容と共感

これは相づち打ち方と関連する。受容とは、相手が話しているときにいちいちこちらの意見を言わず、終わりまで「そうですね」「なるほど」と聴くことである。共感とは相手に共感の気持を返す技術で、たとえば、相手が悩んでいるときは「それは悩みますね」とか、相手が困っているときは「それはお困りでしょう」と返してみる手法である。しかしどんなに優れたアドバイスも共感しているという前提がないと反感を買うことがある。

この手法を成功させるポイントは三つある。一つめは自分の考え方に固執しないこと、二つめは自分自身の問題がありすぎないこと（むしゃくしゃしては相談にも乗れない）、三つめはカウンセラーに幼児性が強くないことである。

(ウ) 繰り返し（Repeat）と言い換え

繰り返しとは、相手が言ったことをそのまま返してあげる手法である。言

い換えは繰り返しの応用技法で、相手の気持や言葉を別の言葉に置き換え、返してあげる手法である。たとえば「何度請求しても支払ってくれないんです」との言葉に「支払ってくれないんですか」と答えるのが繰り返し、「それはお困りでしょう」と答えるのが言い換えである。繰り返しは受容の一形式であり、言い換えは共感の一形式であるともいえる。文字にするとおかしな問答のようであるが、効果は大きい。ただし何でもかんでも繰り返しをしないでいただきたい。現実に「トイレはどこでしょう」と聞かれて、「トイレはどこなんでしょうね」と答えたカウンセラーがいたということである。こういうことが起こるのは相手を見ずに、マニュアルを見るからで、何のため誰のために対応するのかを今一度自分の中で明確にしていただきたい。

(エ) 明確化

相手の話を聞きながら、その言葉の裏に潜んでいる感情を指摘する手法である。「今日は残業はありますか」に対して、「何か早く帰らなければならない事情がありますか」と問うのが明確化である。相手の気持を理解する必要があるので、慣れが必要であると思われる。

(2) 積極技法

(ア) 指示技法

相手に対してどういう行動をとってもらいたいのかを、直接指示する方法をいう。「わかりやすく説明してください」と言うのではなく、相手の評価や感情の部分を後退させ、評価の前提となった出来事（事実）を全面に出して言ってもらうようにする技法である。評価（相手方が悪いなど）を聞いても要件事実にあてはめる具体的事実（三段論法における小前提）は明らかにならないからである。「どうしてそう感じたのか、感じる基となった出来事を教えていただけますか」などと尋ねてみるとよい。そして話をする際には難しい言葉を用いないことが重要である。優しい言葉で説明するには普段から法律の概念等についての具体的なイメージをもつことが必要となってこよう。

214

　㈡　論理的帰結法

　相手がAに進むべきか、Bに進むべきか迷っているときに、Aに進むとどうなるか、Bに進むとどうなるかを本人に予測させ、論理的に比較させることによって、どちらが望むべき結果なのかを冷静に選ばせるというものである。手続教示がこれにあたる。特に当事者応対については、事案類型別に考えることが必要で、求められるスキルに自信がないと手続相談をすべて法律相談として、対応できないと考える担当者も存在するかもしれない。

　㈢　解釈法

　本人がとっている行動を客観的に見つめるとどうなるのか、カウンセラーからの角度からどう見えるかなどの見解を述べる方法である。当事者が自分の言い分が認められるのかについての問いに答えるときにこの手法を用いる。解釈は一種の推論であるから経験者でないと難しく、双方の言い分を聞いた後、結論を出すため解釈を口にすることについては慎重な運用が求められる。現状では明らかに結論が出せる部分（争うと時間がかかるなど）についてのみ使用するのが無難なこともあろう。その場合でも相手方の主張の意味やその帰趨を把握し、判断し、かつ当事者の性格を見抜く能力が必要になると思われる。

　㈣　フィードバック法

　「行動や反応を、その結果を修正し、より適切なものにしていく仕組み」が心理学でいうところのフィードバックである。「解釈法」は推論であるが、フィードバック法は事実の摘示であり、周りが気づいているのに本人が気づいていないということを客観的な立場から伝えていくものである。

　当事者や依頼者は金銭請求であれば払ってくれない話や支払いの交渉過程の話から始めるなど結論から話をする人が多い。そこで前述したとおり金銭請求は債権であるから債権の発生原因は何か、と考えるように導く。すなわち契約（含む不当利得）、事件（不法行為、事務管理）の話である。とすれば当事者に話を聴く際にはまず契約や事件から話をしてもらうことが適切な話の聴き方につながり、これがフィードバックになる。具体的には「お金をも

らうためにはどういうことをすればいいかについて一緒に考えましょう。文句を言うばかりではお金は手に入りませんから、最初からあなたが経験した話を中心に聞かせてください」などと話を進めるとよい。

　　(オ)　自己開示法

　カウンセラーから見ると相手がどう見えるか率直な感想を述べたり、必要に応じて体験談を述べたりすることである。物事にいろいろな側面があるように、出来事（事実）にもいろいろな見方があるため、一つの事実に対する当事者双方の主張（評価）は食い違って当然である。しかし、自分の感情や評価ばかりを口にする当事者については、その出来事の存否についての信憑性が弱くなることが多い。

　自分にも落度があるからこそ、自分の不安を押し隠すために相手を非難する側面もあるだろう。そこでそういう気持に共感的理解を示しつつ、そういう態度は経験上有利にならないことを伝える（証拠調べの実例などを紹介するなど）のが自己開示法である。

　　(カ)　情報提供法

　当事者に不足している情報を伝え、積極的に問題解決を支援する方法である。少額訴訟や市民間訴訟における裁判所の手続教示に活用されるのは主にこの手法である。これはスムーズに話を聞かない当事者に活用できる方法である。

　具体的には「あなたの請求は、不法行為になると思われますので、相手方の故意または過失に基づく行為があること、あなたの損害の発生、行為と損害の間に原因結果の関係があること（この行為がなければ損害が発生しなかった）が必要です。本件は相手方の過失を主張されるようですから、過失の内容である注意義務違反のご主張が必要です。たとえばあなたに迷惑をかけないようにどういうことに注意すべきであったとか、交通事故であればスピード違反などの説明が必要です。ただあなたが説明できないときは、裁判所もあなたの言い分に基づいて裁判できないということになりますから、あなたのほうで事案をまとめておいてください」などと説明することになろう。た

だ勝てるか勝てないかは訴訟の流れ次第であることをしっかりと伝えることが大事である。人の話を聴かない当事者は、自分の思い通りにならないと、こちらの落ち度を責めてくる可能性があるからである。

　㈔　対決技法

　当事者の発言内容の不一致など、矛盾した姿に気づき、暖かくかつ率直にそれを表現する技法である。大切なのは相手方の揚げ足をとるのではなく、「その矛盾を当事者がどう自分の中で受け止めているかを理解したい」という気持を表現することである。そこでは当事者のものの見方、行動が事実に反していることに気づいてもらうことが大事なのである。

⑥　当事者との対話

　ここからは具体的な当事者とのやりとり例を紹介しよう。あくまでモデルケースであり、現実はシナリオどおりいかない場合もあるが、現場の臨場感をお伝えできれば幸いである。

⑴　証拠保全手続における送達現場での会話

送達場所にて

（M：執行官　　Y：相手方　　A：受付担当者　　X：申立人）

M：（身分証明書を目立たぬように提示しながら）ごめんください。

A：はい。どういったご用件でしょうか。

M：（ささやくように）私はこういう者で、裁判所の書類をお届けに上がったのですが、Yさん、いらっしゃいますでしょうか。

A：どういう書類でしょうか。

M：証拠保全という手続の書類になります。Yさんがいらっしゃらなければ、事務に詳しい方をお願いしたいのですが。

A：Yがおりますので、連絡をとります。しばらくお待ちください。

Y：お待たせしました。Yと申します。

M：お忙しい時に申し訳ありません。このたびは裁判所の依頼で、証拠保全という手続の書類をお届けに上がりました。

Ｙ：誰の件でしょうか。

Ｍ：Ｘさんの件ですが、これから裁判するかを検討されているようです。

Ｙ：こちらのほうがいろいろ言われて迷惑しているくらいです。

Ｍ：まことに急で申し訳ないのですが、裁判所が本日の午後１時30分に、この証拠保全決定の目録に書いてあるものを確認にきますので、それまでにご準備いただきたいのです。

Ｙ：あと１時間半しかないので全部は無理ですよ。

Ｍ：本日は可能な限り、ご提示できるものだけお願いします。ご準備いただけないものについては裁判所から裁判官と書記官がまいりますので、ご説明いただけますでしょうか。

Ｙ：この検証物目録の中には、データ化してデータバンクに入れているものがあるので、解凍して提示するのは今日一日では無理なのですが。

Ｍ：それもあわせてご説明いただければと思います。

Ｙ：こんな証拠を出したらこちらが不利になりませんか。

Ｍ：裁判には証拠共通という原則があって、提示いただいた書類は裁判のときに裁判官が中立の立場で評価します。円錐形は横から見たら正三角形ですが、上から見ると円です。証拠も同じようにいろんな角度からその形を裁判所が確認します。相手の評価だけで形が決まるわけではありません。今後の紛争解決のためにご協力いただければありがたいです。

Ｙ：この場にない資料はどうしたらいいですか。

Ｍ：Ｘさんの代理人と相談していただいて、後日ご提示が可能であれば日取りを打合せのうえ、ご準備いただければと思います。そのあたりも裁判所に確認してください。

Ｙ：裁判所からは何人来られるのですか。

Ｍ：裁判官１名、書記官２名、申立代理人２名の計５名と聞いています。ご面倒ですが資料を確認するお部屋をお借りできないでしょうか。

Ｙ：わかりました。少し狭いですが、あの部屋で大丈夫ですか。ただ午後３時までしか使えないのですが。

Ｍ：ありがとうございます。その旨を裁判所に伝えますが、Ｙさんからも説明いただけると助かります。

Ｙ：了解しました。

Ｍ：あわせて資料をコピーするために、複写機をお借りするかもしれません

ので、お差し支えなければご協力いただければ助かります。用紙代と電気
代は申立代理人弁護士に請求なさってください。本日は急で申し訳ありま
せんでした。ご面倒をおかけしますが、午後1時30分からよろしくお願い
いたします。

Y：ご苦労様でした。

⑵　催告現場での会話

以下は、大阪の催告現場でよく交わされる会話内容である。第4章の【書
式4】催告書（97頁）、【書式5】公示書（98頁）を参照しながらお読みいた
だきたい。

執行場所における明渡催告（令和◎年4月5日）

（M：執行官　　Y：債務者または相手方　　X：債権者代理人＝業者）

M：（にこっと笑って）こんにちわ！　　○○○さんですか？

Y：そうやけど、何ですか？　　こんなに大勢で。

M：お家賃のことで寄せていただいたのですが……。（催告書を渡す）
　　この催告書に書いてある5月8日までに引越しをお願いできますか。

Y：何も聞いてへんで。そんなん急に言われても困るわ。

M：今日までに判決は届いていると思いますが、お読みでないですか。

Y：判決なんて受け取ってないんちゃうか。

M：読んでおられなくても、お読みになれる状態にすればそれで OK なので
　　すよ。

Y：でもあんたの言う判決の内容なんかわからへんで。

M：では（記録の判決を見せなから）ここにあなたのお名前が書いてあって，
　　「被告は原告に対し別紙物件目録記載の建物を明け渡せ」とありますね。

Y：でもいつ出ていったらいいか書いてへんやんか。

M：単に「明け渡せ」とあるだけで、「本判決確定後3カ月以内」とか書いて
　　ませんよね。これはすぐに明け渡せという意味なのですよ。

Y：そやけど、行くとこあらへんで。

M：申し訳ないのですが、この催告書にあるように5月8日に荷物の搬出を

行いますので、その前日までにお引越しをお願いします。

Y：そんなこと言うたかて、ここを出たら野宿するしかあらへん。ここを出て死んでしもたら、あんたら責任とってくれるんか？

M：最初にあなたが交わされた賃貸借契約書に、あなたが退去した後に家主さんが責任をとるという約束はありましたか。

Y：それはないけど、それくらいしてくれてもええんちゃうん。われわれにも生存権はあるんやし。

M：それは国または自治体に言っていただけますか。支援が必要なときはできるだけ早くこの催告書を福祉の窓口に持参して相談してください。それと、この手続中、他の方がこの建物で住むことがないように、公示書をお部屋の壁に貼らないといけないのですが、どこに貼らせてもらったらいいですか。差し支えないところを教えてください。

Y：ここに貼ってもらったらええわ。ところでこの公示書には引渡期限が5月12日と書いてあるやん。5月8日でなく5月12日まで部屋におられるんと違うの？

M：これは公に示す書類なので、あなたでなく、第三者に対する警告文書なんです。今日からあなたに代わって第三者がここに住んでも5月12日までは裁判をしないでも退去を求めることができるという意味のことが書かれています。ですからあなたの場合、お部屋の荷物を搬出する日は5月8日ということになります。

Y：溜まっている家賃を支払ったら、ここを出ていかんでもええんか？

M：この件は家賃保証会社が賃貸借契約に入っています。あなたの未払家賃を保証会社が立て替えるために立替額を確定する必要があるのです。その額は退去の日を基準に決めています。ですから一度あなたに退去してもらわないといけないようです。たとえ家主さんがOKしても、引越しした後のことになると思いますが、一度保証会社さんと相談してください。

Y：荷物は全部持っていかれへんわ。預かってくれるんか。

M：では退去のときの荷物の量を確認したいので、担当者をお部屋の中に入らせていただけますか。

Y：散らかってるんやけどな……。

M：大丈夫です。サクッと拝見するだけですので。Xさんお願いします。

X：ではちょっと見せていただきます。

Y：荷物はどれくらいの間預かってくれるの？

M：断行日から1カ月弱程度は保管しますが、搬出も含め有料になる場合があります。費用の負担についてはここに業者さんが来られてますので、この後相談してください。

X：今回の件を担当する業者で△△と申します。手続が終わってから説明させていただきます。

Y：いらん物はどうしたらええの？

M：放棄書という書類に署名押印して、退去日までに業者さんに渡すか、お引越し後にお部屋の中のわかるところに置いておいてください。

Y：割れたら困る物もあるんやけど。

M：執行業者の方でも注意はしますが、引越業者ではありませんので、壊れて困る物があれば必ずご自身でお持ちになってください。ではこの調書に今までの手続が書かれていますので、この欄に署名をお願いします。

Y：（署名する）

M：これから退去の打合せが必要になりますので、連絡先を業者さんに伝えておいてください。

Y：携帯持ってないんやけど……。

M：ではできるだけあなたからも業者さんと連絡をとるようにしてください。それでは裁判所はこれで失礼します。

X：それでは私のほうで退去の段取りについて打合せさせていただきます。

(3) 断行時の債務者対応

　断行時に債務者が在室していることがある。筆者自身も、債務者がシャワーを浴びていたり、ラーメンを食べていたり、就寝中の場面などに立ち会ったことがある。在宅時は占有認定が容易であるから、その後の債務者の占有を解くためのやりとり例を参考に次の手順で話を進めよう。債務者にとっては追い出される気持であろうが、見方を変えれば現在の生活をリセットして、新たな生活へのステップともいえよう。マイナスイメージをもつのではなく、そういう気持で手続を遂行することが求められるのである。説得に応じないときは警察に通報して援助を求め、退去を促すこともある。場合

によっては補助者が有形力を行使することも視野に入れる必要がある。

第4章の【書式6】保管場所通知書（108頁）を参照しながらお読みいただきたい。

断行現場にて

（M：執行官　D：債務者　S：業務補助者）

M：今日が引越しの日ですので身の回りの物をまとめていただけますか。

D：えぇ。引渡期限まであと5日あるやんか。

M：引渡期限はあなたの引越しのために決めたものではありませんよ。第三者が立ち入らないようにその期間を定めたものです。あなたには事前に催告書で断行日をお伝えしているはずですね。

D：そんなん見てへんわ。ほんまに今日なん。

M：催告時の調書も送付していますし、今日出ないといけないことは、事前に知ることができたと思いますよ。

D：出ぇへんかったらどうなるの。

M：今、身の回りのものだけ持ち出していただいて、後で取りにこられる物はこちらで保管します。ご協力いただけないと外に出ていただいて、こちらで作業を開始することになりますが、よろしいでしょうか。

D：でも、すぐになんて無理やで。

M：厳しいことを申し上げるようですが、時間がなくなったのはあなたが今まで引越しの準備をされなかったからではないでしょうか。催告した日からは時間はあったと思いますよ。10分以内に貴重品、携帯電話と充電器、身分証明書や保険証、その他大事な物をまとめてください。10分経ったら、あなたの準備ができていなくてもこちらの作業を並行して始めさせていただきますね。その際、必要な物と処分してよい物を説明してください。また壊れそうな物はご自身でお持ちになってください。

D：持って行かれへん物は預かってくれるの。

M：この通知書に保管場所が書いてありますので、担当者に連絡してください。ただし1回で取りにいけるように事前に準備をして、平日の9時から17時までの間、担当者に段取りを連絡されるようお願いします。

---

(4) 子の引渡し

債務者と子が在宅している場合のやりとり例である。実施場所では以下の
やりとり以外にさまざまな対応をすることがあるが、8割程度は網羅されて
いると思われるので参考にしていただきたい。

引渡実施場所にて

（女児A（5歳）の存在は確認できているものとする）
【M：執行官　Y：相手方（父30歳）　Z：監護補助者（祖母55歳）
X：債権者（母25歳）　S：児童心理専門家】

M：こんばんわ。Yさん、おられますでしょうか。

Z：まだ、帰ってないんやわ。何かご用ですか。

M：家庭裁判所の依頼でまいりました（※1）。Aちゃんをお母さんにお渡
ししいただきたいということなのですが、まずお話をうかがいたいと思って
います。本日まいっているのは執行官2名、補助者、児童心理の専門家です。

Z：急に来てもらっても困りますわ。まだこの子の父親が帰ってこないので
待ってもらえますか。

M：わかりました。どのくらいで帰ってこられますか。

Z：30分くらいで帰ってくると思います。

M：お母さんからもYさんに連絡をとっていただいてもよろしいでしょうか

Z：わかりました。連絡します（※2）。

（Yが帰宅する）

Y：えらい大勢で何ですか。母から話は聞きましたけどAは渡しませんよ。

M：まずYさんとお母様のお話をうかがってもいいですか。とりあえず中で
お話しさせてください（※3）。

Y：わかりました。どうぞ。

M：お子さんに大人の話を聞かせたくないので、別のお部屋で児童心理の専
門家にはお子さんの相手をしてもらい、私たちはここで話をうかがいし
たいのですが。

Y：わかりました。

S：じゃあ、Aちゃん。あっちの部屋で私と遊ぼうか。何をして遊ぼうか？

（子と専門家が別の部屋に移動する）

M：ご存じのことと思いますが、家庭裁判所からお子さんをXさんにお渡しするようにとの判断が出されています。

Y：こんな決定には従えへんわ。こっちの言い分なんか聞いてもらってないし。

Z：そうや。あんな母親に渡せなんて、裁判所もどうかしてるわ。

M：調査官の報告書もお読みになったと思いますが、どうでしょうか。

Y：そんでもXには母親の資格なんてあらへんわ。

Z：そうそう、あんな育て方では母親とは言えへんわ。

M：失礼ですが、Yさん、Zさんは嫁や妻の資格のことなら言えると思いますが、お二方はXさんの子どもではないのですから、Xさんの母親の適格については言えないと思いますよ。子であるAちゃんだけがXさんの母親の適格について言う資格があると思うのですが。

Y：それでもあいつはAを虐待していたから、Aも怖がってるんや。

M：それでは、Xさんをここに呼んで、お二人の意見が正しいかどうか、確認させていただいてよろしいでしょうか（※4）。

（Y、Z頷く。援助執行官（補助者）が近くに待機しているX代理人に連絡する）

X：ごめんください。

M：こちらの部屋で、専門家を交えてAちゃんとお話ししてください。

X：わかりました。

（XがSを交えてAと会話を開始する）

M：ご協力ありがとうございます。

Y：家庭裁判所の調査官も子どもは母親が監護すべきやなんて、家まで来て、何を見てたんかと思うわ。

Z：息子には親の資格がないと裁判所は言ってるんですか。

M：そうではありません。家庭裁判所は現時点ではAちゃんはXさんの側で育てるべきというだけです。Aちゃんの父親は世界でYさんしかいないのです。それはXさんにとっても同じです。

Y：それでもXにAを渡してしもたら、会えへんようになるやんか。

M：今のこの時だけでお子さんとの関係が決まるのではありません。5年先、

10年先も、さらにずっとお二人とＡちゃんとの関係は続きます。ご夫婦としては良好な関係を保てなかったかもしれませんが、Ａちゃんの養育を通じて同じ養育チームの一員としてお二人がかかわりをもつことが大事だと思います。そのことはＡちゃんのお母さんにも伝えています。

Ｚ：Ｘは子どもを取り込んで会わさんのと違うやろか。

Ｍ：子どもの成長にとって大事なことは、親を受け入れて育つことです。そのためには、「お父さんが大好き！」と言っている子どもを母親が抱きしめ、「お母さんが大好き！」と言っている子どもを父親が受け止めることが大切です。Ａちゃんのお母さんもそのことは理解していますし、今後、お父さんとＡちゃんが面会することは大事だと感じています（※５）。

Ｚ：そやけどＸさんは母親として不安な部分が多いんやけど。大丈夫やろか。

Ｍ：親は最初から親ではなく、子どもと一緒に親として成長していくものです。Ｚさんは息子さんを育てて30年近くのキャリアがあるので、母親として30年選手ですが、Ｘさんはまだ母親５年生です。ＸさんもＡちゃんと一緒に成長していくと思います。ＺさんはＸさんを同じ養育チームの一員として見守り、信じてあげることが大事です。

Ｙ：Ａは「お母さんのところには行きたくない」と言ってますよ。

Ｍ：この手続は、お子さんの意思は確認しないのです。それは父親か母親か、どちらかを選べというのは子にとって究極の選択だからです。今、Ａちゃんが無理に選択することで後々辛い思いをすることは避けたいと思います。

Ｙ：せっかく、こっちの生活にも馴染んで、保育園で友達もできてるんですよ。何とかなりませんか。

Ｍ：子どもさんにはいろんな環境に順応する力があります。Ａちゃんも同じだと思います（※６）。

Ｙ：どうしても渡さんといけませんか。渡さんとどうなるんですか。

Ｍ：もし今回お渡しいただけないと、この後Ｘさん側が人身保護という手続を選択することが考えられます。このたび、お二人が家庭裁判所の判断に従わずにＡちゃんと一緒にいることが不当な拘束と評価されて、Ｘさんに Ａちゃんを引渡しを命じる可能性があります。

Ｙ：今回の家庭裁判所の決定に不服申立てをしてるんやけど、それでも連れていくんですか（※７）。

Ｍ：今後、あなたのご主張が高裁で判断されるということであれば、今の段

　階で家庭裁判所の判断に従う姿勢を見せることは、意味のあることかもしれませんね。

Ｙ：やっぱり納得できない部分が多いわ。

Ｍ：Ｘさんの同意なくＡちゃんを連れ出すのではなく、話合いをして、合意のうえで引き取るべきでしたね。

Ｚ：Ｙ、執行官が言うようにここはＸさんに渡したほうがいいんと違うか。また会えると言ってるし。

Ｙ：……。

　（Ｍ、ＸとＡのいる部屋へ行き、子どもがＸと行く気になったことを確認する）

Ｍ：それではＡちゃんをお連れしたいと思いますので、着替えやおもちゃなど持たせてあげたいものをまとめていただいてよろしいでしょうか。

Ｚ：わかりました。

　（子が退去しようとすると、Ｙが子の名前を呼んで抱きしめ、子も泣き出す）

Ｙ：こんなに泣いてるのに連れていくんか。

Ｍ：先ほども申し上げましたが、お子さんの意思は確認しないのです。こういうときはお子さんも不安なのです。お父さんがすべきことは子どもさんを不安がらせることでなく、お子さんに安心してもらうことなんです。「また今度会おうな」と言って送り出してあげてください。

Ｚ：（Ｙに対し）ほら、ちゃんとしとかな後々会えへんようになるよ。しっかりしなさい。

Ｙ：（しぶしずうなずく）

Ｍ：最後に、手続に立ち会われた方に署名をお願いしているので、この調書にお名前をお書きいただきたいて、よろしいでしょうか。

ＹＺ：わかりました。

Ｍ：本日はご協力ありがとうございました。これで失礼いたします。

〔注〕　※１　「家庭裁判所の決定が出ているから、引き渡してください」と上から目線で言ってはならない。相手を頑なにするだけである。

　　　　※２　監護補助者の連絡の結果、債務者が子と逃亡したこともあるので、子と債務者が一緒に外出している場合は、連絡しないほうがよい場

合もあると思われる。

※3　近隣に対する配慮である。手続後も債務者は住所地での生活が継続することを忘れてはならない。

※4　子が債権者を嫌がっているとの債務者側の言葉があればそのことを確認するため、債権者の入室を申し出る。ただこの言葉がなくても専門家と連携して、子の気持を確認しつつ面会を実施してほしい。

※5　新民事執行実務19号73頁。

※6　リスクレジリエンスといわれる。子どもにはレジリエントと呼ばれるしなやかでへこたれない性質が本来備わっているとされている。

※7　「保全審判がなされたことにより、母は未成年者を父に引き渡す義務を負っていたにもかかわらず、その違法な不履行による事実状態を根拠に上記引渡義務を争うのは、信義則に反し許されない」。「父が母に引渡しを求めた……のに、それを拒否して、結局未成年者に転校を余儀なくさせる状態にしたことは未成年者に対する配慮に欠けた対応と言わざるを得ず、監護者としての適格性を疑問視せざるを得ない」と判示したものがあることは前述のとおりである（180頁㈍）。なお、事案については司法研修所編『子の監護・引渡しをめぐる紛争の審理及び判断に関する研究』（法曹会、2024）141頁を参照されたい。

　この判断を伝えるのではなく、高裁の判断を胸にしまいつつ、この引渡実施が家裁の手続であることを強調して、大人としてルールを守る大切さを伝えることも一方法である。

One Point Lesson

カウンセリングマインドと当事者対応

　当事者対応の技法は、カウンセリングの技法を参考にしたカウンセリングマインドをベースにしています。カウンセリングマインドとは人がカウンセラーのように他者に温かく接することです。カウンセリングを受けるクライエントの相談を求める立場と裁判所を利用して相談する当事者の立場が類似していることから、カウンセリングマインドを活用した当事者対応ができないかと考えたのです。そのため本章では当事者と対応する担当者に向けられた記述もあると思います。ではカウンセリングマインドの元となるカウンセリングと当事者対応はどこが異なっているのでしょうか。

　カウンセリングは支援であり、答えはクライエントが見つけるものです。支援は個別的であり、カウンセラーがクライエントが自立できるようインテーク面接、中期、終期まで時間をかけてクライエントの自己理解・自己受容を促します。カウンセリングではカウンセラーは基本的にアドバイスを行わず、クライエントに寄り添い、時間をかけて一緒に考えていくという姿勢を保ちます。基本的にクライエントが自分の中で解決方法を見つけていくのです。

　当事者対応は当事者の求める情報を提供（提示）することが主な目的です。その際の情報提供は一般的なものであり、当事者個人にメリットがあるかどうかではなく、当事者の求める制度を利用できるかどうかを前例等を参考にしつつ説明するものです。そのため当事者対応では公平性等から当事者に寄り添うことができないことも多く時間も十分とはいえないので、提供できる情報に限りがあります。また来訪者は自分では解決できないため個別的なアドバイスを求め、満足できないと両者にストレスが生じてしまいます。

　心理学者カール・ロジャースが提唱した、肯定的配慮（受容）と共感的反応による積極的傾聴は、クライエントの立場に立って相手を理解しようとします。相手を自分と同じ目線で捉え、可能な範囲での情報提供が図り、問題解決へと導くのです。さまざまな制限がある中、求められる場面で対話をすることを怖れず、カウンセリングマインドを活用して笑顔と敬語で対応したときに、担当者と相手方の双方の満足を得る可能性があるのではないでしょうか。

第9章

書 式 集

1 執行申立書

(1) 申立書

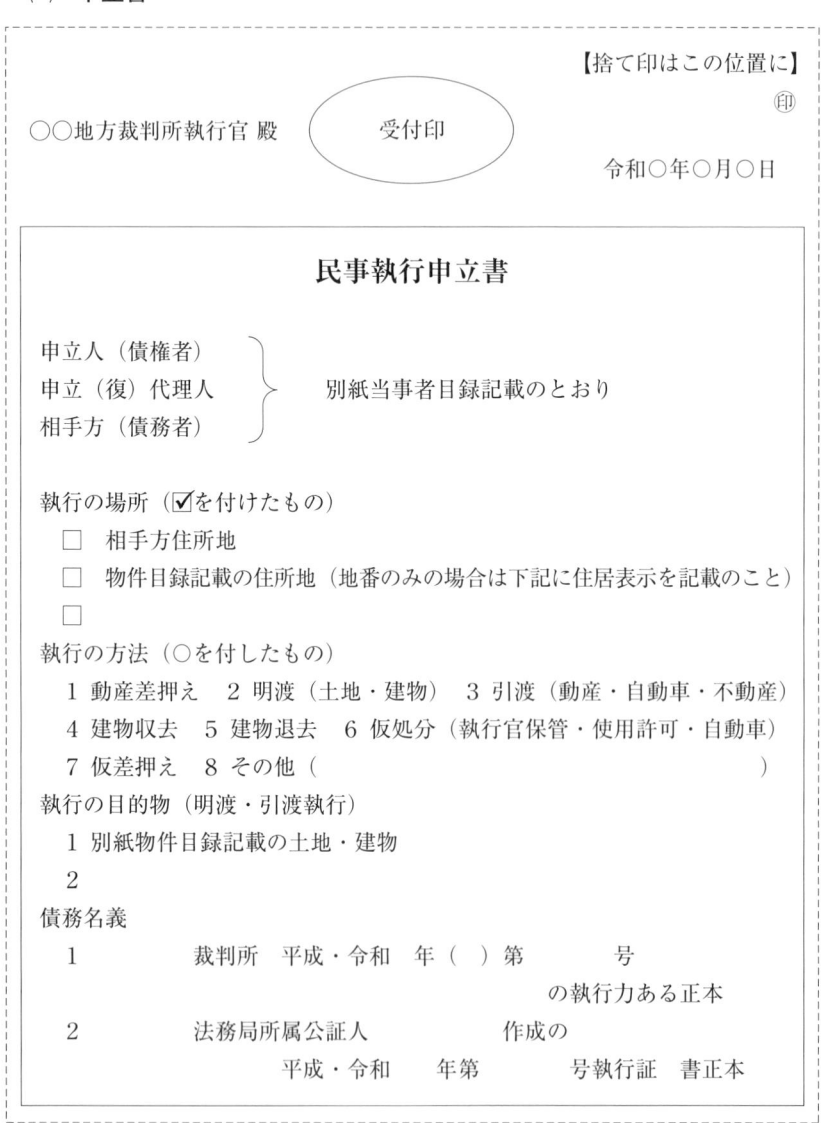

添付書類	執行力ある債務名義の正本	通
	送達証明書	通
	確定証明書	通
	代表者事項証明書	通
	委任状	通
	執行場所住宅地図（写）	通

付随申立て	1	同時送達の申立て	有・夢
（○を付した	2	執行の立会い	有・無
もの）	3	執行日時の通知	有・無
	4	解錠技術者による解錠	要・否
	5	執行不能時の結果通知	要・否
	6	執行調書謄本の関係人送付	要・否
	7	事件終了時の債務名義の正本還付	要・否

請 求 金 額（内訳は請求金額計算書のとおり）	
1　債務名義表示の元金	円
2　確定利息等	円
3　確定損害金	円
4　利息	円
5　損害金	円
計	円
執行準備費用	
内訳　　仮執行宣言費用	円
申立書提出費用	円
代表者事項証明書交付費用	円
執行文付与手数料	円
送達証明手数料	円
合計	円
執行予納金	円
総計	円

(2) 債権計算書

【動産差押え、仮差押執行申立て用】

請求金額計算書

請求債権

1	債務名義表示の元本	円
2	確定利息	円
3	消費税	円
4	確定損害金	円
5	利 息（　年　月　日から　年　月　日まで年　%）	円
6	損害金（　年　月　日から　年　月　日まで□年　%□月額	円)
		円
7	公正証書謄本作成費用	円
8	督促手続費用	円

計	円

執行準備費用	円
内訳　　仮執行宣言申立費用	円
執行申立書作成・提出費用	円
代表者事項証明書交付費用	円
送達証明費用	円
執行文付与申立費用	円

計	円
執行予納金	円
総計	円

(3)　**当事者目録**

当事者目録

住所
〒000－0000

申立人（債権者）
上記代表者代表取締役

〒000－0000

上記申立人（復）代理人

〒000－0000

相手方（債務者）
代表者代表取締役

債務名義の表示

1　　　　地方裁判所　　　　平成・令和　年（　）第　　　　号
□仮執行宣言付調書判決 □確定調書判決 □仮執行宣言付判決 □確定判決
□不動産引渡命令　□授権決定　□仮執行宣言付支払督促
□和解調書　□調停調書　□少額訴訟判決　□認諾調書
□調停に代わる決定　□和解に代わる決定　□審判書
□仮処分決定　□仮差押決定　　□
2　　　　法務局所属公証人　　　　　　　作成の
　　　　　平成・令和　　年度第　　　号 公正証書

(4) 委任状

委 任 状

受任者の住所 _____

氏名 _____

電話 _____（_____）_____

　上の者に対して下記事項を委任します。

1　事件名

2　相手方氏名

3　委任事項
　　強制執行の事件申立て、予納金の納付、執行の立会い、動産競売、
　執行期日・売却期日の延期、事件取下げの申請、配当協議参加、
　売却代金・配当金・弁済金・予納金残金等の金銭受領の権限、
　執行物件受領、目的外物件の保管、債務名義・同送達証明の受領、
　執行調書等本件に関する公文書の受領、執行官送達の申立て・同立会い、
　復代理人の選任、
　その他本件に関する一切の権限

令和　　年　　月　　日

委任者の住所 _____

氏名 _____㊞

(5) 特別代理人選任申立書

【特別代理人選任申立てについて】

令和○年○月○日
○○地方裁判所執行官室

強制執行手続における特別代理人の選任について

　債務名義上の被告に特別代理人が選任されている場合、強制執行手続においても、別途、特別代理人の選任手続をとる必要があります。

(特別代理人が必要な事例)

　1　債務名義の被告の表示が「亡○○○○相続財産 特別代理人△△△△」となっている場合

　＊　なお、債務名義が不動産引渡命令の場合も、別途、特別代理人の選任手続をとる必要があります。

　2　債務名義成立後に被告が死亡し、承継執行文付与申請の際に特別代理人が選任されている場合

(特別代理人が不要な場合)

　建物収去の授権決定において、特別代理人が選任されていたときは、建物収去土地明渡執行事件において、さらに特別代理人の選任手続をとる必要はありません。

(選任方法)

　1　特別代理人選任の申立書は、○○地方裁判所民事部に提出してください。申立てに必要な書類等は、次のとおりです。

　2　特別代理人選任申立書

　3　裁判官に対し、強制執行の申立てをしたことがわかる資料

　＊　強制執行の申立てを受理した際に、受付印を押印した申立書副本を交付しますので、これを第14民事部に提出してください。

　4　手数料（収入印紙）　500円

　5　郵便切手　1,407円　（500円×2枚、84円×4枚、20円×2枚、10円×2枚、5円×1枚、2円×3枚）　※裁判所により異なります。

　6　予納金　　　　　50,000円

　7　その他不明なことがあれば民事部にお尋ねください。

　　〒532-8503　○○市○○区○○町1丁目
　　　　　　　　○○地方裁判所
　　　　　　　　Tel 00－0000－0000

```
┌─────────┐
│ 収入印紙 │          令和　　年　　月　　日
│  500円  │
└─────────┘
```

○○地方裁判所　御中

　　　　　　　　　　住　　所
　　　　　　　　　　申立人　　　　　　　　　　　　　㊞

特別代理人選任申立書

1　申立ての趣旨

　　債権者申立人、債務者　　　　　　間の○○地方裁判所令和　年（執口）
　第　　　　号不動産引渡（明渡）執行事件について、債務者の特別代理人
　の選任を求める。

2　申立ての理由

　⑴　債権者申立人、債務者　　　　　　間の○○地方裁判所令和　年（　）
　　　第　　　　号建物明渡請求事件の執行力ある債務名義（以下「本件判決」
　　　という）に基づき、○○地方裁判所執行官に対し、強制執行の申立てを
　　　し、申立ての趣旨記載の事件が係属した。

　⑵　債務者は令和　年　月　日死亡し、相続人の所在が不明のため、その
　　　後の手続を進めることができない。

　⑶　よって、債務者のため、民事執行法20条、民事訴訟法35条に基づき、
　　　特別代理人の選任をされたく申し立てる。

　　　（なお、特別代理人には、本件判決において特別代理人に選任されていた
　　　住　　所
　　　氏　　名
　　　が適任である。

　　添付書類

　　1　強制執行申立書副本

　　2　第　　回口頭弁論調書（判決）正本写し

2 上申書等

(1) 不動産明渡・引渡執行事件に関する照会書・回答書

地方裁判所　事件番号：令和　　年（執ロ）第　　　　号事件

申立債権者（代理人）　殿

不動産明渡・引渡執行事件に関する照会書

地方裁判所　執行官室

（Tel　-　-　　FAX　-　-　）

お手数ですが，下記事項にご回答ください。（FAXでの回答でも結構です。）

（回答者　　　　　　　　　　　　　　　）

1　建物の合鍵の有無
　□　有
　□　無□　解錠技術者（鍵屋）の手配は執行官に一任（解錠費の支払いが必要になります。）
　　　□　解錠技術者（鍵屋）の手配は申立人で準備する。

2　在宅状況（申立人と利害関係のない人が立会証人として同行するため日当の支払いが必要になります。）
　□　居住中（同居者　□有（　　　人）　□無　）
　□　長期不在　　□空家　　□不明　　□　その他（　　　　　　　　　）

3　執行妨害の可能性、援助の必要性の有無
　□　有（具体的な状況　　　　　　　　　　　　　　　　　　　　　　　　）
　□　無

4　引渡期限の伸長・延長が必要な事情の有無（高齢者、病人の居住等）

5　目的外動産（家財道具類・動物等）の状況（目的外動産の量やゴミを山積みしている、動物を多数飼育している等の状況を、分かっている範囲で回答してください。）

6　目的外動産の搬出や保管等、執行手続きの補助をする専門業者（執行業者）
　□　申立人が準備する（業者名　　　　　　　　　　　　　　　　　　　　）
　　　注）目的外動産を廃棄する場合、中間処分場への持込み資格が必要です。
　　　　　断行時間はワンルームで約1時間、戸建てで約3時間程度が目安です。
　□　執行官に相談

7　搬出した目的外動産（家財道具類等）の保管場所（倉庫等）の用意
　　＊別途、保管場所に関する上申書を提出してください。なお保管場所は、原則当庁の管轄地域になります
　　＊保管者氏名は個人名でお願いします・会社で保管する際は住所欄に社名まで記載してください
　□　保管者氏名
　□　保管場所

8　その他，注意するべき事項や参考となる事項があればご記入ください。

237

申立人（代理人）　殿

大阪地方裁判所執行官室

　別紙の照会書について照会事項をご回答の上、至急送付をお願いします。（FAXでの回答でも結構です。）

　回答がない場合、目的物件の状況や執行方法を把握することができず、場合によっては催告（明渡）期日を延期せざるを得ない場合があります。

　照会書に回答事項を全部記載することができない場合は、別紙を使用してください。

【参考】
1　立会証人について

　　執行官が立会証人を準備した場合、相手方が在宅している場合でも立会証人に日当（催告3,000円、断行5,000円）を支払います。日当は原則として、予納金から支払います。

　　立会証人をされる方に、利害関係がない旨等を記載した誓約書を提出していただいています。（立会証人になることができる方は、申立人と利害関係のない方に限られます。）

2　解錠技術者（鍵屋）について

　　催告手続きでは鍵の交換はできません。錠前を壊すことなく解錠し、手続き終了後には施錠する必要があります。

　　執行官が解錠技術者（鍵屋）を準備した場合でも、解錠費用は申立人が執行現場で直接支払ってください。

　　解錠費用の基準は次のとおりです。

　　・通常の錠前は1個10,000円
　　　　（同錠前を複数解錠した場合は、1個につき5,000円を加算）
　　・ピッキング防止用の錠前1個20,000円
　　　　（同錠前を複数解錠した場合は、1個につき10,000円を加算）
　　・解錠に着手したが解錠前に居住者等が対応した等により、解錠を完了しなかった場合：10,000円
　　・金庫の解錠費用は、別途、解錠技術者（鍵屋）の見積もりによります。

3　専門業者（執行業者）について（費用は申立人が直接支払って下さい。）

　　費用の目安（但し、目的外動産の大きさ、量、特殊な物の存在等によって増減します。）

　　・床面積約20㎡（主にワンルーム）：約15万円～約20万円
　　・床面積約40㎡（主に2K）：約25万円～約30万円
　　・床面積約70㎡（主に3DK）：約35万円～約45万円

注）上記の金額は、大阪地裁本庁の取扱いのため、管轄面積、人数、件数、距離等地域の実情などによって変わりますので単純比較はできません。具体的な数字は各裁判所執行官室にお問い合わせください。

(2) 夜間執行上申書

令和　年　月　日

□□地方裁判所執行官 殿

債権者代理人弁護士　○○○○

上　申　書

債権者　○○○○
債務者　△△△△

上記当事者間の令和　年（執ロ）第　　　号自動車引渡執行事件につい
て、債権者は下記により夜間執行の許可を得たく上申します。

記

1　令和○年○月○日午前8時頃債務者宅の車庫に赴いたところ、目的
　自動車は存在しませんでした。また令和△年△月△日午後6時頃債務
　者宅に赴いたところ、目的自動車は存在していませんでした。
2　令和×年×月×日午前6時頃債務者宅に赴いたところ、目的自動車が
　駐められていることが認められました。
3　以上の状況から、目的自動車は午前6時頃であれば存在している可
　能性があるので、同時刻での執行をお願いします。

以 上

(3) 保管上申書

上 申 書
（保管場所について）

令和　　年（執ロ）第　　　　　号　　　□不動産明渡（引渡）
　　　　　　　　　　　　　　　　　　　□建物収去・土地明渡
　　　　　　　　　　　　　　　　　　　□建物退去・土地明渡
　　　　　　　　　　　　　　　　　　　□自動車引渡
　　　　　　　　　　　　　　　　　　　□　　　　　　　　執行事件

　　　申立人

　　　相手方

上記事件の目的外動産の保管場所・保管者について、次のとおり上申します。
※保管者氏名欄は個人名の記載をお願いします・会社で保管する際は住所欄に社名まで記載
　してください

　　　保管場所（　住　　所　）
　　　保 管 者（　氏　　名　）
　　　　　　　　（　住　　所　）
　　　　　　　　（　電　　話　）

　目的外動産は、執行官の依頼により正に保管します。
　保管に当たっては善良なる管理者としての注意義務を守って保管し、執行官の求めにより何時にても返還いたします。
　万一、いかなる理由があるとも本物件について損害が生じた場合、執行官に対しご迷惑をかけません。

　　　令和　　年　　月　　日

　　　　　保管者（氏　　名）　　　　　　　　　　　　㊞

　　　地方裁判所執行官殿

※郵送するか直接執行官に提出してください。（FAX送信不可）

(4) 執行補助者上申書

上　申　書

（執行補助者について）

令和　　　年（執ロ）第　　　　　号　□建物収去・土地明渡
　　　　　　　　　　第　　　　　号　□家屋退去・土地明渡
　　　　　　　　　　　　　　　　　□　　　　　　執行事件

　　　　申　立　人

　　　　相　手　方

　　上記事件について下記の者を執行補助者に選任していただきたく上申致します。

　　　　　　　　　　　　　　記

　　　執行補助候補者（氏　名）

　　　　　　　　　　　（住　所）

　　　　　　　　　　　（電　話）　　　　―　　　　―

　　　　　　　　　　　　　　令和　　　年　　　月　　　日

　　　　　　　申立人

　　　　　　　申立人代理人

　　地方裁判所執行官　　殿

(5) 残存物件（目的外動産）放棄書

地方裁判所　令和　　年（執ロ）第　　　　号

地方裁判所
　　　執行官　　殿

残存物件放棄書

　上記執行事件の明渡執行（断行）期日において、目的物件内に残置した全ての物件は不要につき、その所有権を放棄します。
　上記物件が廃棄されても異議はありません。

　令和　　年　　月　　日

　　　相手方（債務者）　　　　　　　　　　　　㊞
　　　＿＿＿＿＿＿＿＿＿＿＿＿＿＿＿＿＿＿＿＿＿＿

　　　　連絡先（電話）
　　　＿＿＿＿＿＿＿＿＿＿＿＿＿＿＿＿＿＿＿＿＿＿

(6)　**警察援助上申書**

令和　　　年　　　月　　　日

地方裁判所執行官　殿

申　立　人

申立人代理人　弁護士

警察援助の要請について（上申）

令和　　　年（執　　）第　　　号　　　　　　執行事件について、

相手方の抵抗が予想されるので、警察の援助を要請していただきたく上申します。

(7) 動産差押えに関する上申書

令和　年　月　日

大阪地方裁判所 執行官　殿

上　申　書

申立人（債権者）
申立（復）代理人　　別紙当事者目録（執行申立書）記載のとおり
相手方（債務者）

　上記当事者間の大阪地方裁判所令和　年（執イ）第　　　号
動産執行事件において、債権者は下記のとおり上申します。

記

1　執行場所に臨場し、債務者が占有する建物が施錠されていた場合、解錠
　技術者による解錠は求めません。
2　執行官が執行不能の判断をした場合において、上記判断の結果通知は調
　書送付の方法でお願いします。執行（不能）調書送付前における債権者へ
　の執行結果の連絡は不要です。

　　住　　所

　　申立人（債権者）　　　　　　　　　　　　　　　　㊞

③ 引渡実施

(1) 引渡実施申立書

引渡実施申立書

令和○年○月○日

○○地方裁判所○○支部執行官　殿

債権者代理人弁護士　甲　野　太　郎　印

当事者の表示
　　○○県○○市○○　○○-○○
　　　債権者　　A（昭和・平成　○年○月○日生）

　　　〒000-0000　東京都○○区○○　○-○-○○　○○法律事務所
　　　電話　　03（0000）0000
　　　ＦＡＸ　03（0000）0000
　　　債権者代理人弁護士　甲　野　太　郎

　　債権者代理人の出頭の下での執行を認める決定の有無　　なし
（注）　あるときは，その旨並びに以下のように出頭代理人の氏名，住所及び生年月日を記
　　　載し，決定の謄本を提出する。

　　　出頭代理人（上記決定により債権者に代わって出頭する代理人）
　　　○○県○○市○○　○○-○○
　　　　　　　B（昭和・平成　○年○月○日生）

　　　〒000-0000　○○市○区○○　○-○-○○
　　　債務者　　C

子の表示
　　○○市○区○○　○-○-○○
　　　　　　　D（平成・令和　○年○月○日生，男・女）

引渡実施を行うべき場所（複数可）

245

　　　　○○市○区○○　○-○-○○　債務者C宅
　　　　○○市○区○○　○-○-○○　債務者Cの両親宅

第三者の占有する場所での執行の許可の有無　なし
(注)　許可あるときは，その旨を記載し，許可を受けたことを証する文書を提出する。
(注)　債務者の住居その他債務者の占有する場所以外の場所において引渡実施を求めるとき
　　　は，その場所を占有する者の氏名又は名称及びその場所において引渡実施を行うこ
　　　とを相当とする理由（その占有者の同意が得られる見込みの有無を含む。）を記載す
　　　る。また，その理由を裏付ける資料を提出する。

引渡実施を希望する期間　令和○年○月○日から同年○月○日までの間執
行官室に対する事前連絡の有無　　あり・なし

添付書類
　　1　執行官に子の引渡しを実施させる決定の正本
　　2　子の引渡しを命ずる審判書または審判前の保全処分（写し）
　　3　委任状
　　4　執行官援助及び夜間休日執行許可申請書
　　5　債務者及び子の写真○枚
　　6　家庭裁判所調査官の調査報告書
　　7　債権者及び債務者（監護補助者）の審問調書（○通）
　　8　陳述書（○通）
　　9　監護状況報告書、債務者及び子の生活状況に関する報告書
　　10　債務者宅の周辺地図
　〔11　抗告状または抗告決定（写し）〕
　〔12　第三者の占有する場所での執行の許可を受けたことを証する文書〕
　〔13　債権者代理人の出頭の下での執行を認める決定謄本〕
　〔　〕の文書は手持ち資料として保有するときに提出する。
　　　　　　　　　　　　　　　　　　　　　　　　　　　　以　上

(2) 子の引渡事件照会書（兼回答書）

子の引渡事件照会書（兼回答書）

1 第1報（　　月　　日電話）
　(1) 決定の種類および決定日（予定日）の確認
　　　　決定日　令和　　年　　　月　　　日（□決定書FAX送付）
　(2) 執行場所

　(3) 子の名，人数，年齢，性別

　(4) 連れ去り年月日　　令和　　年　　　月　　　日

　(5) 手持ち資料（太字は必ず必要なもの）
　　　□引渡実施決定（正本）（□同時送達）
　　　□送達証明（保全以外）　□確定証明
　　　□審判書（写し可）　□保全処分（写し可）　□抗告審決定（写し可）
　　　□審問調書（□債権者□債務者）　□家裁調査官の報告書
　　　□引渡事件において当事者から提出された資料
　　　□甲号証（□陳述書）　□乙号証（□陳述書）
　　　□監護状況報告書（本人作成）
　　　□債務者（□写真）□子（□直近の写真）を特定するための資料
　　　□執行場所（家屋・部屋）の見取図（作成依頼）
　　□(6) 面談日の設定（決定後）（できるだけ申立人も同席）

2 面談時提供情報（□申立人　□申立代理人　□執行官　　　　　　立会）
　(1) 執行場所
　① 住居（住宅地図確認）
　　　□種類（□戸建て住宅　□マンション　□　　　　　　　　　　）

　　　□待機（□駐車場　□待機場所（　　　　　　　　　　　　　　））
　　　　　　（□付近道路（□交通量　　　　　　□人通り　　　　　）
　② 執行日時（時間帯）

　③ 子の引渡場所（相手方住居）見取図（□追完）

　④ 債権者に対する注意事項（別紙のとおり）

247

(2) 提出済資料の確認（事前チェックリスト）

□申立書（予納金 子1人160,000円（執行官2名））※□委任状

□夜間執行・援助執行官の上申書

□引渡実施決定正本　□（保全決定以外）送達証明，確定証明

□審判書（□抗告審決定）

□審問調書　□家裁調査官の報告書　□監護状況報告書（申立人のみ）

□引渡事件において当事者から提出された資料

　　［□甲号証（□陳述書）□乙号証(□陳述書)□LINE記録　□　　　　　］

　　□主張書面　□親権者（監護者）に関する照会書

□債務者（□写真）□子（□直近の写真）を特定するための資料

　　□住民票　□戸籍謄本

□執行場所の見取図

□ライトレターパック（専門家への資料送付用）

□事案概要説明資料（申立代理人作成）

(3) 債務者等の状況

① 生活状況

□債務者　□職業（　　　　　　　　　　　　　　　）

　　(生活サイクル)　□外出時間（　：　　～　：　　　　　　）

□子（H　.　　.　　　生　　　歳　男・女　）□未就学

　　(生活サイクル)　□外出時間（　：　　～　：　　　　　　）

② 性格，好物，行動傾向［気質等(含精神障害) 行動傾向（含発達状況)］

□債務者　性格：

　　　　　好物等：

　　　　　行動傾向：

□子　　　性格：

　　　　　好物等：

　　　　　行動傾向：

③ 子の身体的特徴（□写真　□　　　　　）

④ 子の返還申立事件における相手方の言動・態度

⑤ 執行場所に所在する可能性のある第三者

□氏名　　　　　　　（□関係　　　　□在宅可能性（□有□無））

　　□抵抗□説得　可能性

※　費用は各庁にお問い合わせください。

(3) 執行官援助上申書

令和　　年　　月　　日

　地方裁判所執行官　殿

申　立　人

申立人代理人　弁護士

援助執行官の要請について（上申）

令和　　年（執　　）第　　　号　　　　　　執行事件について、

援助執行官を　　名要請したく上申します。

執行官室所在地一覧（本庁のみ）

地方裁判	郵便番号	住　　　所	電　話	FAX
東京	152-8527	東京都目黒区目黒本町2-26-14	03-5721-6038	03-5721-6046
横浜	231-8502	神奈川県横浜市中区日本大通9番地	045-201-9280	045-201-8384
さいたま	330-0063	埼玉県さいたま市浦和区高砂3-16-45	048-863-5253	048-864-8302
千葉	260-0013	千葉県千葉市中央区中央4-11-27	043-222-7233	043-222-0363
水戸	310-0062	茨城県水戸市大町1-1-38	029-224-8084	029-224-3671
宇都宮	320-8505	栃木県宇都宮市小幡1-1-38	028-621-3809	028-621-2243
前橋	371-8531	群馬県前橋市大手町3-1-34	027-231-4014	027-233-7326
静岡	420-8633	静岡県静岡市葵区追手町10-80	054-255-8534	054-271-1167
甲府	400-0032	山梨県甲府市中央1-10-7	055-237-5833	055-237-8668
長野	380-0846	長野県長野市旭町1108	026-235-2488	026-232-8802
新潟	951-8511	新潟県新潟市中央区学校町通1-1	025-222-4279	025-222-0981
大阪	530-8521	大阪府大阪市北区西天満2-1-10	06-6361-0690	06-6313-0885
（現況調査）	532-8503	(大阪市淀川区三国本町1-13-27)	06-4807-6434	06-4807-6440
京都	604-8550	京都府京都市中京区菊屋町	075-231-3236	075-211-4126
神戸	650-8575	兵庫県神戸市中央区橘通2-2-1	078-341-2130	078-362-6967
奈良	630-8213	奈良県奈良市登大路町35	0742-22-7092	0742-26-1318
大津	520-0044	滋賀県大津市京町3-1-2	077-522-7190	077-522-4288
和歌山	640-8143	和歌山県和歌山市二番丁1	073-425-7700	073-425-7702
名古屋	460-8509	愛知県名古屋市中区三の丸1-7-4	052-201-8927	052-201-8970
津	514-8526	三重県津市中央3-1	059-226-4785	059-229-3781
岐阜	500-8710	岐阜県岐阜市美江寺町2-4-1	058-263-4222	058-264-0106
福井	910-8524	福井県福井市春山1-1-1	0776-25-0012	0776-25-4355
金沢	920-8655	石川県金沢市丸の内7-1	076-262-4745	076-262-3304
富山	939-8502	富山県富山市西田地方町2-9-1	076-425-8503	076-421-6148
広島	730-0012	広島県広島市中区上八丁堀2-43	082-228-7786	082-228-7879
山口	753-0048	山口県山口市駅通り1-6-1	083-922-1201	083-920-6695
岡山	700-0807	岡山県岡山市北区南方1-8-42	086-231-9092	086-234-1759
鳥取	680-0011	鳥取県鳥取市東町2-223	0857-27-1929	0857-24-3330
松江	690-8523	島根県松江市母衣町68	0852-21-7530	0852-25-2802
福岡	810-8653	福岡県福岡市中央区六本松4-2-4	092-721-6052	092-781-8434
佐賀	840-0833	佐賀県佐賀市中の小路3-22	0952-26-7176	0952-28-2519
長崎	850-8503	長崎市長崎市万才町9-26	095-823-3215	095-825-9173

地方裁判	郵便番号	住　　　所	電　　話	FAX
大分	870-8564	大分県大分市荷揚町7-15	097-533-0008	097-532-7181
熊本	860-8513	熊本県熊本市中央区京町1-13-11	096-326-1522	096-351-5515
鹿児島	892-8501	鹿児島県鹿児島市山下町13-47	099-222-4786	099-239-2955
宮崎	880-8543	宮崎県宮崎市旭2-3-13	0985-23-5361	0985-23-2675
那覇	900-8567	沖縄県那覇市樋川1-14-1	098-833-1422	098-831-7787
仙台	980-8639	宮城県仙台市青葉区片平1-6-1	022-223-3845	022-223-3493
福島	960-8112	福島県福島市花園町5-38	024-534-1873	024-534-2226
山形	990-8531	山形県山形市旅籠町2-4-22	023-631-7757	023-631-7786
盛岡	020-8520	岩手県盛岡市内丸9-1	019-651-7666	019-622-3184
秋田	010-0951	秋田県秋田市山王7-1-1	018-824-1514	018-864-8633
青森	030-8522	青森県青森市長島1-3-26	017-773-1781	017-722-5358
札幌	060-0042	北海道札幌市中央区大通西11丁目	011-281-3535	011-281-3558
函館	040-0031	北海道函館市上新川町1-8	0138-42-2158	0138-42-2181
旭川	070-8640	北海道旭川市花咲町4丁目	0166-51-6226	0166-51-0164
釧路	085-0824	北海道釧路市柏木町4-7	0154-42-5966	0154-41-1945
高松	760-8586	香川県高松市丸の内1-36	087-821-7252	087-851-4091
徳島	770-8528	徳島県徳島市徳島町1-5-1	088-625-1552	088-625-1584
高知	780-8558	高知県高知市丸の内1-3-5	088-823-0519	088-823-0565
松山	790-8539	愛媛県松山市一番町3-3-8	089-947-8838	089-931-1842

● 事項索引 ●

監 修 者 紹 介

西 岡　清一郎（にしおか　せいいちろう）

1973年 3 月　慶應義塾大学法学部卒

1975年 4 月　裁判官任官（東京地方裁判所判事補）

　以後、最高裁判所事務総局家庭局、函館地方家庭裁判所、東京家庭裁判所、家庭裁判所調査官研修所、大阪地方裁判所で勤務

1998年 4 月　東京地方裁判所部総括判事

2007年12月　宇都宮地方裁判所長

2010年 1 月　東京高等裁判所部総括判事

2011年 2 月　東京家庭裁判所長

2013年 3 月　広島高等裁判所長官（2014年 9 月退官）

2015年 2 月　弁護士登録（第二東京弁護士会・あさひ法律事務所所属）

2015年 4 月　慶応義塾大学大学院法務研究科客員教授（2020年 3 月退任）

2015年 6 月　最高裁判所医事関係訴訟委員会委員（2021年 3 月退任）

著 者 紹 介

櫻 井 俊 之 （さくらい　としゆき）

1983年　関西大学法学部卒業

1985年～2010年　裁判所書記官として、民事受付・民事立会・支払督促・
　　　　破産・執行を担当

2010年4月～2023年3月　大阪地方裁判所執行官

　現在、弁護士法人カイロス総合法律事務所実務顧問、公益社団法人家庭
問題情報センター大阪ファミリー相談室特別会員

〔主な論文・著作〕

「**新民事執行実務**」日本執行官連盟編

　　No.16「口述動産執行講義——大阪地方裁判所の事例を中心として」

　　No.19「引渡実施覚え書——子の引渡しに思うこと」

「**市民と法**」（民事法研究会発行）

　　「紛争解決セミナー」全8回（No.113～No.116、No.119～No.122）

〔講演等〕

　司法書士向けセミナー「破産実務（同時廃止）」、「認定司法書士研修」
（支払督促）、子の引渡し等、その他研修、講演多数。

執行現場から学ぶ！

明渡・子の引渡等執行の実務

2024 年 11 月 2 日　第 1 刷発行

監　　修　　西岡　清一郎

著　　者　　櫻井　俊之

発　　行　　株式会社　民事法研究会

印　　刷　　藤原印刷株式会社

発 行 所　　株式会社　民事法研究会

〒150-0013　東京都渋谷区恵比寿 3-7-16

〔営業〕　TEL 03(5798)7257　FAX 03(5798)7258

〔編集〕　TEL 03(5798)7277　FAX 03(5798)7278

http://www.minjiho.com/　info@minjiho.com

「子の引渡執行」の実務を綿密かつ詳細に解説するとともに、最新の情報・法令・実務の動向を踏まえ大幅改訂増補！

執行官実務の手引
〔第2版〕

書式例収録 CD-ROM付

執行官実務研究会　編　　編集代表　菊永充彦

A5判・788頁・定価 7,920 円（本体 7,200 円＋税 10％）

▶執行官が担う民事執行実務のすべてについて、弁護士、司法書士などの法律実務家、金融機関やサービサー、企業の債権管理および法務担当などの利用者の立場に立って、手続の流れに沿って関連書式を織り込み一体として、具体的・実践的に詳細な解説をした便利なマニュアル！

▶第2版では、平成 26 年4月1日に施行された「ハーグ条約実施法」に基づく「子の引渡執行」について、実際に執行実務を担う執行官なればこその綿密かつ詳細な解説をするとともに、初版刊行後 10 年間に生じた法令改正、実務や判例変更に伴う解釈の変更、取扱いの変更などの最新状況を踏まえて大幅改訂を施した待望の書！

▶さらに、活用できる 132 の書式例を収録した CD-ROM を添付することで、利用者の利便性を高めた関係者必携の書！

本書の主要内容

第1部　執行官実務総論
- Ⅰ　総論
- Ⅱ　執行官の事務
- Ⅲ　事務手続の概略

第2部　当事者の申立てによる事務
- 第1章　民事執行手続総論
- 第2章　動産執行手続
- 第3章　不動産の明渡（引渡）執行
- 第4章　保全処分の執行
- 第5章　代替執行、援助の事務
- 第6章　子の引渡執行・解放実施

第3部　裁判官の職務命令等に基づく事務
- 第1章　船舶・航空機および自動車の執行
- 第2章　売却の実施事務

第3章　特別法上における執行官の職務
第4章　現況調査

第4部　その他の主な事務
- Ⅰ　強制管理および担保不動産収益執行の管理人の事務
- Ⅱ　送達事務
- Ⅲ　拒絶証書の作成

HPの商品紹介はこちらから↓

発行　民事法研究会

〒 150-0013　東京都渋谷区恵比寿 3-7-16
（営業）TEL. 03-5798-7257　FAX. 03-5798-7258
http://www.minjiho.com/　info@minjiho.com

執行現場における最新の動向や実務上の諸問題・留意点などを適時・的確に発信！

新民事執行実務 No.20

日本執行官連盟　編集

Ｂ５判・120頁・定価 2,530円（本体 2,300円＋税10%）

本書の主要内容

【巻頭言】
振り返り、そして前へ　　　　　　　　　　　　日本執行官連盟九州支部長　白石勝一郎

【特集】　新時代に適応する執行官実務
1　「新民事執行官実務」20号の刊行に寄せて　　　　最高裁判所事務総局民事局長　福田千恵子
2　民事執行手続のIT化──令和5年改正の経緯と内容──　　　一橋大学大学教授　山本和彦
3　東京地方裁判所民事執行センターにおける秘匿制度の運用および執行官実務上の留意点
　　　　　　　　　　　　　　　　　　　東京地方裁判所民事第21部判事　池上裕康
　　　　　　　　　　　　　　　　　　　東京地方裁判所総括執行官　片山真一
4　所有者不明土地と強制執行　　　　　　　　東京地方裁判所評価人候補者　曽我一郎

【論説・解説】
東京地方裁判所（本庁）における令和4年・5年の民実行事件の概要
　　　　　　　　　　　　　　　　　　　東京地方裁判所民事第21部判事　吉川健治
大阪地方裁判所（本庁）における令和4年・5年の民実行事件の概要
　　　　　　　　　　　　　　　　　　　大阪地方裁判所第14民事部判事　野上誠一

【連載】
執行官だより〔第9回〕　竿灯のまちの執行官室から　　秋田地方裁判所執行官　佐藤智博
新任執行官になっての感想（1）　　　　　　　静岡地方裁判所執行官　谷津幸則
新任執行官になっての感想（2）　　　　　　　神戸地方裁判所執行官　平野　匡
新任執行官になっての感想（3）　　　　福島地方裁判所郡山支部執行官　宍戸　真
新任執行官になっての感想（4）　　　　　　　山形地方裁判所執行官　武田道宏
新任執行官になっての感想（5）　　　　　　　札幌地方裁判所執行官　脇島　忠
新任執行官になっての感想（6）　　　　　　　徳島地方裁判所執行官　池田周子

◆最高裁判所民事局情報

◆新民事執行実務総索引（1号〜20号）

【参考資料】
全国執行官取扱区域一覧表

HPの商品紹介は
こちらから↓

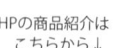

発行　民事法研究会

〒150-0013　東京都渋谷区恵比寿 3-7-16
（営業）TEL. 03-5798-7257　　FAX. 03-5798-7258
http://www.minjiho.com/　　info@minjiho.com

最新実務に必携の手引

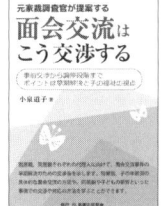

訴訟代理・裁判書類作成のいずれにも対応した、具体的解説で実務に即応用可能！

建物明渡事件の実務と書式
〔第2版〕
―相談から保全・訴訟・執行まで―

大阪青年司法書士会　編

A5判・525頁・定価4,950円（本体4,500円＋税10%）

▶ 相談受付から和解・調停、仮処分、訴訟（要件事実・証拠）、明渡執行の実際まで、豊富な書式・資料を織り込み詳解！

▶ 訴訟代理・裁判書類作成いずれにも対応した、具体的解説で実務に即応用可能！

▶ 新たに「裁判外の解決」の章を設け、裁判外和解や調停、ＡＤＲなどの記述を拡充したほか、最新の法令・判例・運用に対応！

▶ 簡裁代理を担う司法書士はもとより、弁護士・裁判所関係者等の法律実務家にも至便！

HPの商品紹介は
こちらから↓

発行　民事法研究会

〒150-0013　東京都渋谷区恵比寿3-7-16
（営業）TEL. 03-5798-7257　　FAX. 03-5798-7258
http://www.minjiho.com/　　info@minjiho.com

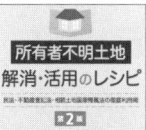